En relisant les Evangiles

DU MÊME AUTEUR

Chez le même éditeur

LES CHEMINS DE LA SAGESSE
(tomes I, II & III en un seul volume)

LE MESSAGE DES TIBÉTAINS

ASHRAMS

MONDE MODERNE ET SAGESSE ANCIENNE

À LA RECHERCHE DU SOI

LE VEDANTA ET L'INCONSCIENT
(À la recherche du Soi, II)

AU-DELÀ DU MOI
(À la recherche du Soi, III)

TU ES CELA
(À la recherche du Soi, IV)

UN GRAIN DE SAGESSE

POUR UNE MORT SANS PEUR

POUR UNE VIE RÉUSSIE

L'AUDACE DE VIVRE

APPROCHES DE LA MÉDITATION

LA VOIE DU CŒUR

LA VOIE ET SES PIÈGES

ZEN ET VEDANTA

L'AMI SPIRITUEL

REGARDS SAGES SUR UN MONDE FOU

Chez Albin Michel

CONFIDENCES IMPERSONNELLES

ARNAUD DESJARDINS
VÉRONIQUE LOISELEUR

En relisant les Evangiles

LE GRAND LIVRE DU MOIS

INTRODUCTION

Ce livre a été parlé avant d'être rédigé. Je m'adressais à de petits auditoires composés de personnes différant autant par l'âge que par leurs connaissances en matière religieuse. Beaucoup d'entre elles avaient reçu une éducation chrétienne et s'en étaient détournées. Leur espérance les portait maintenant vers le védanta ou le bouddhisme et surtout vers la voie proposée par le maître qui m'avait plus que tout autre guidé moi-même, Swâmi Prajnanpad, et dont mes propres ouvrages portaient témoignage.

Outre ceux-ci, leurs lectures concernaient le plus souvent les enseignements de tel ou tel sage hindou éminent : *L'Enseignement de Mâ Anandamayi, L'Enseignement de Ramana Maharshi* – et bien d'autres. Dans ce contexte, j'ai été souvent amené à rappeler qu'il existait aussi un « Enseignement de Jésus de Nazareth ». Comme dit le proverbe anglais bien connu : « Ne jetez pas le bébé avec l'eau du bain. » Rejetez les mauvais souvenirs de pensionnat religieux ou même d'une Église qui vous a déçus mais ne jetez pas pour autant quatre petits livres étonnants connus sous le nom d'Évangiles. Que de fois ai-je dit à l'un ou l'autre : « Relisez donc les Évangiles, vous allez découvrir des richesses qui vous émerveilleront. » Inversement, d'autres parmi mes auditeurs, tout en n'ayant pas trouvé dans les Églises l'aide qu'ils recherchaient, gardaient en leur cœur la nostalgie d'un christianisme avec lequel ils se sentiraient en parfait accord. Chaque référence aux paroles du Christ était pour eux la bienvenue et renforçait leur conviction que les directives reçues à travers moi pouvaient les aider à se transformer comme ils le souhaitaient.

De temps à autre donc, et en réponse à des doutes ou à des questions, il m'est arrivé de partager mes propres convictions quant au message des Évangiles. Celles-ci ne sont pas seulement le fruit de ma « relecture ». J'ai, si je puis dire, redécouvert la religion de mon enfance à mesure que je découvrais le védanta, le tantrayana tibétain, le zen et le soufisme au cours de nombreux voyages en Asie totalisant quelque six ans de mon existence vécus auprès de maîtres vivants incarnant ces différentes traditions. Quant aux livres concernant tel ou tel aspect du christianisme, j'en ai lu en trente ans de quoi garnir cinq rayons de ma bibliothèque. Ce serait fort peu pour un théologien mais assez pour que je ne puisse pas exprimer ma gratitude nommément envers chaque auteur, de Grégoire de Nysse et Clément d'Alexandrie au Père Besnard et à Stan Rougier, en passant par le Cardinal Daniélou ou le Pasteur Marc Boegner. Deux ouvrages marginaux ont particulièrement marqué ma jeunesse : *The New Man* et *The Mark* de Maurice Nicoll, un disciple anglais de Gurdjieff. Enfin, c'est à l'abbaye cistercienne de N.-D. de Bellefontaine que j'ai découvert en 1958 la littérature monastique et les œuvres des contemplatifs bénédictins, cisterciens, chartreux, notamment Dom Georges Lefèvre, Dom Jean Leclerc, Dom Godefroid Belorgey, Dom André Louf, Dom Gabriel Sortais.

Je tiens compte des grandes différences d'approche de ceux qui s'adressent à moi chaque fois que je fais allusion aux Évangiles dans ce que je dis ou ce que je publie. Par exemple, ceux que j'appelle « les déçus du christianisme », en quête d'un enseignement différent, auraient été prêts à se convertir à l'hindouisme ou au bouddhisme et j'ai dû prendre en considération les regrets qu'ils m'ont plusieurs fois exprimés : « Vous apportiez quelque chose de vraiment neuf dans notre désenchantement par rapport au christianisme et maintenant vous revenez de plus en plus souvent à ce christianisme que nous considérons comme une limitation et un étouffement, alors qu'il y avait un tel souffle libérateur dans l'enseignement des grands sages hindous et que nous comptions sur vous pour être leur témoin en France. »

Personnellement, j'ai reçu une éducation très religieuse dans le protestantisme français – officiellement calviniste par rapport aux luthériens mais la plupart des huguenots français n'ont qu'une idée très vague de la théologie propre à Calvin. Par contre, c'est bien connu, ils sont nourris de la Bible et j'avais, pendant ma jeunesse, assidûment fréquenté les saintes assemblées, autrement dit le Temple protestant du dimanche matin. Je n'aurais pas songé à mettre en doute le protestantisme ni à chercher ailleurs si je n'avais pas traversé à la fin de ma jeunesse une grande crise morale et spirituelle dans laquelle toutes les valeurs de mon enfance ont été remises en cause, à commencer par le monde des chefs scouts, des pasteurs et de la religion telle qu'elle m'avait été présentée. Par une nécessité vitale pour moi, j'ai élargi mon champ de recherche et, comme beaucoup d'Occidentaux, j'ai découvert alors (1948, 1949) l'hindouisme et le bouddhisme. Ce fut une double révélation : l'existence en Orient de sages, de maîtres spirituels d'un très haut niveau comme en a connu autrefois le christianisme et l'insistance mise sur l'expérience personnelle, par exemple la réponse célèbre de Ramakrishna à Vivekananda : « Je te ferai voir Dieu comme tu me vois en ce moment. »

J'ai donc compris par le biais de l'Asie qu'il existait encore des spiritualités vivantes incluant des méthodes de transformation permettant de vérifier par soi-même si ce qu'affirmaient les écritures sacrées était vrai ou non. Il ne s'agissait plus seulement d'une éthique et de dogmes à croire mais d'une « réalisation ». Jusque-là, en tant que protestant, cette idée m'avait échappé. Je me doutais bien que le christianisme pouvait être mis en pratique dans l'existence, je comprenais qu'une certaine relation pouvait s'établir avec Dieu par la prière, j'avais une opinion arrêtée sur ce qui était le bien et ce qui était le mal, mais l'idée de techniques transmises de maître à disciple et conduisant à une expérience vécue ne m'était pas venue à l'esprit. Par la suite, dans ce vaste mouvement de recherche, j'ai compris qu'il y avait de grandes valeurs à redécouvrir dans la vie ascétique et mystique chrétienne et j'ai fait de nombreuses retraites dans un monastère cistercien.

On peut constater que le christianisme est toujours vivant dans la société contemporaine. En 1905, quand l'anticléricalisme battait son plein, que la Chambre votait les fameuses lois Combe sur les congrégations et que le triomphe de la science ridiculisait les brouillards superstitieux de la spiritualité, nombreux étaient les Français convaincus qu'on allait enfin débarrasser la société du phénomène religieux alors sévèrement jugé par beaucoup. Qui aurait cru à cette époque que cinquante ans plus tard on trouverait dans les vitrines des librairies tant d'ouvrages sur les différentes religions et que même la lecture des Pères de l'Église et de Maître Eckhart se répandrait dans le public non spécialisé? Mais si ni le matérialisme, ni l'anticléricalisme, ni la découverte des religions asiatiques n'ont porté un coup fatal au message du Christ dans l'esprit du public, les églises, par contre, sont de plus en plus désaffectées.

Les milieux chrétiens montrent aujourd'hui deux attitudes nettement contradictoires en ce qui concerne la découverte des spiritualités vivantes de l'Asie. L'une est une attitude de très grand intérêt et de très grande tolérance. Le trappiste Thomas Merton en est le plus célèbre exemple mais, à cet égard, nous Français, pouvons citer les cas du Père Montchanin et surtout du Père Le Saulx, qui, tout en demeurant moine bénédictin, est allé aussi loin que possible dans la compréhension de l'hindouisme et pour qui le choc de la rencontre des deux traditions a été bouleversant. Nous savons aussi que beaucoup de membres de divers ordres religieux lisent des livres sur l'hindouisme et le bouddhisme, que certains pratiquent ouvertement le yoga ou le zazen. Je connais personnellement plusieurs dominicains, par exemple, avec qui je suis ou j'ai été en relation assez étroite et qui ont beaucoup approfondi ces techniques d'ascèse orientales. Dans cette même ligne d'ouverture, on peut citer la déclaration du Concile de Vatican II sur les religions non chrétiennes (il y a à Rome un secrétariat pour la rencontre avec les grandes religions de l'humanité) et le rassemblement œcuménique d'Assise pour la paix auquel participait le pape actuel.

Pourtant, il y a en même temps dans l'Église, c'est visible à bien des signes, un durcissement à l'égard de l'intérêt que des chrétiens portent aux religions orientales. Récemment, le Secrétariat pour la Foi a publié un communiqué qui engage le Vatican et qui met sévèrement en garde les chrétiens contre la pratique du zazen ou du yoga. Tant et si bien qu'il revient souvent à mes oreilles que dans tel monastère en France on recommande à des jeunes « en recherche » qui y font une retraite la lecture des livres d'Arnaud Desjardins et que dans d'autres abbayes on déconseille formellement ou même on interdit la lecture de ces livres. Alors que pour certains catholiques, y compris des religieux avec qui je suis en correspondance, ces ouvrages représentent un apport spirituel bienvenu leur permettant d'approfondir certains aspects de leur propre ascèse dans les conditions du monde moderne, pour d'autres religieux le personnage Arnaud Desjardins et son œuvre sont une cause de souffrance. Ils m'accusent d'être un propagandiste d'idées erronées et – certains n'hésitent pas à employer cette expression – un ennemi de la vraie doctrine et de la vraie foi.

Ce qui m'importe personnellement, ce n'est pas de me savoir étiqueté d'une manière ou d'une autre mais de contribuer à aider des êtres qui souffrent à moins souffrir, des êtres qui ont perdu tout espoir à retrouver une espérance et, dans un monde étouffé par le matérialisme, de témoigner pour les valeurs spirituelles universelles. Car il existe des valeurs spirituelles essentielles que j'ai retrouvées dans l'ancienne tradition chrétienne mais aussi dans le soufisme, le bouddhisme tibétain ou zen et l'hindouisme et qui se trouvent certainement dans d'autres traditions que je n'ai pas approfondies comme par exemple le judaïsme. Mais je sais que mes livres sont lus par des lecteurs ayant des positions et des convictions tout à fait différentes ou même opposées, depuis le refus catégorique du christianisme jusqu'au malaise devant tout ce qui n'est pas officiellement chrétien et plus précisément d'obédience catholique. Je dis simplement qu'il est dommage que des Occidentaux s'extasient devant les richesses de l'Orient et ignorent complètement celles du christianisme.

En fait, qu'est-ce que le christianisme pour chacun aujourd'hui? Pour un protestant le christianisme n'est pas l'Église catholique avec sa hiérarchie et son magistère mais le retour direct à la Bible. Pour bien des catholiques, le christianisme est avant tout l'Église romaine. Il y a évidemment beaucoup à déplorer du lourd passé de l'Église en tant qu'institution et des crimes auxquels les autorités ecclésiastiques ont été associées à travers l'histoire. Je peux comprendre que des hommes sincères et intelligents considèrent l'Église non comme une source de lumière et de libération mais comme un instrument de ténèbres et d'oppression pour l'humanité. Un chrétien convaincu doit regarder avec courage comment l'Église s'est trouvée mêlée à toutes sortes d'activités qui contredisent radicalement l'enseignement même des Évangiles.

On peut soutenir aussi que le christianisme n'est pas l'Église elle-même en tant qu'institution humaine mais la doctrine dans sa pureté. Cette doctrine peut être envisagée de deux points de vue : la théologie qui s'est élaborée à partir des épîtres de saint Paul, fondée avant tout sur le rachat du péché originel par la mort et la résurrection de Jésus telle qu'elle était prévue dans les différents textes de l'Ancien Testament. Les protestants lisent beaucoup les épîtres de Paul et c'est dans la manière de comprendre l'Épître aux Romains qu'il y a eu les plus grandes divergences théologiques entre le catholicisme et le protestantisme. Mais on peut faire cette constatation que saint Paul paraît s'être peu intéressé à ce que le Christ avait pu dire et accomplir de son vivant. Si vous lisez les épîtres avec un œil ouvert, vous pouvez voir qu'il n'y est guère question du Jésus incarné qui a parlé et enseigné. La seconde approche est justement celle qui met l'accent sur l'enseignement donné de son vivant par Jésus de Nazareth à ses disciples les plus proches et aux foules autour de lui, sous la forme de paroles et d'actes que nous ont transmis les Évangiles canoniques et l'Évangile de Thomas de découverte récente.

Je m'adresse non pas aux chrétiens convaincus mais au public que je connais le mieux pour dire à ceux qui me lisent : à défaut de faire de Jésus-Christ l'Unique Fils de Dieu, le seul nom par lequel l'humanité puisse être sauvée, vous pouvez *au moins* donner sa place à Jésus parmi les plus grands maîtres spirituels de l'humanité et, pour employer un mot à la mode et sans vouloir choquer les chrétiens, parmi les plus grands gourous ayant montré la voie à leurs disciples. A ceux qui sont pour, à ceux qui sont contre, je voudrais rappeler ces paroles : « Aimez vos ennemis, pardonnez à ceux qui vous ont offensés » et « Ne jugez pas sinon vous vous soumettez vous-mêmes au jugement », vous ne sortez plus du monde du jugement. Or nous constatons qu'à travers l'histoire une certaine compréhension du christianisme (qui a été trop souvent la compréhension officielle) a consisté à voir un peu partout des ennemis de la religion, des ennemis de la vérité, des ennemis de Dieu, à les juger, à les condamner, à n'avoir pour eux ni pardon ni amour. C'est certainement la grande tragédie du christianisme historique et de l'Église. L'heure de la tolérance est venue.

C'est dans cet esprit qu'ont été prononcées les causeries intimes retranscrites dans cet ouvrage. Le long travail de correction, de compilation et de restructuration assumé par Véronique Loiseleur a conservé à ces pages le ton familier de celui qui parle à ceux qu'il a devant lui et à qui il s'adresse directement.

Elles intéresseront peut-être les lecteurs qui cherchent encore à mieux se comprendre et qui se demandent encore si la vie a un sens. Car cet ouvrage n'a aucune prétention théologique et encore moins littéraire. Chaque causerie forme un tout en elle-même et nous avons conservé certaines redites afin que ces chapitres puissent être lus indépendamment les uns des autres.

1

LE CHRISTIANISME AUJOURD'HUI

Quand on a été élevé dans le christianisme, ce qui est le cas de beaucoup d'Occidentaux, on demeure influencé en profondeur par l'éducation religieuse qu'on a reçue, surtout si celle-ci a été inculquée dès l'enfance. Et ceux qui se tournent par la suite vers un enseignement hindou ou bouddhiste peuvent se sentir déroutés à l'idée qu'ils sont en train de renier le Christ. Il y aurait beaucoup à dire sur ce sujet qui a représenté une part importante de mes préoccupations pendant des années. Les lecteurs de mes premiers ouvrages peuvent voir combien souvent j'y fais allusion au christianisme. Je raconte entre autres dans *Ashrams* que j'ai même distribué en Inde un certain nombre de livres de Thomas Merton qui me semblaient propres à donner une idée favorable du christianisme à des hindous; effectivement, le journal de voyage de Merton publié après sa mort montre à quel point ce célèbre moine trappiste était non seulement capable de comprendre l'Orient mais de parler un langage que l'Orient puisse comprendre.

Certains lecteurs de mes derniers livres seront peut-être étonnés en apprenant que je me suis toujours et partout présenté comme chrétien, quels qu'aient pu être mes doutes, mes révoltes, mes désarrois intérieurs au sein du christianisme. Quand je séjournais au sanatorium des étudiants, j'étais très lié avec l'aumônier catholique. Par la suite, je l'ai souvent dit, j'ai été à jamais marqué par plusieurs retraites dans une abbaye de trappistes où je partageais presque totalement la vie des moines. Même si j'ai été proche, à une époque, de plusieurs grands maîtres tibétains, je n'ai pas pris les Trois Refuges dans le bouddhisme. Je n'ai pas non plus reçu d'initiation hindoue avec un *mantram* en sanscrit. Je suis donc resté chrétien. Mais qu'est-ce qu'être réellement chrétien?

Le christianisme tel que nous le connaissons paraît éliminer catégoriquement la position tolérante dont font preuve la plupart des maîtres à l'égard des autres religions. Selon eux, les chemins que proposent les différentes traditions conduisent tous à Dieu. Hallâj, grand mystique de l'islam, dit par exemple : « J'ai réfléchi sur les dénominations confessionnelles, faisant effort pour les comprendre et je les considère comme un Principe unique à ramifications nombreuses » et l'on pourrait multiplier les citations à l'infini dans ce domaine. Les hindous disent facilement : « Vous l'appelez Dieu, les Anglais God, les Allemands Got, nous autres hindous l'appelons Ishwara et les musulmans Allah. C'est toujours le même Dieu. » Je me souviens de la réaction d'un pasteur protestant à qui, il y a bien des années, je faisais part de la révélation qu'avait représentée pour moi cette tolérance hindoue : « Cela n'a aucun sens, m'avait-il rétorqué. Il est absolument impossible de dire que le christianisme est une des grandes religions du monde parmi les autres. Ou bien celui-ci n'est rien du tout, rien et c'est faire une offense aux autres religions que de leur comparer le christianisme, ou bien il se démarque complètement de toutes les religions qui ne peuvent en être que de timides approches. Le christianisme est fondé sur la croyance en la résurrection : si cette croyance est vraie, il est non seulement la plus grande religion mais la seule. Et si cette croyance est fausse, le christianisme n'est qu'une escroquerie qui véhicule un tragique mensonge. »

Au cours de mes années de recherche – lectures, questions posées à des prêtres, des moines, et des maîtres appartenant aux différentes traditions de l'Orient – j'ai donc été confronté à deux attitudes : l'une intolérante, faite souvent d'ignorance, et l'autre ouverte, celle de ceux qui n'éprouvent nul besoin de protéger leurs convictions. J'aborde là un sujet grave et qui, pour moi, a été bien souvent douloureux, celui des discordes entre êtres humains qui se réclament tous de la spiritualité et affirment tous la transcendance de l'esprit par rapport à l'existence physique et psychique. Quand on nous propose comme réponse à l'absurdité de la vie et à la souffrance la Vérité avec un V majuscule, il est cruel de constater que les tenants de cette vérité et de cette réponse ne sont pas d'accord entre eux. Ils sont peut-être munis d'un titre de shastri en Inde ou de théologien en France mais dans quelle mesure ont-ils mené à bien une transformation profonde de leur être même? Pour parler avec une telle autorité, sont-ils libres de leur inconscient, de leurs émotions, de leur égocentrisme? On peut être docteur en théologie et se trouver moins avancé spirituellement qu'un frère convers très ignorant sur le plan doctrinal ou philosophique.

Comme tant d'autres, pendant des années, je me suis heurté à des points de vue arrêtés et qui n'étaient jamais discutables parce que c'était toujours la Vérité ultime qui parlait par la voix des uns et des autres. Pour un musulman, c'est Dieu qui a dicté le Coran; pour un chrétien, c'est Dieu qui s'est exprimé à travers les Prophètes de l'Ancien Testament et plus encore à travers le Christ; pour un hindou, les Védas et les Upanishads sont des Écritures révélées. Il s'agit chaque fois d'une vérité qui ne peut pas être mise en doute puisque c'est Dieu lui-même qui l'a donnée aux hommes. Et pour les bouddhistes, qui ne se réfèrent pas à un Dieu personnel, elle est également irréfutable parce que Bouddha est l'Éveillé par excellence. Il y a de grandes discordances entre hindous et bouddhistes au sujet du Soi et du non-Soi – et cela fait 2 500 ans que ça dure – entre musulmans et chrétiens sur la paternité de Dieu – et cela fait 1 400 ans que ça dure. Et il y a même des divergences entre chrétiens, notamment en ce qui concerne la formulation du dogme de la Trinité chez les catholiques romains et les orthodoxes. Sans parler de la conviction du bon chrétien moyen, du bon musulman moyen, du bon bouddhiste moyen que l'humanité entière, un jour, sera réunie dans le christianisme, dans l'islam, dans le bouddhisme. Tant de contradictions peuvent nous dérouter. Si ceux qui se réclament tous de la Vérité sont si peu d'accord entre eux, cette Vérité existe-t-elle?

Et puis, j'ai approché aussi des sages – je l'ai dit bien souvent mais c'est ce qui m'a sauvé – qui, tout en étant magnifiquement bouddhistes, magnifiquement musulmans, se situaient en même temps au-delà de toutes les formulations doctrinales. Je n'ai pas connu beaucoup de chrétiens qui, tout en étant d'authentiques chrétiens, soient en même temps au-delà des dogmes, bien que certains se montrent aujourd'hui très ouverts aux autres religions. Chez tous ceux qui dépassent ce point de vue séparateur, j'ai retrouvé une liberté, une sagesse, un amour identiques.

La rencontre des religions telle que la propose la

déclaration *Nostra aetate* du Concile Vatican II sera-t-elle une rencontre avec des textes et des doctrines ou avec des hommes (et des femmes)? Et, parmi ces hommes, s'agira-t-il d'intellectuels ou de foules plus ou moins superstitieuses ou bien d'une élite de saints et de sages? Car ces saints et ces sages vivants, j'ai consacré six ans de mon existence à vivre auprès d'eux et je peux témoigner qu'ils existent ou ont existé en ce XXe siècle, au Maroc, en Algérie, en Iran, en Afghanistan, en Inde, au Bhoutan, au Japon – sans parler des pays que je n'ai pas visités.

Pour le théologien chrétien, l'idéal hindou – bien entendu irrecevable – serait une « annihilation de la personne dans la fusion avec le Grand Tout » et les doctrines non dualistes sont qualifiées de panthéisme, la condamnation passe-partout des mystiques orientales. Mais l'annihilation en question, bien des hommes et des femmes l'ont atteinte dans cette existence, dans ce corps humain. Ils en témoignent, ils en enseignent le chemin. Or qu'avons-nous en face de nous lorsque nous les approchons? Rien? Un néant? Au contraire, une présence, une impressionnante présence : des êtres intensément vivants, des concentrations de vie.

Trop souvent, en évoquant avec des théologiens ces rencontres pour moi inoubliables, j'ai eu l'impression que, pour ceux-ci, l'important n'était pas qu'un homme soit rayonnant de sagesse, de paix et d'amour mais que ses formulations soient orthodoxes ou, au moins, « acceptables ». Mes années d'étude et de confrontations m'ont, entre autres, enseigné ceci : les dogmes et doctrines sont contradictoires et incompatibles, les techniques d'ascèse sont différentes mais la transformation des êtres est la même : cette sagesse, cette paix, cet amour que je viens d'évoquer et une tolérance qui, si elle avait été moins rare, eût évité bien des souffrances.

Quelle est cette croyance qui, pour les chrétiens, constitue l'essence de la religion et, à leurs yeux, les autorise à proclamer la supériorité intrinsèque de leur foi ? C'est que « Dieu a tant aimé le monde – je cite l'Évangile de Jean – qu'il a donné son Fils unique, afin que quiconque croit en lui ne périsse point mais qu'il ait la Vie éternelle. » Et ce Fils unique a affirmé : « Nul ne vient au Père que par moi. Celui qui n'est pas avec moi est contre moi. » Par ailleurs, toujours dans l'optique chrétienne, c'est le seul être au monde qui ait jamais ressuscité trois jours après sa mort, prouvant par là qu'il est bien le Fils de Dieu et le rédempteur attendu. Donc, comme l'a dit saint Paul, ou bien le Christ n'est pas ressuscité et nous sommes les plus malheureux de tous les hommes, car nous sommes les dupes d'une immense mystification ; ou bien le Christ est ressuscité, il est bien le Fils unique de Dieu, et il n'y a aucune possibilité d'établir un parallèle entre le christianisme d'une part et d'autre part l'hindouisme, le bouddhisme, l'islam, religions auxquelles manque le fait central de l'aventure spirituelle de l'humanité.

Cette thèse officielle m'a longtemps tourmenté car elle impliquait que les hindous, les bouddhistes et les musulmans se trompaient dans leur conviction que Krishna, ou Bouddha ou Mohammed, l'envoyé de Dieu, avaient dit la vérité. Et que fallait-il penser des grands sages et mystiques que ces traditions produisaient encore de nos jours comme Mâ Anandamayi et Ramana Maharshi dans l'hindouisme, Kalou Rimpoché et Karmapa dans le bouddhisme tibétain, Khalifa-Saheb de Tcharikar dans le soufisme – pour ne citer qu'eux car j'en ai approché bien d'autres ? Je retrouvais l'espérance avec le point de vue ésotérique qui affirme l'unité transcendante de toutes les différentes formes – du moins les formes traditionnelles, je ne parle pas des inventions modernes – ou en me nourrissant des paroles de Ramakrishna : « J'ai été musulman avec les musulmans et pendant des jours entiers j'ai invoqué Allah. J'ai été chrétien avec les chrétiens et je me suis centré entièrement sur Jésus. J'ai été hindou avec les hindous. Partout, j'ai toujours découvert la même Réalité, le même Dieu unique. »

Ceux qui ne possèdent pas de formation chrétienne ne rencontrent aucune difficulté. Ils se contentent de récuser le postulat chrétien qui présente le christianisme comme la seule vérité, pour ne retenir que l'attitude tolérante affirmant qu'à chaque époque, à chaque milieu culturel a correspondu une religion appropriée. Et en effet, quelle que soit la voie, l'essentiel demeure la transformation de chaque être humain et la découverte, au cœur de lui-même, d'une Réalité d'un autre ordre. Que vous l'appeliez royaume des cieux, que vous l'appeliez nature-de-Bouddha, que vous l'appeliez *atman*, le fruit de l'expérience est le même. Sur ce, le théologien catholique ou protestant publie un nouveau livre pour dénoncer ce syncrétisme inadmissible et réaffirmer l'irréductible supériorité du christianisme. Ces livres ne vont plus jusqu'à dire que les hindous sacrifient des enfants à Kali et se prosternent devant des vaches sacrées, ils admettent même que Ramana Maharshi a atteint une certaine sagesse, que le Védanta et les Upanishads contiennent des paroles profondes; mais c'est pour mieux affirmer qu'il manque encore à l'Inde la découverte ultime du Christ seul Sauveur, unique incarnation de Dieu donnant son sens à l'histoire et accomplissant le plan du salut de l'homme voulu par Dieu.

Par moments, je souffrais de l'impression que les chrétiens étaient limités, voire bornés dans leur prise de position systématique. Par rapport à un sage hindou ou soufi, même le plus généreux des moines me paraissait prisonnier d'une mentalité étroite de catholique. A d'autres instants, toute mon éducation religieuse resurgissait : « Et si l'Église disait vrai ? Alors, en effet, je me détourne de la vérité la plus haute en pensant qu'elle est seulement une expression de la vérité qui existe aussi en plénitude dans le bouddhisme, le soufisme et l'hindouisme. » Mon propos n'est pas d'exposer en détail tous les doutes qui ont jalonné cette part de mon chemin. Ceux qui ne les ont pas connus se demanderont même comment j'ai pu être à ce point torturé par les contradictions auxquelles je me heurtais – et qui ne les troublent guère.

A l'époque où je ressentais cruellement ce déchirement j'ai été, si l'on peut dire, sauvé par le maître des novices d'une abbaye de trappistes qui faisait autorité dans le monde cistercien à cause de ses travaux éminents sur les Pères de l'Église. Ce moine, théologien et prêtre, était donc qualifié pour que j'accorde un réel crédit à ses paroles : « Dans chaque tradition, m'a-t-il dit, vous retrouverez le même symbole d'une eau source de vie, l'eau qui désaltère vraiment. Les contemplatifs, les ascètes, les mystiques de toutes les religions, sont penchés sur cette même source, tellement absorbés dans le fait d'en boire qu'ils n'ont pas le temps de discuter à son sujet. Et puis, suffisamment en retrait pour être sûrs qu'aucune gouttelette ne risque de les éclabousser, les théologiens de toutes les religions, sans avoir bu une seule gorgée de cette eau, discutent inlassablement pour savoir si celle-ci est alcaline, minérale, sulfatée, magnésienne ou si elle contient trop de nitrates. »

Cette réponse m'avait bouleversé, il y a bien des années de cela. Et ce père a ajouté ces paroles qui ont achevé d'apaiser mes doutes : « La théologie catholique me permet de dire, sans me mettre en tort vis-à-vis d'elle, que bien avant la naissance de Jésus de Nazareth mais également depuis sa naissance, des hommes, des femmes qui n'ont jamais entendu parler de Jésus, jamais connu les enseignements ou les rites catholiques, ont eu une expérience intérieure du Christ, seconde personne de la Trinité, à laquelle rien ne manque. » Cette affirmation est effectivement justifiable du point de vue chrétien et elle a été soutenue depuis les premiers siècles.

Je me disais d'ailleurs souvent à cette époque : de toute façon je ne peux pas être en porte-à-faux avec le christianisme si je cherche vraiment la vérité car ou bien le Christ est la vérité et en cherchant la vérité je trouverai forcément le Christ ou bien le Christ n'est pas la vérité, et ce sont les tenants des autres religions qui ont raison – à moins que ce ne soient les athées – auquel cas je dois le voir en face. Personnellement, je ne souscris pas à la célèbre parole que l'on trouve chez Dostoïevski : « Si le Christ est en dehors de la Vérité, j'aime mieux suivre le Christ que la Vérité. » Je préfère de loin cette phrase qu'on attribue généralement à la théosophie mais qui se trouve en fait dans une Écriture hindoue bien antérieure : « Aucune religion, pas même la mienne, n'est plus grande que la Vérité. »

***

Les hommes peuvent de bonne foi se contredire au nom même du Christ. Du temps de mon enfance, la réconciliation entre protestants et catholiques, qui ne s'est d'ailleurs faite par la suite que sur quelques dénominateurs communs, n'était pas encore accomplie. J'ai été très marqué tout jeune par cette division du christianisme, bien que j'aie été élevé dans une famille huguenote tolérante à certains égards : je me souviens que des prêtres en soutane venaient de temps en temps dîner chez mon père qui était alors le chef professionnel des Eclaireurs en France et se trouvait par conséquent en rapport avec le scoutisme catholique; une sœur de ma mère était une grande admiratrice de saint François et allait chaque année en pèlerinage à Assise; un moine franciscain, que j'avais l'étonnement de voir pieds nus en hiver, venait souvent la voir. Mais, en même temps, j'ai été élevé dans un protestantisme issu des Cévennes, héritier des persécutions sous Louis XIV après la Révocation de l'Édit de Nantes. On m'affirmait que les catholiques avaient complètement trahi le message chrétien en assimilant des courants païens auxquels s'ajoutaient diverses superstitions accumulées au cours des siècles et qu'heureusement Luther et Calvin avaient rétabli la pureté originelle de la foi.

Enfant, je croyais donc que les catholiques avaient commis de lourdes fautes contraires à l'esprit des Évangiles. Vous savez que les protestants reprochent avant tout aux catholiques d'une part l'autorité du Saint-Père et l'institution même du Vatican et d'autre part de donner à la Vierge Marie une importance qui outrepasse sa fonction dans les Évangiles. Je me souviens d'être allé encore tout jeune à la porte des églises sans oser entrer : je regardais ces voûtes sombres doucement éclairées par les cierges qui brûlaient devant les statues de saints et cet univers féerique me paraissait bien plus beau qu'un temple protestant. Et je me disais : « Tous ces gens-là sont dans l'erreur, ils se trompent tous; mais alors comme Dieu est cruel de ne pas rendre les catholiques protestants puisque ce sont les protestants qui ont raison. » A mesure que je grandissais, j'étais de plus en plus troublé par ce désaccord et en même temps pratiquement seul à l'être dans mon milieu : autour de moi, les jeunes protestants étaient certains que seule l'Église réformée détenait la vérité comme les catholiques l'étaient de l'authenticité du catholicisme; plus tard, j'ai réalisé qu'il existait même une troisième dissension dans le christianisme à la suite du schisme entre l'Église d'Orient et l'Église d'Occident qui a séparé de Rome ce que nous appelons l'Église orthodoxe.

Voilà un premier fait qui doit être vu en face : ce christianisme qui se présente avec tant d'autorité – pour ne pas dire d'intolérance – comme la suprême vérité a été et demeure profondément divisé. Où réside la vérité des chrétiens? Chez les orthodoxes – l'ancienne Église de Byzance –, dans l'Église de Rome, dans la réforme protestante? Les protestants eux-mêmes sont séparés en nombreuses dénominations, baptistes, méthodistes, etc., sauf en France, un des rares pays où il existe une unité officielle : l'Église réformée. On regroupe souvent sous le terme de protestants tous ceux qui se disent chrétiens sans être ni catholiques ni orthodoxes. Nous assistons également de nos jours à l'éclosion de mouvements qui se réclament du Dieu d'Abraham tout en étant en marge des Églises officielles. Par exemple les Témoins de Jéhovah citent la Bible à chaque instant mais considèrent que lors de la prochaine destruction du monde suivie du Jugement dernier, seuls les Témoins de Jéhovah seront sauvés à l'exclusion de tous les autres hommes y compris les chrétiens qui n'adhèrent pas à leurs idées. Leur sincérité est grande, leur discours a réponse à toutes les objections, ils ont l'impression que leur vie est illuminée parce qu'ils possèdent enfin la vérité – mais combien ils sont coupés du reste de l'humanité!

Par la suite, j'ai vu le christianisme se diviser encore plus sous mes yeux. Regardez à quoi l'on en est arrivé aujourd'hui : qui est dans la vérité? Le Saint-Père et le Concile ou monseigneur Lefèbvre qui a la conviction de mener un combat héroïque contre la mainmise de Satan lui-même sur l'Église catholique? Le fait que l'opinion de gauche et d'extrême gauche, qui devrait théoriquement se tenir à l'écart des querelles religieuses, se déchaîne contre ce prélat révolté, donne à réfléchir. Pourquoi des mouvements politiques étrangers aux dissensions internes du catholicisme vouent-ils une telle haine à Monseigneur Lefèbvre? On peut se demander si, malgré ses limitations et son intransigeance, il n'a pas raison de dire que l'Église catholique telle qu'elle se présente aujourd'hui a fait beaucoup trop de concessions à l'esprit du temps.

Le passage d'une civilisation imprégnée de spiritualité – et ce dans chaque aspect de l'existence – à une société privée de toute référence à la transcendance, qui est un fait relativement nouveau remontant à peine à quelques siècles, s'est en effet opéré en Occident chrétien. C'est dans notre contexte chrétien et non pas dans le monde taoïste, hindou, bouddhiste ou musulman que s'est développée la mentalité moderne antispirituelle qui a peu à peu gagné les autres continents et insidieusement contaminé les civilisations traditionnelles. L'expansion colonialiste et l'impérialisme économique et culturel de la race blanche ont conduit la planète entière à se détourner des valeurs sacrées pour donner la prééminence au matérialisme et à la vie profane. J'ai vécu suffisamment d'années en Afghanistan, en Inde et dans l'Himalaya pour reprendre à mon compte ces constatations si fermement étayées par René Guénon.

Enfant, j'ai été élevé avec l'idée qu'il y avait d'une part le domaine scientifique basé sur des preuves et d'autre part le domaine de la foi, qui était affaire de croyance non vérifiable: on croit ou on ne croit pas. Cette approche est fausse et même cruellement fausse. Notre tragédie moderne, et par conséquent votre tragédie à tous, c'est de faire partie d'un monde dans lequel la religion se trouve séparée du reste de l'existence et la science se développe en dehors de la religion. Cette scission est à l'origine du désarroi actuel qui a commencé en Occident il y a quatre siècles et qui se répand inexorablement dans les pays du tiers monde.

Autrefois la religion et la connaissance n'étaient pas distinctes : science et spiritualité ne faisaient qu'un. La religion, si elle ne repose pas sur des certitudes, si elle n'offre pas un aspect scientifique, est en butte à des critiques justifiées et finit par dégénérer. Des milliers d'hommes intelligents qui ne veulent pas abdiquer leur raison se sont complètement détournés de la foi et ont mis leur espoir dans la science. Comment en sommes-nous arrivés à l'athéisme, au matérialisme actuel, que ce soit le matérialisme capitaliste – même si les capitalistes vont au temple ou à l'église – ou le matérialisme marxiste ?

Aujourd'hui, l'être humain en général se sent perdu parce qu'il ne peut plus se référer à une vérité cohérente qui est la métaphysique. Je ne parle pas de la métaphysique d'Aristote, de Platon ou de Hegel mais de la métaphysique en soi que l'on retrouve identique dans le taoïsme ou le védanta. Autour de cet axe, toutes les connaissances s'organisaient harmonieusement pour former un tout et il était possible de situer chaque activité humaine dans cet ensemble. Regardez quelle confusion règne à notre époque. Il est non seulement admis mais considéré comme remarquable, au nom de la liberté de pensée, que chacun puisse chérir n'importe quelle opinion et la proclamer sans se préoccuper de savoir si son opinion est plus valable que celle du voisin. Plus un animateur de débats peut opposer les uns aux autres, plus il est heureux. Il suffit d'allumer la télévision pour s'en convaincre. Il est entendu que les spectateurs sont « adultes et responsables » et c'est à eux de choisir et de se faire leur propre opinion.

Personne, en effet, ne se prive d'avoir son idée sur tout. Mais qui se sent vraiment établi dans la certitude ? Pourtant il n'y a pas de vie possible dans le doute. Et un être humain ne peut vivre dans la certitude que si ses activités sont reliées les unes aux autres, si, autour d'une vérité centrale, métaphysique et religieuse, il peut organiser – rendre vivantes comme un organisme – toutes ses autres activités sans exception. C'est un thème sur lequel je prends position parce que j'ai pu voir au cours de mes nombreux voyages les vestiges des mondes anciens comme l'islam – le véritable islam qui ne correspond pas du tout à l'islam politique fanatisé dont nous abreuvent les médias –, l'hindouisme, le bouddhisme.

J'ai eu entre les mains une thèse sur la médecine tibétaine qui paraissait plutôt culturelle que médicale au premier abord. On voit très bien dans cette thèse comment la médecine tibétaine se rattache à la philosophie, à la religion, à l'organisation de la société et cela m'a replongé dans le souvenir de ces mondes où les connaissances ne faisaient qu'un. Aujourd'hui, si vous soutenez en France une thèse de médecine, vous pensez bien que vous n'allez pas parler de l'organisation de l'Église catholique ni de la philosophie de Platon. Vous n'abordez qu'un secteur limité, vous ne traitez que de biologie ou d'antibiotiques. Ce qui fait que la religion est devenue suspecte : plus personne n'est complètement satisfait de sa religion. Le désarroi s'est immiscé partout dès le moment où l'on a affirmé que la connaissance et la religion étaient deux domaines absolument distincts et qu'un chercheur scientifique n'avait pas à mêler ses croyances religieuses à sa recherche. Et certes, si ses croyances sont totalement irrationnelles – par prédisposition il croit là où d'autres par prédisposition ne croient pas – il vaut mieux que sa foi n'interfère pas dans ses travaux. Mais la religion ne se ramène pas à une série de croyances naïves ou de dogmes arbitraires. C'est une connaissance et, osons dire le mot entre tous maudit pour tant de théologiens, une gnose.

Qu'il y ait des formes religieuses accessibles à la totalité de la population, surtout pour ceux qui ne sont pas portés à chercher par eux-mêmes la vérité, c'est non seulement naturel mais utile. Qu'il y ait une part de croyance dans la religion destinée aux fidèles qui ne sont pas appelés à vérifier ce qu'on leur enseigne, oui, mais la possibilité de vérifier, elle, doit toujours être offerte. Ceci dit, cette question de vérification doit être examinée de plus près. Après tout, vous trouvez bien normal de croire d'innombrables affirmations scientifiques que vous n'avez pas vérifiées vous-même. Vous croyez sur parole ce que disent les spécialistes des principales disciplines parce que vous savez qu'il est possible de reproduire leurs expériences.

La croyance, autrefois, pour l'ensemble de la population, était du même ordre. On admettait que non seulement le Christ mais bien des sages et des mystiques étaient en eux-mêmes les preuves vivantes des grandes données de la métaphysique ou de la spiritualité. On ne considérait pas ces affirmations comme invérifiables. Simplement, on savait que ces réalités n'étaient pas descriptibles à ceux qui n'en avaient pas fait l'expérience, pas plus qu'on ne peut décrire à quelqu'un le goût d'un fruit qu'il n'a jamais mangé. Et parce qu'il était reconnu que certaines réalités ne pouvaient être expliquées en mots au mental ordinaire, on a admis qu'il existait également des données d'un autre ordre qui ont été appelées des mystères. Le « mystère », qui n'était pas d'emblée compréhensible par la raison, pouvait cependant devenir certitude pour ceux qui changeaient de niveau d'être et réunissaient alors les conditions nécessaires pour avoir accès à l'expérience intérieure probante.

Dans notre société, les sciences sont devenues indépendantes et se sont de plus en plus morcelées au fur et à mesure qu'elles se spécialisaient. Dix ans après avoir quitté la même faculté de médecine, un médecin qui pratique la psychanalyse lacanienne et un médecin qui s'est consacré à la biologie ne parlent plus le même langage. De même, s'il nous arrive d'être en contact avec des enseignements spirituels d'autres traditions ou de rencontrer leurs représentants authentiques, quelle compréhension réelle et totale pouvons-nous avoir du lien qui peut exister entre ces religions et le christianisme au sein duquel nous avons grandi ?

Jadis le dénominateur commun existait. Par la suite, on nous a présenté comme un progrès et une immense victoire de l'humanité le fait que les sciences se détachent de la religion. Cette séparation, dont on décèle les signes avant-coureurs dès le XIIIe siècle, s'est lentement confirmée aux XIVe et XVe siècles pour aboutir à l'éclatement de la Renaissance et de l'humanisme au XVIe siècle. Cette soi-disant victoire est à l'origine de la dégénérescence des valeurs spirituelles. Tant et si bien que nous en sommes venus à considérer la situation exactement à rebours, c'est-à-dire à croire que la scission entre la religion et toutes les autres activités correspondait à l'apparition de la lumière au cœur de l'obscurantisme. En vérité, il s'agit du commencement de l'obscurantisme au cœur de la lumière car s'il existe une mentalité humaine qui mérite *spirituellement* le nom d'obscurantisme, c'est bien la mentalité moderne, malgré des exploits techniques qu'aucune autre société n'avait accomplis. Il faut comprendre, du reste, que ces exploits n'intéressaient pas les autres civilisations donnant la primauté à l'expérience intérieure et beaucoup trop respectueuses de la vie et des forces de la nature pour songer à conquérir la planète ou l'espace.

C'est là que vous pouvez peut-être passer d'une approche intellectuelle à une approche vitale par laquelle vous vous sentirez tout à coup personnellement concernés et impliqués. N'oubliez pas que vous êtes issus de ce monde moderne. Même si vous êtes ouverts à la métaphysique orientale, même si vous avez éventuellement séjourné dans les ashrams en Inde, même si vous avez rencontré des maîtres tibétains en France, cela ne suffit pas pour échapper à cette mentalité moderne dont vous êtes les produits depuis votre enfance. Cette mentalité particulière apparue en Europe il y a seulement quelques siècles étant avant tout antireligieuse, la crise de la religion qui en a résulté était inévitable. Cette crise a d'ailleurs engendré par réaction le réveil spirituel auquel on assiste partout aujourd'hui, dans le désordre et les contradictions, qui a conduit les uns à s'intéresser aux Pères du désert, les autres aux traditions de l'Asie et beaucoup d'autres à des sectes diverses.

L'Église elle-même, qui devait normalement être garante de la tradition, n'a pas échappé à la contamination par l'esprit des temps. Certains exégètes estiment que la parole quelque peu mystérieuse du Christ adressée à saint Pierre : « Un autre te ceindra et te conduira où tu ne veux pas aller » est une prévision du fait qu'un jour l'Église de Rome serait amenée à son insu en dehors de la vérité fondamentale du christianisme. C'est dans le même passage que le Christ dit à Pierre à propos de Jean : « Si je veux qu'il demeure jusqu'à ce que je revienne, que t'importe ? Toi, suis-moi » [1] – au point que certains ont cru, poursuit l'Évangile, que l'apôtre Jean allait être immortel. En fait, il ne s'agit pas d'une immortalité physique de saint Jean (encore qu'il y ait eu une légende tenace à cet égard puisqu'on n'a jamais su ni où il était mort ni où se trouvait son tombeau). Selon

1. Jean, 21, 18 et 22.

une interprétation ésotérique de cette parole, il existerait, à côté de l'Église extérieure de Pierre, une Église de Jean, intérieure ou mystique qui, elle, subsistera même quand l'Église de Pierre sera atteinte par la grande dégradation spirituelle du monde prévue aussi bien dans les textes hindous, bouddhistes que musulmans.

Un texte hindou célèbre affirme que « le jour où les castes seront mêlées, où la famille elle-même sera détruite et où le dernier brahmane célébrera le dernier culte, alors l'univers cessera d'exister ». Le Coran décrit également les signes de la fin des temps. Cette fin des temps peut se comprendre relativement comme la fin d'une époque. Il ne s'agit pas forcément de la destruction définitive de toute vie humaine à la surface de la terre, encore que plusieurs experts jettent un cri d'alarme, affirmant que l'humanité est en train de rendre la planète réellement inhabitable à brève échéance. Vous connaissez aussi – en dehors de l'Apocalypse que chacun peut interpréter comme il veut tant le texte est symbolique – la parole de saint Jean : « Il y aura des guerres et des bruits de guerres, des phénomènes effrayants. Les fils se dresseront contre leurs pères, [...] A ces signes vous reconnaîtrez que les temps sont arrivés. »

Certains aspects de la dégradation actuelle du christianisme sont tellement significatifs qu'ils dépassent le cadre du débat religieux et relèvent de la sociologie. On m'a rapporté le cas d'un prêtre qui emmenait lui-même, marchant en tête, des jeunes gens de dix-huit ans au bordel sous prétexte de les épanouir sexuellement. Était-ce vraiment son rôle ? D'autres, affichant un étrange esprit d'avant-garde, vont jusqu'à dire que le baptême est inutile ou qualifient la messe de vieux rite païen tombé en désuétude. Tout et n'importe quoi. Je ne tiens pas à insister sur les formes les plus dégénérées mais à parler de ce qui peut encore être pris au sérieux dans la religion.

***

Dans le domaine religieux, à part les sages et leurs disciples, chacun pense avoir raison. Si j'étais né catholique, j'aurais eu la certitude que le catholicisme est la vérité. Si j'étais né orthodoxe, j'aurais eu la même certitude à propos de l'orthodoxie notamment sur la doctrine du *filioque* qui diverge de la théologie catholique. Et puis, bien sûr, si j'étais né au sein de l'islam, j'aurais la conviction que les chrétiens se trompent en osant proclamer Jésus fils de Dieu parce qu'il est écrit dans le Coran : « Les chrétiens ont trahi le prophète Jésus en osant dire qu'il était fils de Dieu », ce qui représente un blasphème épouvantable aux yeux des musulmans. De même les chrétiens prétendent que Dieu est Trois alors que Dieu est Un pour le Coran. La racine WHD en arabe a donné naissance à une série de termes qui signifient tous union, unité, unicité, unification, un, mot central de l'islam qui récuse avec horreur la Trinité. Pourtant l'islam a produit des saints comme Djalal-ud-Din-Râmi, comme Hallaj et bien d'autres encore. Quant à l'affirmation des juifs selon laquelle Dieu a choisi un peuple, le peuple élu, les hindous soutiennent de leur côté que Dieu a une prédilection particulière pour l'Inde puisqu'il s'est toujours manifesté dans ce pays sous la forme des différents « avatars ». Devant ces contradictions, que je suis loin d'avoir toutes dénombrées, comment s'établir dans la certitude ?

Pour en revenir plus précisément au christianisme, je vous propose de le considérer comme une religion authentique dont le message a été déformé au fur et à mesure que l'on s'éloignait, avec le temps, de l'impulsion originelle donnée par le Christ. Le christianisme en tant que religion codifiée s'est en effet édifié peu à peu au cours des premiers siècles à travers les conciles. Ces conciles élaboraient le dogme chrétien à la majorité qui déclarait « orthodoxes » certaines conceptions et en écartaient d'autres soutenues par une minorité, laquelle était déclarée hérétique ou anathème. Les hérétiques étaient presque tous de grands mystiques. De même, c'est à la majorité qu'un pape est élu et il est convenu que l'Esprit-Saint a inspiré les cardinaux dans leur choix. Comment se fait-il, en ce cas, qu'il y ait eu des papes corrompus et intrigants comme nous en avons connu à la grande époque de la Renaissance ?

L'Esprit-Saint a-t-il vraiment toujours inspiré les théologiens qui ont édifié l'ensemble de la doctrine catholique ou protestante ? Si une décision votée par le plus grand nombre constituait une preuve qu'elle émane du Saint-Esprit, il faudrait en conclure que les sages – qui ont toujours représenté une minorité – sont moins éclairés par le Saint-Esprit que les foules ignorantes amplement majoritaires. Qu'est-ce qu'un concile, sinon une assemblée d'hommes qui ne sont ni des saints ni des mystiques mais des penseurs ? La plupart des dogmes chrétiens ont été formulés plusieurs siècles après la mort du Christ. Marie a été déclarée « mère de Dieu », expression qui fait hurler les protestants, vers 350 après Jésus-Christ et il a fallu attendre le XIXe siècle pour que la théologie mariale prenne la forme que nous lui connaissons actuellement avec la doctrine de l'Immaculée Conception. Il ne s'agit plus de l'enseignement du Christ mais de l'interprétation qu'en ont faite des êtres humains faillibles.

En lisant les listes d'anathèmes des premiers conciles – « celui qui dira que... qu'il soit déclaré anathème » – je me suis souvent demandé : pourquoi telle affirmation est-elle si implacablement condamnée? Et, très souvent, la parole hérétique exprimait un point de vue qui aurait réconcilié pour des siècles le christianisme avec la sagesse orientale. Avant d'être éliminées, ces idées ont été soutenues non par un individu isolé mais par des groupes de personnes qui n'étaient pas en marge du christianisme avant d'avoir été condamnés. Dès l'origine, des courants différents circulaient au sein de la communauté chrétienne et on voit à l'intérieur même du christianisme comment les contradictions sont apparues. Les Actes des Apôtres en font honnêtement mention : entre Paul qui n'avait pas connu le Christ, Pierre qui l'avait suivi et les autres apôtres, il y a eu des critiques, des divergences comme on en voit si souvent parmi les disciples après la mort d'un maître. Il est indéniable qu'il y a eu d'une part un christianisme tourné du côté de Jérusalem et de la culture hébraïque et destiné à convertir les Hébreux et d'autre part une présentation du message pour les païens de culture grecque. Nous ne pouvons pas être certains que les Évangiles rapportent tout ce que le Christ a dit (pourquoi de nombreuses paroles se trouvent-elles dans l'Évangile de Thomas et pas dans les canoniques?) ni que les Évangiles rapportent uniquement ce que le Christ a dit : on lui a peut-être prêté plusieurs propos qu'il n'a jamais tenus tels quels.

On ne peut pas nier que, dès l'origine, le christianisme a eu aussi une réalité humaine, une insertion dans l'histoire, a été vécu par des hommes dont les Évangiles nous montrent bien qu'ils avaient leurs limites et leurs imperfections – et on peut se représenter les différences d'interprétation et même les désaccords entre les disciples sitôt après la mort du maître. Si l'on considère Jésus comme un maître spirituel, ce sur quoi selon moi tous les chercheurs spirituels peuvent être d'accord, on comprendra mieux comment se sont élaborés les Évangiles et comment est né le christianisme en regardant ce qui se passe à la mort des plus grands maîtres. Il y en a eu encore au XXe siècle, notamment dans l'hindouisme. Tout de suite des divergences apparaissent : un groupe de disciples met l'accent sur un aspect de l'enseignement, un autre groupe privilégie un autre aspect, certains disciples se désolent que les autres n'aient qu'une compréhension limitée. Il arrive que l'un de ceux qui a été le plus proche du maître, convaincu d'avoir saisi l'essence profonde de son enseignement, se tienne à l'écart de la transmission majoritaire, poursuivant sa mise en pratique et la partageant avec une minorité. Enfin, presque toujours, j'ai pu l'observer, une personnalité brillante mais qui n'a jamais approché le maître et n'a donc reçu de lui aucun enseignement direct se donne pour mission d'authentifier la doctrine, comme ce fut le cas de Paul. Le Christ a certainement enseigné la vérité, reste à savoir comment celle-ci a ensuite été adaptée et parfois subtilement déformée. Qu'est-ce que le Christ a dit exactement ? Je parlerai dans un autre chapitre des trahisons étonnantes que représentent les traductions de quelques termes des Évangiles du grec en français édulcorant certains passages au point de faire disparaître toute la richesse de leur contenu.

Le christianisme tel qu'il nous est parvenu retransmet un enseignement sans nous indiquer les moyens de le vivre concrètement. De nos jours, on peut très bien se considérer comme chrétien sans mettre en pratique dans son existence les dix commandements de Moïse ni même les instructions du Christ. Si l'on prend comme critère les préceptes évangéliques, il n'y a vraiment que les saints qui aient le droit de se dire chrétiens. Comment s'en étonner ? La catéchèse ne nous en fournit plus les voies d'accès. Or on ne peut tout attendre des sacrements. L'abîme entre l'exigence des Évangiles et la réalité quotidienne de chaque fidèle ne cesse de se creuser.

Si vous examinez les paroles-clés des Évangiles, vous verrez que la vie du chrétien consiste à ne pas les respecter. Selon son degré d'engagement, il les trahit le cœur léger ou avec une vague mauvaise conscience ou dans la division et la culpabilité.

Pour vivre le christianisme – pas le christianisme des hommes mais celui de Jésus-Christ tel qu'on le découvre à travers les quatre Évangiles plus celui de Thomas – il devient indispensable de faire appel à des techniques extérieures qui ont jadis existé en Occident mais qui ont été perdues. A l'heure actuelle, vous ne trouverez plus dans l'Église ni « chemin » ni « maîtres », avec les connaissances que cela implique. Trop de prêtres et de moines me l'ont dit pour que je puisse mettre leur parole en doute. Et en ce qui me concerne, j'ai dû renoncer au bout de quelques années à obtenir certains éclaircissements qui étaient vitaux pour moi. Nous en sommes arrivés à vivre dans une société qui se dit chrétienne mais dans laquelle le christianisme n'occupe plus qu'une place très restreinte et où les connaissances profanes ont tout envahi. L'homme aujourd'hui désireux de se transformer, de s'unifier, de ne plus avoir honte de lui-même, doit faire appel au psychologue, au sexologue, au médecin – et éventuellement au prêtre.

Un de mes amis, psychiatre et disciple d'un maître hindou éminent, m'a dit un jour : « A quoi reconnaît-on la validité d'une voie? A ce que cela marche sur tous les plans » – et pas seulement sur le plan théologique mais plus du tout sur le plan sexuel ou plus du tout sur le plan familial et professionnel. Une part d'un christianisme total manque aujourd'hui : on y chercherait en vain les méthodes physiques, psychologiques, mentales qui permettent aux chrétiens de changer leurs propres fonctionnements et d'être en mesure de se conduire en disciples de Jésus. Que reste-t-il du chemin de transformation qu'enseignent les Évangiles? Les séminaristes étudient la théologie mais ne sont pas guidés dans cette ascèse rigoureuse qui transmue le vieil homme en homme nouveau. Comment a-t-on pu perdre les clés de cet aspect essentiel alors qu'il n'est question que de cela dans les Évangiles?

Doté d'une brillante intelligence, saint Paul était le seul apôtre réellement instruit – à la différence des autres dont la plupart étaient de simples pêcheurs comme Pierre – et, suivi de Luc qui lui servait de secrétaire, il a pu imposer sa foi personnelle. La théologie de saint Paul fondée principalement sur la mort et la résurrection du Christ s'est ainsi propagée au détriment des directives concrètes de Jésus de Nazareth telles qu'on les entrevoit dans les quatre Évangiles et dans l'Évangile de Thomas.

Certes, le « mythe » qui s'est développé à partir du fait historique de la crucifixion de Jésus de Nazareth associé au symbolisme de sa résurrection a complété et enrichi les paroles du Christ en tant que maître spirituel. Mais quand bien même le Christ serait mort à quatre-vingts ans comme le Bouddha, cela n'ôterait rien à son enseignement donné dans ce langage particulier que sont les paraboles et les symboles tels que les mots « vigne », « sarment » « eau », « désert » qui revêtent tous un sens très précis. Vous pouvez redécouvrir les Évangiles sous la forme du « yoga » particulier qu'a enseigné un maître, yoga pratiquement oublié aujourd'hui ou même nié et renié par bien des spécialistes. Comment transformer l'être d'un homme, notion trop perdue de vue par une théologie qui a privilégié la thèse de Paul : « Je suis pécheur, Dieu en la personne de son Fils est mort pour moi sur la croix. Par cela je suis sauvé. Seule la grâce du Christ est efficiente, par mes propres efforts je ne peux rien. » On retrouve des prolongements de cette doctrine jusque dans une variante du protestantisme, celle de la prédestination absolue : je suis né déjà destiné à être sauvé ou à être damné, selon le bon vouloir de Dieu.

La connaissance ésotérique que vous vous émerveillez de redécouvrir dans le bouddhisme des Tibétains ou dans l'hindouisme, a existé dans le christianisme. Un exemple éloquent en est celui du rite pascal qui consiste à plonger un cierge allumé dans l'eau du baptistère. Or dans la tradition universelle où les symboles sont les mêmes, l'eau représente l'élément féminin, le feu représente l'élément masculin. Selon le même symbolisme les maîtres tibétains introduisent le *dorjé* masculin dans la cloche féminine, geste qualifié de *mahamudra* en sanscrit, le grand « mudra » de la manifestation universelle. A partir du moment où nous quittons l'état purement non manifesté ou informel, tout devient statique-dynamique, positif-négatif, électrique-magnétique, et se manifeste par bipolarité. De la même façon ce rite pascal qui allie l'eau et le feu est le signe de cette union de la verticale et de l'horizontale, du masculin et du féminin. Je ne prends que cet exemple mais en fait l'ensemble de la liturgie et de l'architecture romane et gothique transmettait un enseignement ésotérique qui n'a rien à envier aux autres traditions.

Le sens profond de la plupart des rites est trop souvent perdu, y compris pour le clergé qui devrait normalement exercer une fonction de guide envers les fidèles. A elles seules, les connaissances théologiques sont inaptes à insuffler une vie, un mode d'être nouveau. Cela ne signifie pas que les Évangiles sont un tissu de banalités ou que l'Église n'a jamais enseigné que des erreurs. L'Église a certes commis de nombreuses exactions, elle a parfois prêché la haine, elle a été source de scandale mais elle a transmis aussi la vérité, ne serait-ce que par l'intermédiaire des saints et des mystiques.

Quelle que soit la corruption qui ait pu déshonorer l'Église et les crimes dont ses représentants se soient rendus coupables à travers l'histoire, au sein de cette même Église des êtres de foi ont été illuminés et ont vécu dans l'amour sans éprouver le besoin de se révolter contre l'institution, en souffrant certes des imperfections de celle-ci mais en la considérant comme détentrice de l'héritage des Évangiles et des premiers Pères. Luther s'est révolté contre les turpitudes de l'Église. François d'Assise les a vues autant que Luther mais il ne s'est pas révolté de la même manière. En 1958, lors de mon premier séjour chez les trappistes, le jeune abbé du monastère m'a dit cette phrase alors surprenante pour moi : « Mais, Arnaud, l'Église n'a survécu que par ses saints. » En effet, s'il n'y avait pas eu les saints, il n'en resterait rien.

Pour devenir des chrétiens dignes de ce nom nous pouvons être contraints, sous peine de réduire notre christianisme à une doctrine de sommeil teintée d'idéalisme, de chercher un maître vivant en dehors de l'Église et certains ont considéré que la découverte des enseignements orientaux correspondait à l'action de l'Esprit-Saint pour notre époque. A la Pentecôte, au moment où s'est réalisée la promesse du Christ selon laquelle le Saint-Esprit ou Paraclet viendrait illuminer les apôtres quand il ne serait plus là physiquement, la Sainte Vierge se trouvait au milieu des disciples. C'est d'ailleurs un des rares passages où l'on parle d'elle dans le Nouveau Testament. La Vierge est considérée à certains égards comme l'incarnation de la *sofia*, de la sagesse, à d'autres comme la mère de Dieu, et à d'autres simplement comme le modèle des disciples pour avoir prononcé cette réponse admirable entre toutes dans sa simplicité : « Je suis la servante du Seigneur, qu'il me soit fait selon ta parole. » Les disciples étaient donc groupés autour de la Vierge à la Pentecôte. En tant que mère du Christ, elle leur donnait sa bénédiction. Les apôtres ayant été ainsi inspirés par le Saint-Esprit après la mort du Christ, Marie ne pourrait-elle donner sa bénédiction à ceux de ses enfants qui boivent à la source des grands enseignements vivants de l'hindouisme ou du bouddhisme zen et tibétain? Afin qu'ils puissent demeurer fidèles à l'enseignement de Jésus de Nazareth, le Saint-Esprit les guiderait à travers les gourous vivants des religions orientales qui n'ont pas encore subi l'appauvrissement que connaît le christianisme. S'il s'agissait uniquement de mon opinion personnelle, vous pourriez vous demander à quel titre je me permets une telle affirmation; mais je connais plusieurs prêtres qui partagent cette compréhension du rôle que les traditions non chrétiennes remplissent de nos jours en Occident.

2

« MAÎTRE, OÙ DEMEURES-TU? »

Il est paradoxal et tragique que tant de chrétiens aujourd'hui se soient écartés de leur religion en considérant que celle-ci les empêchait de vivre et en l'accusant de nier les grands dynamismes de l'existence, entre autres le besoin de s'exprimer et la sexualité, force spirituelle même si les hommes la dégradent dans leur comportement concret. On rejette l'Église comme opprimante et, dans la foulée, on rejette le christianisme « pour pouvoir vivre ». Mais il suffit d'ouvrir les yeux pour constater qu'avec ou sans Église les gens sont de plus en plus divisés et frustrés, de moins en moins épanouis même dans les sociétés d'opulence et de liberté. Ceux qui sont en contact intime avec leur prochain, psychothérapeutes athées ou prêtres, le savent bien.

Les doctrines traditionnelles considèrent comme « endormis » ou même comme « morts » les êtres qui n'ont pas découvert l'essence immuable de leur être. D'où la parole si dure du Christ : « Laissez les morts ensevelir leurs morts. » En vérité, pour toute spiritualité, les mots vie et mort n'ont pas le sens habituel de naissance et de décès. La mort c'est la condition ordinaire de l'homme, même s'il a brillamment réussi dans l'existence : une mort de l'âme privée de la grâce ou de la lumière et une mort du corps qui n'est pas vivifié par les énergies divines. Face à cette mort intérieure, la mort comme séparation de l'âme et du corps perd de son importance. La vraie mort, c'est la séparation de l'âme et de Dieu – ou de la Réalité ultime telle que sa tradition la propose à chacun.

Par contre, le langage ésotérique présente aussi l'idée de mort dans une tout autre acception. L'Évangile est l'enseignement d'une mort à soi-même en vue d'une nouvelle naissance. Le mot « mort » y revient souvent, « naissance » aussi et « veille » également. Mais le mot le plus important, qui englobe à la fois la naissance et la mort, c'est celui de « Vie ». Le Christ exalte la vie sous toutes ses formes, la vie naturelle et surnaturelle, la vie physique, psychique et mystique. Il lance un appel à la vie, il rappelle les lois qui la régissent au sens le plus fort, le plus complet, le plus profond du terme, la vie surabondante, la vie éternelle, la vie divine. N'est-il pas désolant que cet enseignement soit si souvent ressenti, collectivement et individuellement, dans notre monde actuel, comme une doctrine contraire à la vie, paralysant celle-ci au nom d'une béatitude après la mort ? N'envisagez pas seulement le christianisme dans une perspective projetée sur le futur, soit après votre mort, soit au jour du Jugement dernier mais comme cette promesse : la plénitude de vie ici et maintenant. Si vous relisez l'Évangile avec des yeux neufs, vous serez éblouis et vous vous demanderez même comment vous avez pu trouver le christianisme étouffant, frustrant ou aliénant, alors qu'il y a là un tel message de liberté qui éclate dans chaque parabole, dans chaque réponse du Christ.

La réalité la plus précieuse pour vous, chacun individuellement, avec vos problèmes, vos désespoirs, vos espérances, est que le Christ a été non pas mi-homme mi-dieu comme certains héros de l'Antiquité mais 100 % Dieu et 100 % homme. « Dieu s'est fait homme pour que l'homme puisse se faire Dieu. » En attendant de nous faire Dieu, le Christ nous fait déjà homme. Pour être vraiment homme – ou vraiment femme – nous pouvons nous appuyer sur l'Évangile en tant que manuel de vie dans lequel nous redécouvrons ce que nous avons peut-être admiré dans telle ou telle parole des grands sages et maîtres spirituels des autres traditions.

Enfin, relisez les Évangiles en oubliant un certain malaise chrétien concernant la relation homme-femme et la sexualité. Vous trouverez dans les épîtres de saint Paul des paroles que certains qualifieraient sans hésiter de phallocratiques et nous savons que la tradition judéo-chrétienne a tenu Ève pour responsable de la chute de l'humanité entière. Quel que soit le rôle donné ensuite à Marie qui a porté Jésus dans son sein, un certain christianisme a engendré un climat de suspicion à l'égard de la femme et, apparemment, de condamnation de la sexualité. Mais si vous oubliez tout ce qui vous a été malencontreusement dit et enseigné, vous verrez, au contraire, à quel point les Évangiles font à la femme une place magnifique et qu'ils ne contiennent aucune condamnation de la force de vie et de l'épanouissement personnel. L'Évangile nous propose cette transformation qu'on a appelée la déification de l'homme retrouvant la ressemblance perdue avec son Créateur, mais comment pourrions-nous être « parfaits comme notre Père céleste est parfait » si nous ne sommes pas d'abord pleinement hommes? On se demande par quel malentendu un message de vie et de plénitude a pu apparaître comme une religion d'aliénation ici-bas au nom d'un salut après la mort. Si cette humanité de Jésus, vécue d'une manière divine et transcendante, vous saute aux yeux et vous émerveille vous vous sentirez réconciliés avec vous-mêmes en tant qu'êtres humains. Car c'est aussi une des tragédies du christianisme qu'en insistant sur la nature déchue de l'homme et le péché originel, il nous ait peu à peu imprégnés d'un décourageant complexe d'infériorité. Ne portez pas un regard trop sévère sur votre propre nature alors que l'Évangile est une totale réhabilitation de la nature humaine, à condition que celle-ci ne soit plus vécue dans le conflit, le mensonge et l'esclavage à nos émotions. C'est donc une doctrine avant tout libératrice, familière et contemporaine, même si elle a été énoncée il y a deux mille ans. Puisse cette approche vous donner l'espoir d'une redécouverte d'un christianisme dont vous vous seriez séparés.

Ce sur quoi je veux insister, en dehors de la perspective théologique du rachat par le sang du Christ et la résurrection, c'est sur l'enseignement toujours vivant donné par Jésus de Nazareth pendant les trois ans où il s'est manifesté comme un maître. Malheureusement, pour certains théologiens tout ce qui est méthode, technique, psychologie même devient suspect comme si c'était ramener une réalité surnaturelle à des pratiques naturelles. Trop de chrétiens laissent aussi échapper cet aspect essentiel de l'enseignement de Jésus marchant sur notre terre et c'est une grande perte. Je le dis en pensant aussi bien à ceux qui souffrent que je n'adhère pas officiellement à l'Église qu'à ceux qui souffrent que je revienne à un christianisme dont ils ne veulent plus entendre parler.

On peut considérer le christianisme soit comme une série de dogmes auxquels on croit ou l'on ne croit pas soit, au contraire, comme un enseignement vivant s'adressant à chaque homme pour être mis en pratique. Par suite de conditions particulières inhérentes aux grands cycles de l'histoire de notre planète, cet enseignement est devenu une religion qui a façonné une part de l'humanité depuis deux mille ans au lieu de demeurer simplement les paroles d'un maître à des disciples et à des chercheurs. Il s'agit de deux approches différentes. Ou bien vous considérez le christianisme comme une doctrine à laquelle vous donnez votre adhésion, comme un ensemble de rites auxquels vous participez en en comprenant plus ou moins le symbolisme et comme une possibilité qui vous est offerte de prier, c'est-à-dire de demander, dans les difficultés de votre existence, l'aide d'une force supérieure appelée Dieu le Père ; *ou bien les Évangiles sont pour vous un ensemble de directives précises à mettre en œuvre pour votre purification personnelle et la croissance de votre être et de votre conscience.*

En lisant les Évangiles, vous ne pouvez pas ne pas être frappés par deux constatations : l'une qu'il s'agit en effet de l'enseignement d'un maître à des disciples (« En vérité, en vérité, je vous le dis... »), l'autre que cet enseignement paraît souvent bien peu compréhensible. Quel est le sens réel de telle affirmation ? Que signifie telle ou telle parabole ? Les Évangiles passent pour un livre annonçant à l'humanité entière la bonne nouvelle et pas seulement à certains qui, comme dans l'Antiquité, sont initiés aux « mystères » d'Eleusis ou de Thèbes. Pourtant, chacun peut constater à quel point ils se révèlent mystérieux et combien plusieurs des paroles qu'ils contiennent paraissent contradictoires ou hermétiques. Effectivement, les Évangiles ont donné lieu à beaucoup de commentaires et sont à l'origine de plusieurs traditions qui ne sont pas toujours en accord les unes avec les autres. Mais en dehors de la tradition ascétique et mystique qui a concerné des moines ou des ermites, la plus grande partie de l'approfondissement des Évangiles s'est faite à partir d'une théologie du salut de l'humanité liée au sens de l'histoire. Qui est le Christ, qu'est-ce que la Trinité, comment coexistent la divinité et l'humanité du Christ, en quoi le Christ est-il le nouvel Adam qui a racheté l'humanité du péché du premier homme? Une prolifération de textes philosophiques et théologiques a ainsi envahi les bibliothèques des séminaires et des couvents.

Si au contraire vous lisez les Évangiles avec un œil de disciple, en considérant qu'il s'agit d'un ensemble de connaissances divulguées par un maître, vous vous rendrez compte que pour vous cet enseignement est incomplet et qu'il manque même un maillon important. Tout n'est pas dit dans les Évangiles et il est indispensable que leur soient ajoutés les commentaires vivants donnés d'homme à homme et d'âme à âme par des instructeurs qualifiés, des « pères spirituels ». Chacun s'accorde pour reconnaître que les *sutras* de l'hindouisme ou du bouddhisme – des versets très courts comme des notes résumées – ne sont compréhensibles que dans le contexte d'une transmission orale de bouche à oreille qui les explicite. Personne n'a jamais pensé qu'il suffisait de lire les *yoga sutras* de Patanjali – texte fondamental du *râja-yoga* – pour en saisir le sens. Et il en est de même dans toutes les traditions. Pourquoi serait-ce différent dans le christianisme?

Si l'on regarde d'un peu plus près, on constate que le christianisme a connu l'équivalent du gourou hindou, qu'on appelait *abba* et qui occupait une place éminente dans la communauté chrétienne des premiers siècles. Le staretz, jusqu'à une époque récente, avait également fonction de guide dans la Russie chrétienne. *Abba* est un mot araméen qui a subsisté sous l'appellation de « père » dans le christianisme actuel; les premiers Pères de l'Église employaient le mot « maître » et se référaient même souvent aux « maîtres païens ». Nous nous représentons les rapports du christianisme naissant avec le paganisme à travers le *Polyeucte* de Corneille dans lequel l'auteur fait de Polyeucte un destructeur de statues et un ennemi de ce paganisme abhorré. Et pourtant la plupart des Pères de l'Église font maintes fois allusion aux maîtres de l'Antiquité – « un maître païen a dit que... » – en rapportant leurs paroles avec un grand respect. A l'origine le christianisme s'apparentait donc autant à une école de sagesse qu'à une doctrine théologique.

En tant qu'enseignement concret en vue d'une transformation de l'être de l'homme, les Évangiles contiennent une part de psychologie et une part de méta-psychologie : au-delà de *psukhê*, le psychisme ou l'âme, règne l'esprit (*pneuma*) la réalité éternelle, identique en tout être. Mais celui qui tente sincèrement de mettre en pratique ce qui s'y trouve prescrit se heurte à des contradictions qui l'obligent à chercher un maître vivant détenteur de la compréhension intérieure de la tradition.

***

Toute religion comporte deux aspects. L'un indique le but en décrivant l'homme transformé – le saint ou le sage –, ce qu'il ressent, comment il vit et agit ; l'autre, parfois perdu en cours de route, concerne la méthode pour parvenir à ce statut. Prenez par exemple une parole parmi les plus connues des Évangiles et qui n'est pas mystérieuse comme d'autres : « Aimez vos ennemis, pardonnez à ceux qui vous ont offensés, priez pour ceux qui vous persécutent. » Comme enfants, nous pensions qu'aimer nos ennemis voulait dire que pendant la guerre de 1914-1918 les Français auraient dû aimer les Allemands et les Allemands auraient dû aimer les Français ;

ou bien nous pensons que cela s'adresse aux Arabes et aux Israéliens qui devraient se réconcilier. Il est d'ailleurs frappant d'apprendre qu'au cours de l'interminable horreur des tranchées de la Première Guerre mondiale qui a causé plusieurs millions de morts de part et d'autre, le Vatican a tenté d'intervenir pour mettre fin aux hostilités. Et les évêques et archevêques allemands d'un côté, français de l'autre, se sont farouchement opposés à ces tentatives au nom du même Christ qui a dit : « Aimez vos ennemis. » La médiation du Vatican pour arrêter ce conflit meurtrier a échoué à cause de l'opposition du clergé qui refusait toute négociation tant que « l'ennemi » n'aurait pas capitulé. Il faut avoir le courage de voir en face de telles aberrations et ne plus se laisser impressionner seulement par le prestige des grands théologiens.

Une conclusion s'impose : il ne peut pas ne pas y avoir quelque part un élément essentiel faisant défaut pour qu'on en soit arrivé là. Le christianisme des origines prônait un idéal de pardon des offenses, de pauvreté, de non-attachement, de mort à soi-même qui a été cruellement oublié, sauf des moines et ermites, d'un saint François d'Assise ou d'une Thérèse de Lisieux. Si vous cherchez à mettre en pratique une parole comme celle-là, vous sentirez qu'il manque quelque chose. « Aimez vos ennemis. » Mais c'est que précisément je n'aime pas mes ennemis. Mes ennemis ne se limitent pas seulement aux Allemands avec lesquels, en tant que Français, j'ai fait la paix. Les « ennemis » comprennent tout ce que je ressens comme inamical, ce qui fait lever en moi la répulsion, sans exception. Un mal de ventre, c'est un ennemi pour moi. Une névralgie, c'est un ennemi pour moi. Tout ce qui me paraît agressif, frustrant, désécurisant – pour employer le vocabulaire moderne – devient un ennemi. A partir de là, comment puis-je mettre en pratique le commandement du Christ sur l'amour des ennemis?

« Pardonnez à ceux qui vous ont offensés. » Quiconque possède la moindre connaissance de l'inconscient et de ce que le bouddhisme appelle les profondeurs de l'esprit sait que la vie humaine est fondée sur le non-pardon des offenses. Le destin d'un adulte s'explique par ce qu'il n'a jamais pardonné à sa mère, à son père, à un directeur d'école ou un instituteur, jamais pardonné à un grand-père ou à une petite sœur. Par conséquent, le pardon des offenses en lui-même représente une part éminente et essentielle du chemin. Celui qui aurait vraiment pardonné les offenses serait libre du passé. Être prisonnier du passé, pour reprendre une expression bien connue, c'est n'avoir pas pardonné à ceux qui nous ont offensés.

Or nous ramenons ce « Pardonnez à ceux qui vous ont offensés » à une application très limitée : « Il faudrait quand même que je réussisse à pardonner à mon frère qui, dans l'héritage de notre tante, s'est emparé du bahut ancien que celle-ci me destinait. » A propos d'une querelle de famille, je vais un beau jour écrire à mon frère : « Allez, ne nous disputons plus... », je vais même être sublime en ajoutant : « Garde le meuble, viens et embrassons-nous. » Et mes parents qui souffraient de notre brouille vont être si heureux de cette réconciliation. Voilà la façon extérieure de comprendre le pardon des offenses sur laquelle je n'ironise pas du tout mais qui reste cependant très incomplète. Le véritable pardon des offenses n'est possible qu'à partir de la mise au jour des rancunes accumulées depuis la toute petite enfance, c'est-à-dire qu'il suppose d'avoir mené à bien un travail sur l'inconscient par une méthode ou par une autre. Votre psychisme est bâti sur le non-pardon des offenses et vous ne pourrez mettre en pratique les paroles du Christ qu'à condition de découvrir une méthode ou une technique qui vous permette vraiment de pardonner à ceux qui vous ont offensés il y a un an, vingt ans ou cinquante ans.

« Priez pour ceux qui vous persécutent. » Tout d'abord, que signifie « prier »? Cela ne signifie pas seulement : « Mon Dieu faites du bien à ceux qui me font du mal. » La prière, disent les enseignements intérieurs du christianisme, doit devenir permanente, c'est-à-dire nous imprégner vingt-quatre heures sur vingt-quatre. Il ne s'agit pas de prier un quart d'heure le matin et le soir ou de prier de temps en temps, il s'agit de vivre dans un état de prière. La prière est un état d'être, un état d'amour et de communion, un état de contemplation. Et prier pour ceux qui nous persécutent, c'est être dans cet état d'amour et de communion avec eux, donc les voir en Dieu, les aimer en Dieu.

Comment y parvenir? En vous engageant sur un sol ferme. Ou les Évangiles ne renferment que des platitudes et des bondieuseries inefficaces, ou bien ils sont les fragments d'une totalité dont beaucoup d'éléments nous échappent. Ces éléments aujourd'hui absents ont été transmis de vive voix par les pères spirituels qui en avaient l'expérience. La transmission de maître à disciple dans la tradition chrétienne a été moins notoire que le christianisme en tant que religion d'État du grand Empire romain à partir de Constantin, religion qui s'est étendue à tout le bassin méditerranéen; elle n'en a pas moins existé à travers un enseignement oral vivant qui a donné les clés permettant de mettre en pratique ce qui est proposé. Nous savons l'importance que revêtait cet aspect dans les monastères où le père abbé ou la mère abbesse avait véritablement charge d'âme et devait guider pas à pas le moine ou la moniale dans son cheminement vers Dieu.

Le premier malentendu c'est de considérer que les paroles ou commandements du Christ s'appliquent à nous *tels que nous sommes*. Même s'il est tombé à genoux en sanglotant devant un crucifix dans une église ou s'il s'est brusquement converti, aucun être, quelle que soit la vague d'émotion religieuse qui le submerge, n'est en mesure d'aimer d'emblée ses ennemis, de pardonner à ceux qui l'ont offensé et de prier définitivement pour ceux qui le persécutent. L'erreur consiste à penser que ces commandements s'adressent à tous directement. Bien entendu, comme je suis incapable de m'y conformer, je suis déchiré et malheureux et j'oscille entre ce que j'appelle le péché et la confession, le péché dans lequel je retombe et la confession dont je sais qu'elle ne m'apporte qu'un soulagement temporaire sans résoudre ma division intérieure. Cela peut durer une existence entière. Certains « laissent tomber » tout simplement, d'autres se fabriquent une théologie de leur cru : je suis imparfait, impuissant, égoïste mais Dieu me pardonnera dans son amour infini et je renonce à faire les efforts qui m'incombent, m'en remettant paresseusement à la grâce de Dieu.

Ce n'est pas un hasard si, en hébreu, les Dix Commandements de Dieu donnés à Moïse sur le mont Sinaï sont exprimés au futur. On traduit « Tu honoreras ton père et ta mère » et non pas « Honore ton père et ta mère ». L'explication ordinaire en est : à partir de maintenant, tels sont les commandements donnés au peuple hébreu pour le présent et pour l'avenir. Aujourd'hui, demain, après-demain, tu ne convoiteras pas le bien de ton prochain. L'explication intérieure de l'emploi du futur est plus intéressante pour notre transformation : ce qui est attendu de nous ne nous est pas immédiatement accessible et nous est présenté comme un but à atteindre au terme d'une évolution qui prendra plus ou moins de temps. Quand tu auras obtenu le niveau d'être qui y correspond, tu ne convoiteras plus le bien de ton prochain, tu seras en mesure d'honorer ton père et ta mère. Comment voulez-vous honorer votre père et votre mère si, comme le redécouvre à longueur de journées la psychologie moderne, votre inconscient est fait de déceptions, de frustrations, de révoltes réprimées à leur égard? Être libre, c'est être complètement libre de papa et maman, y compris de la nostalgie de l'état de foetus. Et ainsi de suite.

Même le chemin religieux, à première vue le plus simple à mettre en œuvre dans la vie courante, apparaît dans les Évangiles comme une voie impraticable par l'homme ordinaire et qui n'a été que très rarement pratiquée. Regardez par exemple l'insistance du Christ sur l'abandon de tous les soucis, de toutes les inquiétudes et la remise complète de son sort entre les mains de Dieu. Qui met vraiment en application dans sa vie quotidienne ce précepte du Christ? Ramana Maharshi disait : « Mettez vos bagages dans le filet quand vous êtes dans le train au lieu de les garder sur les genoux. » Votre destin est en marche et va se poursuivre par la force des chaînes de causes et d'effets, même si ces chaînes ne sont plus alimentées. Même si j'arrête de mettre du bois dans un feu, il faudra attendre que le bois soit consumé pour que le feu s'éteigne. Même si la peur et le désir se sont peu à peu dissipés et que vous avez donc cessé d'agir sous leur emprise, vous continuerez de récolter le fruit des actions que vous avez jadis semées. Simplement, vous vivrez ces conséquences de vos actes non plus dans le refus mais dans l'acceptation qui garantit la liberté intérieure.

Il est possible de laisser faire le destin en lâchant prise, en abandonnant notre résistance à l'ordre des choses. C'est ce qu'on appelle en Inde *surrender*, la reddition, la capitulation sans conditions, qui constitue l'essence des chemins religieux. Or ceux qui critiquent ou émettent des réserves à l'égard des voies non dualistes védantique ou bouddhiste mettent bien rarement en pratique ce *surrender*.

Si vous sentez que vous ne pouvez pas vivre cet abandon complet entre les mains de Dieu, ne vous leurrez pas et reconnaissez que vous ne pouvez être qu'un chrétien amateur. Vous connaissez la terrible parole de l'Apocalypse de Jean : « Je sais tes œuvres : tu n'es ni froid ni bouillant. Que n'es-tu froid ou bouillant ! Mais parce que tu es tiède, et non froid ou bouillant, je vais te vomir de ma bouche [1]. » Il est nécessaire de passer par la souffrance durable de se sentir un si mauvais chrétien. Que dirions-nous d'un « nageur » qui ne pourrait pas traverser la piscine à la brasse ? Il est cruel de se dire chrétien et de ne même pas pouvoir balbutier l'enseignement des Évangiles. Pensez aussi à l'impitoyable remarque de Nietzsche : « Je croirai au Rédempteur quand je verrai les chrétiens un peu plus rédimés. » Il ne suffit pas de crier plus fort que les autres « Je suis dans la vérité et il n'y a pas d'autre vérité que celle dont je témoigne. » Convainquez-moi ! A certains moments, il faut avoir le courage d'ouvrir les yeux. Si un grabataire proclame « Il n'y a pas d'autre médecine efficace que la mienne » et que vous voyez à côté de lui un homme en parfaite santé, fermerez-vous les yeux ? Vous me prêchez la liberté, montrez-la-moi. Vous me prêchez l'amour, montrez-le-moi. Vous me prêchez la joie qui demeure, montrez-la-moi. Vous me prêchez la paix qui dépasse tout entendement, montrez-la-moi. Et si ces vertus irradient d'un saint hindou ou musulman, inclinons-nous.

Le christianisme ne peut pas se réduire à des préceptes admirables enseignés par le Christ et que presque personne ne parvient à mettre en pratique. Sinon, il ne conduit pas de la mort à la vie. Mais où sont les maîtres vivants en mesure de restituer le maillon manquant et de guider autrui ? Qui a pris la relève

1. Apocalypse de Jean, 3, 15.

des Pères de l'Église incarnant la compréhension intérieure et auprès desquels on venait s'instruire? Où sont-ils? Voilà pourquoi tant de prêtres et de religieux ont consulté Karlfried Graf Dürckheim – un des Européens les plus nobles et les plus éminents que j'aie approchés, mort en décembre 1988. Même à l'intérieur des congrégations, les catholiques qui devraient être les plus favorisés cherchent des maîtres et n'en trouvent pas. Peut-être en existe-t-il quelques-uns, obscurs et inconnus. Ce que je peux constater c'est que des religieux écrivent au comte Dürckheim, au moine zen Deshimaru ou à Arnaud Desjardins pour tenter d'obtenir une réponse aux questions existentielles qu'ils se posent. Cette situation dans l'Église est aussi tragique que si l'on avait laissé un feu s'éteindre et qu'on voulait le faire reprendre en soufflant sur des cendres. Certains chrétiens tentent de ranimer la flamme en allant chercher des tisons ardents chez les hindous et chez les bouddhistes. Quand Sa Sainteté Karmapa est venu célébrer la cérémonie de la Coiffe Noire à l'hôtel Sheraton à Paris, j'ai reconnu dans l'assistance quelques prêtres qui venaient se faire bénir par lui et ont accepté le petit ruban que l'on passe autour du cou des participants à cette occasion. Quand les religieux eux-mêmes en viennent à chercher les détenteurs de l'enseignement vivant en dehors du christianisme, les fidèles sont fondés à se tourner également vers des maîtres étrangers qui vont les aider à devenir d'authentiques chrétiens.

Nous l'avons vu, un aspect douloureux de notre monde actuel, c'est la division, le morcellement des connaissances. L'idée du sage qui est à la fois un mystique et un psychologue a considérablement disparu du christianisme. A notre époque, le Français comme vous et moi, qui souhaite apporter plus d'harmonie dans sa vie et se transformer intérieurement parce qu'il réalise combien il est peu maître de lui, combien son monde intérieur est un chaos, est obligé de chercher certaines réponses auprès des religieux, d'autres explications auprès des psychothérapeutes, d'autres explications encore auprès des anthropologues ou des sociologues. Le maître spirituel qualifié réunit en lui toutes ces connaissances aujourd'hui dispersées. Je ne dis pas que certains prêtres n'aient pas de grandes connaissances psychologiques (l'abbé Oraison était à la fois médecin, psychanalyste et prêtre) mais il est paradoxal qu'un religieux qui souffre de perturbations psychiques soit obligé de faire appel à un psychanalyste athée pour essayer de dénouer ses principaux nœuds. Ce n'était pas le cas autrefois quand les « pères » cumulaient à la fois la fonction de guide spirituel et de thérapeute de l'âme.

Il ne suffit pas pour être un chrétien de porter l'étiquette chrétienne, il faut que notre vie soit centrée sur l'impérieuse nécessité d'être capable de mettre en pratique l'enseignement des Évangiles. Je dis bien « impérieuse nécessité ». Une mère dont on a enlevé l'enfant et à qui on demande une rançon, vendra dans la semaine sa maison de campagne qu'elle aime tant pour rassembler le million exigé par les ravisseurs. Voilà ce qu'est l'impérieuse nécessité et non pas un vague désir de devenir meilleur. Et celui qui est animé de ce réel désir de vivre les Évangiles se trouve souvent confronté à un déchirement tragique. « Aimez vos ennemis. Pardonnez à ceux qui vous ont offensés. Priez pour ceux qui vous persécutent. » Si vous êtes pleins de générosité, de bonne volonté et de ferveur vous allez essayer de tout votre cœur et vous apercevoir que vous ne pouvez pas compter sur vous, que vous n'êtes pas le maître de vos émotions, que ce n'est pas Dieu qui règne dans votre cœur car, pour commencer, ce n'est pas vous-mêmes.

***

Devenir chrétien, c'est incarner les Évangiles dans son être. Le christianisme ne peut pas se réduire à un avoir intellectuel puisque le Christ a dit : « Heureux les pauvres en esprit », c'est-à-dire ceux qui, même très intelligents par ailleurs, ont la pauvreté intellectuelle. Quand le zen dit : « La voie consiste en ceci : " cessez de chérir des opinions " », quand le Christ dit : « heureux les pauvres en esprit », il s'agit de la même vérité, du même enseignement. Où se trouve la pauvreté en esprit dans les interminables discussions théologiques où chacun s'accroche à son point de vue et se bat pour réfuter les arguments du voisin ? La pauvreté en esprit est l'exact opposé de l'attitude crispée qui nous fait dire : « J'ai mon christianisme » – et je ne veux pas qu'on y touche.

Je cite dans un de mes livres une phrase qui m'a saisi et en même temps beaucoup aidé. Un religieux qui était une figure éminente du christianisme, qui avait beaucoup œuvré en tant que catholique pour l'œcuménisme avec les protestants, était venu me voir. Tout en se montrant ouvert et bienveillant, il me dit : « Je suis très inquiet de voir l'influence que prennent ces doctrines orientales dans l'Église. » Et pour finir, à un certain moment de notre dialogue qui était chaleureux, il s'écrie : « Que voulez-vous j'ai la foi et je ne veux pas qu'on me l'enlève ! » Quelle parole révélatrice ! Sa foi pouvait lui être enlevée par une influence trop forte et trop troublante du bouddhisme ou des Upanishads ou d'un maître zen ou tibétain ? En ce cas la foi relève de l'avoir. Vous ne pouvez plus dire « Je suis un chrétien », mais seulement « J'ai mon christianisme parmi mes possessions intellectuelles et émotionnelles. » Cela n'a rien à voir avec le dépouillement, le dénuement auquel les Évangiles nous convient. De même que le zen a insisté sur la nécessité de transcender le bouddhisme : « Si vous rencontrez le Bouddha, tuez-le », le christianisme implique la transcendance d'une pensée chrétienne. Sinon il va à l'encontre de cette pauvreté en esprit prônée par le Christ lui-même. « Moi, j'ai mon christianisme, lui, il a son bouddhisme et nous sommes contents. » Être, c'est être libre de l'avoir.

En quoi consiste le fait d'être un chrétien? C'est avoir la qualité d'être ou le niveau d'être qui permet de pardonner les offenses, d'aimer ses ennemis et de prier pour ceux qui nous persécutent. Si une part de nous, dans l'inconscient, continue à haïr, comment pourrions-nous aimer nos ennemis? Par conséquent, être un chrétien implique d'être unifié. Or la compréhension actuelle du christianisme permet-elle cette unification? Pour beaucoup d'entre vous le christianisme a au contraire créé un clivage entre une image idéale et votre réalité quotidienne. Un chrétien doit avoir des pensées absolument pures et ne pas convoiter le sexe opposé en dehors du sacrement du mariage; seulement votre réalité sexuelle fait que, comme jeune homme, vous avez une érection quand vous voyez une trop jolie femme assise à la table à côté dans le bistrot où vous avez commandé un café crème. Comment le christianisme vous permet-il de vivre cette contradiction pour vous retrouver unifié? Si le christianisme tel qu'il vous est proposé vous conduit à la division, à la culpabilité et au refoulement, en quoi vous aide-t-il à croître intérieurement vers cette liberté des enfants de Dieu qui vous a été promise?

Si l'on se résigne à faire partie du troupeau, que ce soit un troupeau d'hindous, de marxistes, de catholiques ou de maoïstes, c'est une chose. Mais si l'on possède une réelle envergure et si l'on en fait une affaire personnelle, il faut *chercher*, relire les Évangiles en essayant de les comprendre. Il faut redécouvrir ce qu'a pu être le symbolisme de la liturgie. Il faut regarder, il faut tester. La vérité et la certitude se gagnent. Et celui qui cherche finit toujours par trouver. Il n'est pas question d'adopter une doctrine ou un dogme auquel on croit ou on ne croit pas. Il est question de voir : est-ce que ceci est vrai ou pas vrai ? Est-ce que je l'ai vécu ou non ? Est-ce que cela fait partie de mon être ? Est-ce que c'est devenu mon expérience ? Connaître, ce n'est pas accumuler des connaissances. Connaître, c'est être. A certains moments, je suis obligé de le dire, et je le dis en tant que baptisé qui a si douloureusement porté autrefois le problème de la rencontre des religions au XXe siècle, j'ai senti très nettement que je ne pouvais plus continuer à vivre dans un monde d'opinions, qu'il fallait que je me soumette à un maître si je voulais vraiment devenir un chrétien – non pas un membre d'une Église mais un homme qui vit et met en pratique l'enseignement des Évangiles.

Or, pendant des années, je m'étais trouvé en contact avec un monde relativement tolérant, celui de l'Orient – même s'il a connu aussi bien des querelles sur la meilleure façon d'exprimer la vérité – mais surtout un monde qui produisait des sages ; et par ailleurs avec un christianisme qui se présentait comme la plus grande religion mais qui ne produisait plus de saints. Des chrétiens, des prêtres même, me disaient : « Nous cherchons un Ramana Maharshi, un Swâmi Ramdas, nous n'en avons plus. Il y en a eu il y a mille ans ou cent ans mais nous n'en voyons plus aujourd'hui. » Comme eux, j'ai intensément voulu trouver un maître dans le christianisme jusqu'au jour où j'ai dû abandonner cet espoir. Les Tibétains sont heureux d'avoir un Kangyur Rimpoché à l'intérieur de leur tradition, les bouddhistes japonais de pouvoir approcher un maître zen, un Roshi Shibayama par exemple, les musulmans du nord de l'Afghanistan étaient heureux d'avoir au sein même de l'islam un Khalifa Sahib-e-Charikar et un Soufi Sahib de Maïmana! Et comme les hindous sont heureux d'avoir parmi eux des « libérés vivants » tels que Ramdas ou Mâ Anandamayi. Et moi, physiquement né en Occident, je n'ai pas un maître qui incarne de façon vivante l'héritage des églises romanes, des cathédrales gothiques, des Évangiles, des mystiques. Et pourtant j'aspire à la mort du vieil homme et à la naissance de l'homme nouveau. Le paradoxe c'est de sentir que devenir un chrétien passe pour moi par la soumission à un sage qui ne fait pas partie de ma tradition. Comment un chrétien qui devient disciple d'un maître hindou ou bouddhiste peut-il se situer? C'est avant tout une affaire personnelle. L'important, si vous suivez une voie et que vous voulez vraiment changer, dépasser le mental, c'est de ne pas mélanger les enseignements. La vie éternelle, la mort à soi-même, l'amour de tout et de tous se révèlent bien sûr des valeurs chrétiennes mais aussi des données universelles de la spiritualité. Certains maîtres hindous peu « religieux » se montrent, de ce point de vue, d'admirables chrétiens et sont l'incarnation de ce qui est écrit dans les Évangiles – même si la voie qu'ils proposent ne confesse pas Jésus-Christ, Fils Unique.

Swâmi Prajnanpad, qui a été mon maître pendant neuf ans, connaissait la physique, il avait lu Freud et Adler, une bonne partie de l'œuvre de Platon, il savait tout sur Socrate mais, même s'il avait lu les Évangiles, il connaissait surtout le christianisme à travers les formes les plus infidèles au Christ. S'il s'est montré parfois bien sévère à l'égard du christianisme tel que je l'interprétais à travers ma subjectivité, j'ai tout de suite compris qu'il allait enfin m'aider à cesser d'être une caricature de chrétien vivant dans les compromissions et les illusions auxquelles on se cramponne. Être fidèle au Christ ne pouvait passer pour moi que par ce maître indien et j'ai dû vivre auprès de lui des moments où mon monde personnel s'est trouvé terriblement mis en question. J'avais été si marqué par la religion à travers mon inconscient, mes désirs, mes peurs que le christianisme était devenu *mon* christianisme, déformé par mes propres interprétations. Ce maître a dû démanteler ce christianisme-là, un des bastions de mon égocentrisme et j'ai accepté qu'il le fasse le jour où j'ai admis que, si j'étais engagé sur un chemin, il fallait que je sois vraiment sur ce chemin. Et si cela me demandait d'abandonner toute prière, je devais aussitôt y renoncer. Le but, c'était de devenir un chrétien mais puisque la voie que je suivais n'était ni celle d'un protestant dans sa paroisse ni celle d'un moine trappiste dans son monastère, si je voulais un jour avoir l'être d'un chrétien et non pas une « mentalité » de chrétien, il fallait que je m'engage complètement sur une seule voie et pas sur une voie de ma fabrication. Par conséquent, je devais m'interdire tous les syncrétismes. En laissant détruire « mon » christianisme, j'agissais enfin en conformité avec les Évangiles. Je comprenais que si je voulais être vraiment libre du passé, il fallait que je sois complètement libre du christianisme de mon enfance et de mon adolescence, que je devais y renoncer, lâcher, tout donner. C'était la condition sine qua non pour faire table rase de mon infantilisme. J'étais donc dans cette situation paradoxale, qui peut être celle de certains d'entre vous, de me dire que plus je me détournais apparemment du christianisme, moins je mettais apparemment celui-ci en pratique, plus je le vivais de l'intérieur et plus je devenais un chrétien cohérent. Grâce à ce maître et aux vérités védantiques qu'il enseignait, le Christ est devenu vivant en moi. Et aujourd'hui, je ne vois plus de contradictions entre l'essence des Évangiles et la rigueur de ce maître.

Comment allez-vous changer de niveau d'être et échapper à la mentalité ordinaire si puissante qui vous ramène tout le temps dans vos vieilles ornières? Qui va vous y aider, puisque la tragédie des chrétiens aujourd'hui vient surtout du fait qu'il n'y a plus de « gourou » à l'intérieur de la tradition chrétienne. Karlfried Graf Dürckheim vers lequel se sont tournés tant de religieux transmettait une sagesse acquise pendant ses années passées au Japon, même si, en son cœur, il était demeuré disciple du Christ et de Maître Eckhart. D'autres Européens ont touché les chrétiens en quête de guides spirituels, comme le célèbre Alan Watts qui a été pasteur protestant avant de découvrir le zen et le védanta. Un des plus beaux livres que j'aie lus sur le catholicisme a été écrit par Alan Watts, et il s'agit vraiment du catholicisme, pas du catholicisme d'Alan Watts [1]. Des chrétiens baptisés, qui font partie de l'Église, sont amenés, par la force des choses, à chercher en dehors de leur religion sans pour autant renier leur tradition.

« Nul ne vient au Père que par moi » a dit le Christ. Cela veut-il dire que l'on ne peut pas venir au Père par Ramana Maharshi ou par Mâ Anandamayi? Certainement pas. Alors que signifie cette parole? Comment a-t-elle été comprise dans les grandes époques du christianisme? Si vous retournez aux Pères de l'Église, vous trouverez des explications qui vont dans le sens d'une ouverture aux autres traditions et non pas de l'affirmation d'une supériorité méprisante du christianisme par rapport à celles-ci.

Cependant, l'ouverture aux différentes religions ne signifie certes pas que vous devez suivre plusieurs chemins à la fois. Ne restez pas entre deux chaises. Engagez-vous d'une manière ou d'une autre. Ne faites pas l'erreur qui consiste à demander des conseils de tous les côtés : aller voir un prêtre qui vous demandera de vivre dans la chasteté, un psychanalyste qui vous conjurera d'avoir une

1. *Myth and Ritual in Christianity.*

activité sexuelle hors mariage, un gourou hindou qui vous donnera encore un troisième conseil. Pas d'incohérence qui renforce votre division au lieu de vous réconcilier avec vous-même. Vous ne pouvez pas mélanger les voies – j'insiste sur ce point. Un maître peut faire une synthèse mais pas un disciple. Vous ne pouvez pas faire votre propre cocktail à partir de bribes d'enseignements et de morceaux de compréhension. Et là où le mélange se révèle le plus pernicieux, c'est quand vous tentez d'amalgamer des ascèses qui semblent proches. Si vous essayez de faire le rapprochement entre un chemin non dualiste fondé sur l'éveil au Soi et un chemin dualiste « Oh Dieu, prends-moi en pitié », vous serez obligés d'aller profondément dans votre recherche pour vous situer au-delà de leurs différences et saisir leur essence commune. Mais des chemins qui semblent très proches – comme les voies védantique, bouddhiste ou taoïste – sont plus facilement confondus. Il est bien plus malaisé d'être sur ses gardes dans ce cas-là pour éviter de compromettre subtilement un enseignement par un autre.

J'ai ainsi constaté à plusieurs reprises que la vaste culture de certains en matière d'ésotérismes et de mystiques diverses devenait leur pire ennemie parce qu'elle leur servait d'échappatoire dans des moments cruciaux. Au lieu d'affronter leur difficulté en mettant en pratique le *hic et nunc*, le « ici et maintenant », ils la fuyaient en invoquant une parole d'un maître. Tous les arguments avancés par ceux qui ne me demandaient mon aide que pour mieux me contrer sortaient de la bouche de Bouddha, du Maharshi ou d'un autre grand sage. Ne confondez pas les voies. Et si vous êtes chrétiens, méfiez-vous de l'idée que vous vous faites du christianisme, méfiez-vous de la religion chère à votre ego et à votre inconscient. Ne la prenez pas pour le christianisme. Ayez le courage de mourir à vous-mêmes complètement, de tout donner, de ne rien retenir et de ne vous retenir à rien. La totalité du minerai doit être mise dans le creuset pour éliminer les scories et permettre à l'or pur d'en sortir intact. Vous ne pouvez rien garder pour vous, même pas votre credo, celui que vous ne voulez surtout pas qu'on vous « enlève ». Sinon le christianisme devient l'un des derniers remparts de vos préjugés et de vos prises de position. Si vous voulez vraiment être un chrétien, soyez prêts à lâcher vos opinions, osez complètement sacrifier *votre* spiritualité à la vérité.

En procédant méthodiquement vous allez peu à peu vous libérer du christianisme incomplet de votre enfance et accéder à une foi d'adulte. Si vous posez la question avec une intense sincérité : « Où réside la vérité? », peu à peu, de la profondeur, la réponse montera, non pas comme une réponse qui vous est donnée du dehors et dont votre intellect s'empare mais comme une vérité certaine. Et de cette façon-là vous éviterez le syncrétisme, parce que la certitude vient de l'intérieur. Vous redécouvrirez par vous-même la vérité vivante, fulgurante, évidente, sans aucun doute possible, du christianisme. C'est un peu comme si, jusqu'à présent, nous avions tourné entre nos mains un étrange objet destiné à nous éclairer sans avoir trouvé le commutateur – puis, tout d'un coup, nous découvrons celui-ci et voici que cette lampe qui semblait morte, éteinte, nous donne enfin la lumière. Tout d'un coup, les Évangiles peuvent devenir une lampe allumée recélant la plénitude de la vie. « Je suis le chemin, la vérité et la vie. » Ces paroles ne sont alors plus lettre morte mais des paroles absolument vivantes. C'est la révélation du Christ, la découverte prodigieuse que le petit moi ne peut plus récupérer. Il ne s'agit plus d'une ferveur religieuse comme les grandes conversions émotionnelles. C'est simplement : ce qui était mort est devenu vivant, une lampe éteinte est devenue une lampe allumée.

N'utilisez pas le christianisme pour laisser subsister quelque chose du vieil homme. Si la religion est un avoir émotionnel et mental du vieil homme, elle devient une prison. Et je vous souhaite, que vous soyez ou non marqués par le christianisme, de comprendre qu'il n'y a en vérité qu'un seul enseignement, celui qui conduit de la peur à l'amour. Mais tant que vous êtes encore soumis aux pièges de l'ego, ne faites pas vous-mêmes votre synthèse. Suivez un seul chemin qui vous indique où mettre le pied à tel endroit, qui vous montre ce qui vous est possible dans les moments où vous paraissez le plus perdus et le plus désemparés, afin non pas d'avoir des tas d'idées sur le christianisme et des tas d'émotions chrétiennes mais d'être un jour vraiment un chrétien.

3

DU VIEIL HOMME A L'HOMME NOUVEAU

Comme je ne suis ni pasteur protestant, ni prêtre et que je n'ai aucun doctorat en théologie, ce que je dis n'engage bien sûr que moi. Je parle d'une expérience et j'apporte le témoignage d'un homme élevé en Occident dans le protestantisme, qui s'est posé nombre de questions à propos de celui-ci, qui a eu des doutes et qui a été, avec tant d'autres, déçu ou choqué par bien des aspects du christianisme historique. Je précise simplement que j'ai découvert le catholicisme par moi-même à partir de l'âge de vingt ans, puis au cours de retraites dans une abbaye de trappistes, la dimension monastique manquant au protestantisme.

J'ai ensuite été immensément aidé dans ma recherche d'un sens à la vie – à ma vie – par la découverte de l'Orient. Ma lumière de départ a été les livres et traductions de Jean Herbert. J'ai effectué de nombreux séjours en Inde, j'ai connu des maîtres tibétains, des maîtres soufis en Afghanistan et, comme je l'ai déjà expliqué, j'ai suivi pendant neuf ans l'enseignement d'un Indien bengali que je peux vraiment considérer comme mon père spirituel.

Mais je n'ai jamais nié ou renié ma formation chrétienne et, parallèlement à mon intérêt pour l'Asie, j'ai toujours poursuivi une grande réflexion sur le christianisme et les Évangiles qui m'a amené aux conclusions que je voudrais partager avec vous.

Afin que le christianisme puisse transformer le « vieil homme » en « homme nouveau », il existe, selon moi, deux approches. L'une repose sur la simplicité de la foi, ce que l'on appelait jadis la foi du charbonnier qui ne cherche même pas à comprendre mais est animé par la conviction qu'une réalité suprême, Dieu le Père, l'aime. De cette approche découle une confiance complète en la Divine Providence qui permet de voir celle-ci à l'œuvre dans tout ce qui nous arrive et de l'accepter. Des chrétiens ont vécu avec cette certitude qui peut véritablement transformer une existence. Mais si l'on a des exigences intellectuelles – et c'est de plus en plus le cas à notre époque – une longue réflexion devient au contraire nécessaire pour clarifier nos doutes. Et j'ai ainsi senti à un certain moment de ma propre recherche que je ne pouvais pas approfondir les Évangiles si je ne possédais pas les clés de leur langage et si je ne pouvais pas me référer au grec dans lequel ils ont été rédigés.

Même si je ne suis pas hellénisant, je suis capable de lire l'alphabet grec et de chercher des mots dans un dictionnaire. Donc, chaque fois qu'un passage me paraissait poser question, je me reportais au texte grec, ce qui m'a permis de faire toutes sortes de découvertes. J'ai vu notamment que les traductions des Évangiles en français trahissent une grande part de ce qui est le plus intéressant ou le plus important, même quand ces traductions sont annotées en bas de page, comme dans la Bible œcuménique.

Par exemple dans un passage assez connu qui se situe à la fin de l'Évangile de Jean, donc après la Résurrection, le

Christ demande à Simon Pierre : « Simon, m'aimes-tu ? » Et Pierre répond : « Oui, Seigneur, tu sais que je t'aime. » Et le Christ dit alors : « Pais mes agneaux. » Cette question est posée trois fois de suite à Pierre. Or, les traductions françaises portent simplement : « Pierre, m'aimes-tu ? – Oui, tu sais bien que je t'aime. » Mais aucune note n'indique que le même mot « aimer » traduit deux mots grecs différents, *agapè* et *phileo*. Pourquoi la traduction française ne nous donne-t-elle aucune indication de ce changement de verbe qui revêt un sens très précis ?

Agapè désigne une forme d'amour au-delà des émotions, des peurs, des désirs, des attachements. Un amour libre et conscient, l'amour de celui qui est déjà transformé, dont, pour parler comme l'Inde, le mental a été détruit. Et *phileo* correspond à l'amour instable que nous connaissons tous ; on peut aimer, ne pas aimer. Or, le Christ emploie, dans ses questions à Pierre, le terme *agapè*, mais Pierre répond en utilisant le mot *phileo*. Pierre utilise un autre mot, comme si le Christ lui demandait : « Pierre, m'aimes-tu de l'amour libre, conscient, de l'amour dans la non-dualité ? » et que Pierre réponde à un autre niveau : « Mais tu sais bien que je t'aime de l'amour humain ordinaire. » Cet échange entre le Christ et Pierre a lieu deux fois de suite. Et la troisième fois le Christ n'emploie plus le terme *agapè* mais *phileo*. Il descend au niveau de Pierre, si l'on peut dire. Je cite cet exemple parce qu'il me paraît témoigner de la richesse de sens que nous volent les traductions.

Le chrétien moyen, qui n'a pas le privilège d'être docteur en théologie, même s'il se procure différentes traductions de la Bible ne peut pas comprendre l'essentiel de ce passage qui contient deux termes nettement distincts pour désigner deux niveaux d'amour. Ces niveaux d'amour appartiennent chacun à un niveau d'être différent. Bien sûr, il n'est pas question de se lancer dans de l'érudition pure et vaine mais pourquoi les traducteurs n'indiquent-ils pas en bas de page : « Nous n'avons qu'un mot en français, le mot aimer, pour traduire deux mots grecs qui ont chacun un sens bien précis » ?

Pour comprendre les Évangiles, il faut admettre l'idée – qui n'est pas particulièrement originale – que rien de ce qui s'y trouve n'est gratuit ; aucune précision n'est inutile. De petits détails en apparence insignifiants ont certainement leur valeur – sinon pourquoi aurait-on pris la peine de les rapporter dans des textes aussi brefs ? Tout ce qui est écrit peut être compris à différents niveaux. Si le sens littéral le plus immédiat est vrai, des sens de plus en plus profonds existent aussi. Et, du point de vue de cette compréhension intérieure du Nouveau Testament, l'enseignement est très clair et cohérent ; il s'agit d'une transformation possible à l'homme, transformation sur laquelle insistent également les soufis, les bouddhistes tibétains, les yogis de l'Inde, qui suppose le passage d'un niveau d'être à un autre niveau d'être.

Le niveau d'être ordinaire correspondant à notre point de départ est parfois comparé à la mort, comme dans l'injonction : « Laissez les morts ensevelir leurs morts. » Il est également assimilé au sommeil. Mais il existe un autre statut auquel toutes les traditions font référence et qu'on peut appeler éveil, ou vie en plénitude, *dans cette existence-ci*. Il ne s'agit plus de ce que l'on pourrait réaliser après la mort du corps physique ou à la fin des temps ; la perspective eschatologique devient alors secondaire par rapport à l'enseignement concret qui permet à un être humain de passer de la mort à la vie au cours de son existence terrestre. La métamorphose qui nous est proposée n'est autre que la mort du vieil homme afin que naisse l'homme nouveau. Le mot que nous traduisons par « transfiguration » à propos de l'épisode bien connu de la transfiguration du Christ est précisément *metamorphosis*.

Et ce passage se fait, comme cela a toujours été le cas, à l'aide d'un enseignement qui indique ce qui est possible et quel chemin peut être suivi.

Le niveau ordinaire et le niveau supérieur accessible à l'homme ne communiquent pas en vous au début du chemin. Ils sont séparés. Mais vous pouvez, par une ascèse bien menée, établir la jonction, la connexion entre ces deux niveaux. Certains d'entre vous ont peut-être cherché auprès de maîtres hindous ou tibétains un enseignement qui ne soit pas seulement dogmatique, théologique ou moral, mais qui soit précisément technique et concret. Et l'on peut découvrir en plénitude dans les Évangiles un enseignement technique que l'étude et l'approfondissement des textes ne feront que confirmer. Mais il faut bien voir que cet accès à un autre niveau ne représente pas une différence de degré mais de nature. Cette transformation totale nous demande d'abandonner un grand nombre de convictions, d'opinions et même d'expériences sensibles auxquelles nous sommes attachés. Nous sommes amenés, au cours de cette évolution, à changer notre ancienne manière de voir et à nous ouvrir à d'autres vérités qui contredisent radicalement nos habitudes de pensée. C'est à ce renouvellement intérieur que s'applique la parole du Christ : « On ne met pas du vin nouveau dans de vieilles outres [1]. »

Il est maintenant de notoriété publique – ce qui ne l'était pas il y a vingt ans pour le profane – que le même mot « repentance » dans les Évangiles traduit lui aussi deux mots grecs différents. L'un veut dire, en effet, se repentir au sens ordinaire du terme : j'ai fait une erreur et je m'en mords les doigts ; et l'autre, *metanoia*, signifie *au-delà de l'intellect* (*meta* impliquant au-delà et au centre car l'au-delà extrême, c'est le centre précis, le centre géométrique qui n'a pas de dimension ; *noia* étant une forme

1. Matthieu, 9, 17.

particulière de *nous* qui désigne l'intellect ou l'intelligence). « Repentance » doit donc être compris comme la transformation qui nous mène au-delà de l'intellect ordinaire limité, au-delà du mental ou de la « *buddhi* inférieure » des hindous. Ce mot-clé serait déjà mieux traduit par conversion ou retournement. Comment ne pas faire le rapprochement entre ce mot *metanoia* et l'expression sanscrite *manonasha*, destruction du mental. *Metanoia* correspond exactement à la formulation typique des maîtres hindous ou bouddhistes « *beyond the mind* ». Ce terme nous invite à lâcher les opinions auxquelles nous nous accrochons et ce que l'expérience ordinaire de la vie nous a enseigné.

Toute voie spirituelle vous appelle à ce qu'on peut légitimement appeler la mort à soi-même, la mort à un certain niveau pour vivre à un autre niveau. « Si le grain ne meurt, il demeure seul; s'il meurt, il porte beaucoup de fruits. » Laissez-moi vous citer le passage célèbre de saint Paul sur la résurrection : « Semé corruptible, le corps ressuscite incorruptible; semé méprisable, il ressuscite éclatant de gloire; semé dans la faiblesse, il ressuscite plein de force; semé corps psychique, il ressuscite corps spirituel. S'il y a un corps psychique, il y a aussi un corps spirituel. C'est ainsi qu'il est écrit : le premier homme, Adam, fut un être psychique doué de vie, le dernier Adam est un être spirituel donnant la vie. Mais ce qui est premier, c'est l'être psychique, ce n'est pas l'être spirituel; il vient ensuite. Le premier homme tiré de la terre est terrestre. Le second homme, lui, vient du ciel [1]. »

Traditionnellement, la doctrine hindoue reconnaît deux types de libération : la libération après la mort (videha-mukti) et la libération dans cette vie (jivanmukti). Le texte célèbre de saint Paul ne peut-il pas être interprété aux deux niveaux, indiquant d'une part de quelle

1. 1 Corinthiens 15, 42-47.

manière la résurrection après la mort se manifestera et d'autre part évoquant la transformation possible dans cette existence? Ce texte fait penser au témoignage que certains portaient après leur rencontre avec tel ou tel des plus grands mystiques de l'histoire ou, au xxe siècle, avec tel ou tel saint exceptionnel du Mont Athos. Mais cette métamorphose à laquelle tous sont appelés n'a jamais concerné qu'une infime minorité.

Il ne s'agit plus de psychologie, il ne s'agit pas seulement d'être moins égoïste ou plus serein, il s'agit d'une expérience intérieure bouleversante présentée comme une mort et une résurrection *dans cette vie-ci*, par un abandon de tout ce qui constitue aujourd'hui notre psychisme, donc un abandon de nos points d'appui habituels. Cela suppose un effacement, un silence, un « vide » dont même les mystiques chrétiens ont parlé parce qu'il constitue l'expérience mystique proprement dite. Vous ne pouvez pas à la fois conserver vos limites, vos prérogatives et être en même temps vidés de vous-mêmes pour être remplis de Dieu. Que reste-t-il, quand nous avons tout perdu, tout lâché, dans ce tréfonds du cœur ou de l'âme où nous ne sommes plus ni homme ni femme? Qu'est-ce qui se révèle alors? Tous ceux qui ont vécu cette transformation témoignent qu'il s'agit bien d'une expérience radicale qui est la plus haute possibilité d'accomplissement offerte à l'homme. La question est de savoir si nous aspirons ou non à cette réalisation d'un autre ordre. Elle ne passe pas forcément par le martyre physique qu'ont connu les premiers chrétiens mais par un abandon, un don de soi total à cette vie qui transcende nos limitations : « Ce n'est plus moi qui vis, c'est le Christ qui vit en moi. » Mais très peu de chrétiens entrevoient le christianisme, surtout à notre époque, comme l'appel à cette réalisation mystique.

Un tel passage ne s'opère pas tout seul, parce que nous

sommes attachés à notre manière d'appréhender la réalité dans la dualité, au travers du désir et de la peur, fonctionnement que les enseignements orientaux ont, eux aussi, très bien décrit de leur côté. L'homme a toujours tendance à rabaisser des enseignements transcendants, à les ramener à son niveau. Il commet l'erreur de vouloir faire entrer un enseignement original parlant de choses nouvelles dans ses catégories mentales habituelles. Le préalable à une véritable compréhension est donc un effort d'ouverture, de silence, d'oubli de nos opinions, pour que l'enseignement des Évangiles puisse pénétrer en nous et nous transformer de l'intérieur.

Je le redis, tout a son importance dans les Évangiles, y compris ce qui paraît inutile au premier abord. Et ce qui ne se révèle pas immédiatement clair est parfois le plus important et le plus intéressant. Ce qui est dit concerne bien sûr un certain Jésus de Nazareth qui a vécu il y a deux mille ans en Palestine, mais concerne également chacun de vous. Il s'agit de votre aventure intérieure, de votre propre transformation, de votre métamorphose aussi spectaculaire que celle de la chenille en papillon.

Je ne voudrais surtout pas donner l'impression que je veux présenter un christianisme mystérieux dont le langage codé ne serait connu que des seuls initiés. Et pourtant le christianisme possède un langage symbolique qui est plus ou moins commun à toutes les traditions et dont on retrouve des témoignages chez les anciens, notamment les Pères de l'Église tellement plus vivants et modernes, selon moi, que bien des auteurs contemporains. Ceci dit, je ne cherche à attaquer personne, je dis simplement que la lecture de Grégoire de Nysse, de saint Jean Climaque, de Clément d'Alexandrie, entre autres, m'a passionné. La vérité peut être comprise d'une manière littérale ou au contraire d'une manière vivante susceptible de nous transformer. On voit bien, d'ailleurs, la sévérité du Christ à l'égard des docteurs de la loi, des pharisiens, de ceux qui observent parfaitement les commandements, qui transmettent les dogmes intacts de génération en génération, mais ne sont pas suffisamment régénérés pour en saisir l'esprit. A certains égards, nous portons tous en nous le personnage du sadducéen ou du pharisien : ne nous contentons pas d'émettre un jugement sur les milieux juifs d'il y a deux mille ans.

***

Si nous prenons le cas de Jean-Baptiste, qu'on appelle aussi le Précurseur et qui vient « pour aplanir les chemins du Seigneur », nous trouverons un exemple supplémentaire d'une double interprétation des Évangiles. Son intervention peut être considérée juste comme un événement historique : un certain Jean-Baptiste vêtu de peaux de bête, se nourrissant de sauterelles, baptisait au bord du Jourdain; ou bien, à un niveau plus profond, Jean-Baptiste peut être vu comme un aspect de nous-mêmes et décrire ainsi une étape de notre propre évolution. Il est dit de Jean-Baptiste qu'il traverse un moment de doute quand il est en prison. Il fait demander au Christ : « Es-tu bien celui qui doit venir? » Jean-Baptiste représente le début de la voie, il correspond à un stade qui va aplanir les chemins du Seigneur. Mais la compréhension de Jean-Baptiste est encore limitée tout comme la compréhension que nous avons de notre propre cheminement est au départ incomplète.

Jean-Baptiste parle de ce qui doit être *fait* ou de ce qui ne doit pas être fait. En effet, presque toujours nous abordons la vie spirituelle avec cette question : « Que faut-il faire? » Toute l'existence nous a demandé d'agir : faire des mouvements de gymnastique ou des devoirs en rentrant chez nous quand nous étions écoliers, ou notre lit le matin. Et nous transposons cette mentalité dans notre recherche spirituelle : il faut faire le bien, il ne faut pas faire le mal, il faut prier, il faut lire les Évangiles ou encore est-ce que je dois respirer alternativement par les deux narines, est-ce que je dois concentrer mon attention sur tel ou tel *chakra* ? Or, si je veux changer mes actions, le préalable est de changer mon être dont émanent ces actions. Pour faire, il faut être. L'enseignement de Jésus de Nazareth en tant que maître spirituel concerne-t-il ce qu'il faut faire et ne pas faire ou concerne-t-il avant tout la transformation de l'être ?

Dans le célèbre passage du Sermon sur la Montagne qui commence par « Heureux les pauvres en esprit », il ne s'agit en aucun cas de faire. Il s'agit uniquement d'être. Reprenez les Béatitudes. Est-ce que je *suis* ce qui est proposé ? Et comment puis-je devenir ce qui est proposé ? Effectivement, si je suis pauvre, doux, miséricordieux, pur, assoiffé de justice, je ne peux pas ne pas être heureux. Généralement, les Béatitudes sont comprises à un niveau moral alors qu'elles pointent vers un niveau psychologique beaucoup plus profond. Prenons la première d'entre elles – et ce n'est sûrement pas sans raison qu'elle vient en tête : « Heureux les pauvres en esprit. » Naturellement, il ne peut s'agir des pauvres d'esprit au sens médical du terme, les débiles mentaux. Cette pauvreté en esprit est l'abandon de toutes nos possessions intellectuelles et spirituelles, ce à quoi nous tenons, ce que nous croyons, l'ensemble de nos convictions qui nous opposent à celles des autres. Le Christ prône une pauvreté mentale, une pauvreté intérieure, et même la renonciation à nos idées théologiques chéries, abandon ultime auquel se réfèrent et nous réfèrent les mystiques. Ce dépouillement de notre esprit nous conduit à une nudité, un vide de tout ce qui nous est cher. Chaque Béatitude décrit un état d'être. « Heureux celui qui est... » Comment passer de *faire*, qui est notre point de départ, à *être*?

Sans entrer dans chaque détail pour justifier ce que je vais dire maintenant, je peux cependant affirmer que vous en trouveriez beaucoup de traces dans d'autres traditions et, ici ou là, chez les premiers auteurs chrétiens du IIe au VIe siècle. La vérité – ou l'enseignement spirituel donné par le maître au disciple – est désignée par différents termes, le premier étant le mot *pierre*. La forme la plus immédiatement accessible de la vérité est la vérité écrite, la vérité « figée » qui recèle une certaine valeur, mais dans laquelle il ne faut pas s'emprisonner. La pierre dans les Évangiles désigne cette vérité dogmatique. Par exemple, les Dix Commandements donnés à Moïse au sommet du Sinaï dans l'Ancien Testament sont gravés dans la pierre. Les temps anciens nous ont laissé de nombreux témoignages d'inscriptions dans la pierre, comme les hiéroglyphes des temples égyptiens – et on ne peut nier qu'il y a eu une certaine influence égyptienne sur la tradition hébraïque puis la tradition chrétienne. Le mot pierre se réfère à ce qui est écrit, transmis. Le fait de simplement lire les Upanishads, la Bhagavad-Gita ou la Bible correspond à ce niveau « pierre ». Il n'y a là rien de méprisant en soi pour le *roc* – ni pour saint Pierre. Quand le Christ dit qu'il faut bâtir sa maison sur le roc et non pas sur le sable, nous devons nous souvenir que, si ces termes évoquent immédiatement la solidité d'une part et la fragilité de l'autre, dans le symbolisme universel le sable composé de milliards de grains indique la multiplicité et le roc, le monolithe, désigne au contraire l'unité.

Pour que l'enseignement ne soit pas seulement un avoir intellectuel ou moral, pour qu'il nous transforme, il faut qu'il devienne vivant; il est alors désigné par le mot *eau*. Par exemple, il est dit dans l'Ancien Testament que Moïse frappe le rocher de son bâton et en fait jaillir de l'eau. Et le rôle de tous les maîtres c'est de faire jaillir l'eau de la pierre, c'est-à-dire de montrer ce qu'il y a d'éternellement vrai et présent aujourd'hui dans les grandes écritures sacrées que nous ont léguées les différentes religions. L'eau représente l'enseignement qui peut nous vivifier, l'enseignement que nous allons recevoir et qui, dans les ténèbres où nous nous débattons, va nous dire : ici est la vérité, ici est le chemin, voilà ce qu'il y a à comprendre, voilà ce que vous êtes appelés à être. C'est par là que commence toute véritable recherche. La parole redevenue vivante va nous désaltérer, alors que nous ne pouvons pas étancher notre soif avec des pierres, même si la pierre est nécessaire pour que l'enseignement soit conservé et transmis.

Enfin, quand nous nous sommes imprégnés de cet enseignement, qu'il commence à nous transformer de l'intérieur et que cette métamorphose s'opère en nous, la vérité est symbolisée par les mots *vin* ou *sang* qui sont équivalents. Le sang étant, selon la conception ancienne, la partie la plus intime, la plus essentielle et la plus vivante de notre être, on comprend aisément qu'il désigne la vérité assimilée, la vérité qui fait partie de nous, à la différence de la compréhension littérale touchant uniquement la surface de notre être.

C'est ce qui explique, par exemple, que la première manifestation du Christ dans sa mission soit l'étrange miracle dit des noces de Cana. En effet, on est en droit de se demander en quoi le Rédempteur, deuxième personne de la Trinité, prenant forme humaine, avait besoin à la fin d'une noce, quand les gens sont déjà passablement soûls, de transformer de l'eau en vin. Était-ce un miracle si nécessaire? Si on le prend au pied de la lettre, sûrement pas. On peut s'émerveiller qu'un aveugle voie, ou qu'un paralytique marche, mais quel sens peut avoir le miracle des noces de Cana? Combien cette histoire serait déplacée dans les Évangiles si elle ne revêtait pas un sens extrêmement profond. Tout de suite le Christ annonce qu'à partir de maintenant il va changer l'eau en vin, c'est-à-dire que la compréhension juste, vivante de l'enseignement, ne sera pas récupérée par le mental mais que l'enseignement va vivre en nous. « Ce n'est plus moi qui vis, c'est le Christ qui vit en moi » est l'achèvement de cette transformation en nous de l'eau en vin.

La vérité nous parvient d'abord sous la forme de la pierre, ensuite sous la forme de l'eau qui désaltère, enfin sous la forme du vin qui peut nous enivrer; ce mot enivrer qui revient souvent dans la littérature chrétienne mais également chez les mystiques soufis – alors que les musulmans ne boivent jamais d'alcool – ne doit pas être pris dans un sens péjoratif. Il ne se réfère pas à un état d'ébriété, mais à l'ivresse mystique de celui qui est passé à un autre plan d'être, un autre plan de conscience. Voilà pourquoi Jésus dit à Thomas dans l'Évangile de Thomas : « Tu as bu et tu t'es enivré à la source bouillonnante que j'ai moi-même mesurée [1]. » La transformation de l'eau en vin est la préfiguration du sang du Christ versé. Le symbole du vin est présent lors de la première manifestation du Christ comme sauveur aux noces de Cana, il est à nouveau présent quand sa mission s'achève lors de la Cène, le dernier repas pris avec ses disciples avant la crucifixion.

Le passage de la pierre à l'eau et de l'eau au vin peut aussi ne pas s'opérer. On peut rester attaché à la lettre, c'est-à-dire au niveau pierre de la vérité. Par exemple, il est dit qu'un des possédés guéris par le Christ « se déchirait avec des pierres ». Faut-il entendre par là qu'un malheureux ramassait des cailloux pointus pour s'écorcher? Oui, peut-être. Mais il existe une autre manière de se déchirer que bien des êtres humains ont connue – et

1. Évangile de Thomas, logion 13, 13-15.

qui est, selon moi, une des plus cruelles et des plus douloureuses – c'est de buter sur la lettre de l'enseignement et de se débattre dans les contradictions : les protestants ont dit ceci, les catholiques ont dit cela et les orthodoxes disent encore autre chose ; et le Christ a donné un enseignement qu'on me dit être dualiste, le Védanta est un enseignement non dualiste, alors où est la vérité ? Tant qu'on s'en tient aux formulations, même en admettant qu'on connaisse l'hébreu, le grec, le sanscrit et l'arabe, on peut véritablement se torturer. Et, s'il n'y a pas un homme transformé, un sage, un maître pour nous sauver de cette torture, nous pouvons souffrir longtemps sans parvenir à réconcilier ces contradictions. Au nom du Christ, certains se sont meurtris avec des interdits et des dogmes sans comprendre que l'essentiel réside dans ce passage de l'amour ordinaire, *phileo*, à l'amour supérieur, *agapè*, dont je parlais tout à l'heure.

De même, la *lapidation* ne doit pas être entendue uniquement au sens de mettre à mort en lançant des pierres, mais de tuer moralement quelqu'un à coups de « vérités ». Le passage de la femme adultère prend ainsi toute sa dimension : « Que celui qui n'a jamais péché lui jette la première pierre. » Qui ne s'est pas senti, à un moment ou à un autre, jugé, accablé, condamné par ce qui a été dit ou écrit ; une autorité extérieure détenant la vérité littérale nous assène : « Il a été dit ceci, tu es un pécheur, tu as fait mal, tu as transgressé. » Avec ces injonctions écrites, qui se trouvent en effet dans le Coran, dans les Upanishads, dans l'Ancien et le Nouveau Testament, on peut torturer quelqu'un, alors que d'un bout à l'autre des Évangiles, le Christ nous demande de dépasser le jugement pour accéder à la compréhension et à l'amour suprême qui accepte l'autre tel qu'il est.

Quand le Christ surnomme Simon Pierre – le mot

petros en grec permet le jeu de mots en français : « Tu es Pierre, et sur cette pierre je bâtirai mon Église » impossible en anglais –, n'a-t-on pas le droit de comprendre que Pierre incarne une certaine Église qui correspond au niveau *pierre* ? La tradition, dans ce qu'elle a de « solide », a été transmise jusqu'à nous pendant deux mille ans, avec des moments d'incompréhension tragiques qui ont donné lieu aux persécutions, aux guerres de religion, à l'Inquisition, aux attaques d'une congrégation contre une autre. La condamnation dont a été victime Maître Eckhart, qu'on reconnaît aujourd'hui comme l'un des plus grands mystiques, provient en grande partie de règlements de comptes des franciscains à l'encontre des dominicains auxquels il appartenait. A travers Maître Eckhart, les franciscains cherchaient à « avoir la peau » des dominicains. Qui aurait pu imaginer que des successeurs de saint François d'Assise intrigueraient pour faire condamner un dominicain ? Personne ne peut nier cet épisode de l'histoire de l'Église que les non-chrétiens se sont fait plaisir de monter en épingle et qui représente un aspect de la spiritualité correspondant à ce niveau pierre – ou roc – dont on n'a pas toujours su faire jaillir l'eau.

Sans vouloir tirer de conclusions trop hâtives, nous sommes cependant en droit de nous demander si la phrase : « Tu es Pierre, et sur cette pierre je bâtirai mon Église » ne confirme pas une tradition qui a toujours existé dans le christianisme selon laquelle il y aurait une certaine Église de Pierre et une Église plus intérieure qui serait l'Église de Jean. J'y ai fait allusion dans le premier chapitre, mais je voudrais revenir sur ce thème en le développant. L'Évangile de Jean distingue nettement Pierre d'une part et « le disciple que Jésus aimait » d'autre part. On suppose que ce disciple bien-aimé n'était autre que Jean qui, étant le narrateur de l'Évangile, n'ose pas se désigner lui-même comme le disciple préféré du

Christ [1]. Certains y voient Thomas Didyme. Même si nous ne possédons aucune certitude sur ce disciple, nous pouvons cependant être sûrs qu'il détenait un statut privilégié auprès du Christ. Nous savons aussi que le Christ ne pouvait pas avoir de préférence humaine pour l'un de ses apôtres par un jeu de sympathie et d'affinités et que cette préférence ne pouvait provenir que d'une seule cause : ce disciple avait compris, mieux que les autres, l'essence de son enseignement.

Si l'on relit dans cette optique la fin de l'Évangile de Jean [2], qui relate la dernière apparition du Christ à quelques apôtres après la Résurrection, plusieurs éléments semblent venir à l'appui de cette thèse. Tout d'abord, c'est dans ce passage que le Christ demande à Pierre si celui-ci l'aime de l'amour supérieur et que Pierre révèle jusqu'au bout, par ses trois réponses, qu'il n'est pas situé à ce niveau. Or, en guise de conclusion, le Christ déclare à Pierre : « Quand tu étais jeune, tu nouais ta ceinture et tu allais où tu voulais; lorsque tu seras devenu vieux, tu étendras les mains et c'est un autre qui nouera ta ceinture et qui te conduira là où tu ne voudrais pas. » Et, comme Pierre s'enquiert ensuite de ce qui va advenir du « disciple que Jésus aimait », le Christ répond : « Si je veux qu'il demeure jusqu'à ce que je vienne, que t'importe? Toi, suis-moi. » Par ailleurs, n'est-il pas étonnant de constater la sévérité du Christ à l'égard de Pierre qu'il déclare incapable d'accéder à un plan supérieur de compréhension : « Retire-toi! Derrière moi, Satan! Tu es un scandale pour moi, car tes vues ne sont pas celles de Dieu mais celles des hommes [3]. »

L'Église extérieure court toujours le risque de voiler l'essentiel, de s'attacher à la lettre et d'oublier l'esprit, de

1. Selon la critique actuelle, il est peu probable que le rédacteur de l'Évangile de Jean soit l'apôtre Jean.
2. Jean, 21, 15-23.
3. Matthieu, 16, 23.

rabaisser à notre expérience ordinaire un enseignement décrivant une métamorphose, comme si les chenilles voulaient ramener à leur monde de chenille ce qui relève de l'univers du papillon. Inversement, il y a toujours eu des saints, des mystiques ou des chrétiens dont l'histoire a oublié le nom, qui ont su faire jaillir l'eau du roc, c'est-à-dire rendre toute sa puissance transformatrice à l'enseignement de l'Église. Il est plus naturel, pour nous Occidentaux qui avons grandi au milieu des cathédrales et non pas des mosquées ou des pagodes, d'approfondir l'enseignement qui est à l'origine de notre culture, à condition de lui redonner un sens qui puisse nous satisfaire entièrement. Ayant connu de nombreux chrétiens, y compris des prêtres, qui ont abandonné l'Église, je sais quelles révoltes et quelles déceptions peuvent naître chez un baptisé. Il existe heureusement une compréhension qui peut éclairer vos doutes, apaiser votre indignation et vous redonner toute la ferveur et l'admiration que méritent l'enseignement des Évangiles et la tradition chrétienne.

Tout ce que certains vont chercher en Orient se trouvait dans le christianisme. Nous pouvons retrouver en Asie les clés qui manquent pour faire jaillir l'eau du roc afin que cette eau soit transformée en sang, et que cette vérité fasse partie de notre être. Nous passons alors d'une approche littérale à cette vie nouvelle qui est résumée en un mot que tous les chrétiens connaissent et qui est le mot amour. Mais *être* amour – non pas aimer –, être en état d'amour, nous nous en rendons compte, demande un long cheminement. Et nous ne sommes pas tous des Mozart de la spiritualité – nous ne le savons que trop.

La rencontre du Christ avec la Samaritaine [1] confirme le sens intérieur du mot *eau*. Le Christ demande à la Samaritaine de lui donner à boire et lui dit ensuite : « Qui-

1. Jean 4, 1-42.

conque boit de cette eau-ci aura encore soif ; mais celui qui boira de l'eau que je lui donnerai n'aura plus jamais soif ; au contraire, l'eau que je lui donnerai deviendra en lui une source jaillissant en vie éternelle. » Quand le Christ ajoute : « Tu as eu cinq maris, et l'homme que tu as maintenant n'est pas ton mari », ce passage doit-il être compris littéralement ou bien revêt-il un autre sens ? Qu'est-ce que cela peut nous faire que la Samaritaine ait eu cinq maris et qu'elle vive maintenant avec un sixième homme qui n'est pas son mari ? Étant donné la brièveté des Évangiles, il est impossible qu'il y ait un chiffre, une précision qui ne nous concerne pas, nous, aujourd'hui, qui ne nous parle pas de nous, dans nos erreurs, nos tâtonnements, notre espérance.

Dans son *Commentaire de l'Évangile*, Lanza del Vasto donne une explication de ce passage qu'il a vraisemblablement puisée à une source patristique. Les cinq maris désignent nos cinq sens et le sixième qui n'est pas son mari correspond à ce que les hindous appellent le sixième sens, c'est-à-dire le mental. Le mental n'est pas la vérité de nous-mêmes ; il s'est forgé peu à peu par les influences diverses que nous avons reçues et par l'éducation qui, si j'ose m'exprimer ainsi, pensent à notre place et même ressentent à notre place ; il est constitué de tout ce qui n'est pas vraiment personnel et juste en nous. Beaucoup de nos pensées ne sont faites que de citations prises ici ou là, beaucoup de nos émotions ne sont que des imitations dues aux influences culturelles.

La rencontre entre un descendant de David, le Christ, et la Samaritaine représente déjà en soi un événement grandiose, d'autant que les Samaritains, pour les Juifs de l'époque, équivalaient à ce que nous nous permettons d'appeler aujourd'hui un métèque, c'est-à-dire des gens en marge parce que rejetés. Qui n'est pas touché par cet entretien magnifique au bord du puits de Jacob : « Je te donnerai à boire d'une eau qui fera que tu n'auras plus jamais soif »? Mais il y a plus encore, qui nous donne à réfléchir. L'âme, la réalité profonde en nous, notre être essentiel, est « marié », uni, confondu avec les cinq sens et ceux-ci nous condamnent à une vision des apparences qui nous interdit la vision de la réalité ultime; et nous vivons avec ce sixième sens, le mental, qui regroupe l'ensemble de nos conceptions et de nos opinions et se surajoute aux cinq sens pour nous exiler encore plus du réel.

Les Évangiles sont parsemés d'indications qui nous permettent de mieux nous comprendre, tout en nous invitant à nous laisser transformer de l'intérieur. L'essentiel réside dans cette transformation possible : la mort du vieil homme afin que puisse émerger l'homme nouveau. Un homme re-naît d'esprit et d'eau et il accède à un niveau supérieur de la réalité. Par conséquent, tout ce qui peut être dit, enseigné, montré par des maîtres spirituels d'autres traditions – pourvu qu'il s'agisse réellement de maîtres et non pas seulement de pandits instruits qui récitent leurs écritures par cœur – n'est pas une source de contradictions théologiques mais se révèle un commentaire vivant de l'Évangile et une aide pour mieux comprendre cette *metamorphosis*.

***

Une certaine liberté par rapport à la morale est d'une importance capitale, mais c'est en même temps un point très délicat parce qu'elle peut justifier à la fois nos erreurs, notre égoïsme, nos lâchetés et nous conduire à demeurer tout simplement l'esclave de nos peurs et de nos désirs. Cette précaution prise, il n'en est pas moins vrai que le Christ s'est comporté, aux yeux des juifs pieux, des juifs orthodoxes de son époque, d'une manière inadmissible et scandaleuse, bousculant à plusieurs reprises leur attachement trop littéral aux Écritures. On en trouve un exemple dans les incidents à propos du sabbat où le Christ prend position très fermement et sans ménagement : « Qui d'entre vous, s'il n'a qu'une brebis et qu'elle tombe dans un trou le jour du sabbat, n'ira la prendre et l'en retirer [1] ? » « Le sabbat a été fait pour l'homme et non l'homme pour le sabbat [2]. » L'humanité, et chacun de nous à chaque génération, court toujours le risque de pervertir un enseignement qui, au lieu d'être libérateur, devient une contrainte supplémentaire. Oubliant que le sabbat est fait pour l'homme et non l'inverse, nous faisons d'une doctrine qui ne devrait être pour nous que source d'épanouissement, de gratitude et d'émerveillement, une cause de peur, de conflits intérieurs et de frustrations.

Nous savons que les psychanalystes freudiens, les existentialistes, les marxistes ont adressé des critiques extrêmement violentes à l'égard du christianisme, critiques qui ne sont pas toujours sans fondement. Pouvez-vous retrouver un christianisme qui, lui, échappera à ces critiques, pourra dissiper vos doutes et auquel vous pourrez adhérer avec la totalité de votre être ? Et qui sera, j'insiste là-dessus, libérateur. Dans maintes situations, le Christ agit d'une manière manifestement contraire à la morale de son époque. Ceci dit, je ne suis certes pas en train de justifier n'importe quelle forme d'immoralité en disant qu'elle sera libératrice, l'expérience montre que ce n'est pas vrai. Mais, dans ce passage d'un niveau d'être à un autre, du vieil homme à l'homme nouveau, il faut parfois écouter l'inspiration intérieure qui nous permet d'agir indépendamment des textes et des écritures faisant autorité. Dans la situation actuelle, « qu'est-ce qui doit être

1. Matthieu 12, 11.
2. Marc 2, 27.

fait ? » et pas seulement « qu'est-ce qui est écrit ? ». Il s'agit d'un chemin qui nous conduit à un état beaucoup plus adulte. Si le Christ s'en était tenu simplement aux écritures les plus strictes, à la loi, à ce qui est symboliquement gravé sur la pierre, il n'aurait jamais guéri le jour du sabbat comme le lui ont reproché les pharisiens, ni pardonné à la femme adultère que la loi ordonnait de lapider, ni enseigné le dépassement du talion : œil pour œil, dent pour dent.

Il existe en effet une loi qui est au-dessus de toutes les lois, une vérité qui est au-dessus de toutes les vérités, c'est celle de l'amour : « Je veux la miséricorde et non le sacrifice. » Le leitmotiv de toute spiritualité, c'est l'amour. Non pas l'amour ordinaire – j'aime ceci et, par conséquent, je n'aime pas cela – mais l'amour suprême qui est un état d'être et transcende l'opposition du « j'aime et je n'aime pas ». Une des caractéristiques essentielles de cette transformation de l'homme charnel en homme spirituel, c'est cette loi d'amour. Tout le monde connaît la célèbre réponse du Christ à un docteur de la Loi venu l'éprouver : « " Tu aimeras le Seigneur ton Dieu de tout ton cœur, de toute ton âme et de toute ta force. " Voilà le premier et le grand commandement. Et voici le second qui lui est semblable : " Tu aimeras ton prochain comme toi-même. " De ces deux commandements dépendent toute la Loi et les Prophètes [1]. » Pour atteindre cet amour, il est indispensable de dépasser le stade du jugement et de la condamnation.

Mais il est difficile, que nous soyons hindous, bouddhistes, musulmans ou chrétiens, d'être libres de nos écritures – bien que l'histoire soit là pour nous remémorer combien l'attachement à l'aspect pierre, roc, de la vérité a pu conduire à un manque d'amour. Nous sommes attachés à ce qui nous a été présenté comme la

1. Matthieu 22, 37-40.

vérité et est devenu pour nous une opinion qui nous empêche d'accéder à cet autre niveau, à cette autre loi qu'est l'amour. L'essentiel est donc de détecter en vous les obstacles à cette possibilité d'amour, les attractions et répulsions qui font que vous pouvez encore ne pas aimer.

A cet égard, souvenez-vous, le « Aimez vos ennemis » du Christ n'a pas seulement un sens moral, comme les enfants le comprennent d'abord. Il ne s'agit pas seulement de nos ennemis humains mais de tout ce que nous sentons comme nos ennemis, c'est-à-dire chaque situation et chaque événement de la vie qui, pour parler un langage moderne, nous agresse. Si nous n'élargissons pas le sens de cette parole, nous perdons une partie de la richesse de l'enseignement. Tant que nous sommes encore soumis à la mentalité dualiste ordinaire, au sens de l'ego, à la tyrannie du mental, tout ce qui ne nous convient pas, tout ce qui représente un contretemps à nos yeux, tout ce qui fait lever en nous une émotion douloureuse devient notre ennemi.

Réfléchissez bien à ce point, parce qu'il peut transformer l'existence de celui qui veut se considérer comme chrétien et mettre en pratique les commandements du Christ. Un imprimé qui vous arrive au courrier, indiquant une contravention plus élevée que celle à laquelle vous vous attendiez, c'est votre ennemi. Pouvez-vous avoir le moindre amour envers cette contravention que vous avez là, sous les yeux, et à l'égard de ces « salauds de C.R.S. » qui vous ont arrêté pour excès de vitesse? Aussi étrange que paraisse cette manière de s'exprimer, elle n'en est pas moins rigoureuse. Il ne s'agit pas seulement d'aimer ces C.R.S., en admettant que vous les considériez comme vos ennemis parce qu'ils vous ont arrêté, mais d'aimer cette contravention qui est là entre vos mains. De même, en ce qui concerne la souffrance physique : quelque chose me fait mal, je considère cette douleur comme un ennemi.

Est-ce que je peux aimer cet ennemi-là ? Cela va beaucoup plus loin que de l'accepter, « bon, il faut l'accepter », même si c'est déjà mieux que de se révolter. Pouvez-vous avoir cette attitude, absurde pour la mentalité ordinaire, de ressentir de l'amour envers une souffrance physique ? Si l'on n'a pas compris certaines vérités du chemin proposé par Jésus, cette conversion ne viendra jamais à l'esprit. Pourtant nous savons bien que ce qui est folie aux yeux des hommes est sagesse aux yeux de Dieu. Pour l'intelligence humaine, aimer ses ennemis représente un retournement intérieur incompréhensible qui nous paraît même aberrant et contre nature. En ce cas, comment vous situez-vous devant cette autre parole du Christ : « Si quelqu'un te gifle sur la joue droite, tends aussi l'autre. A qui veut te mener devant le juge pour prendre ta tunique, laisse aussi ton manteau. Si quelqu'un te force à faire mille pas, fais-en deux mille avec lui [1] ? »

Je le dis avec d'autant plus de conviction que je conserve le souvenir très précis d'avoir beaucoup souffert physiquement dans le bras gauche pendant plusieurs semaines. Ni les médecins, ni les kinésithérapeutes ne parvenaient à soulager cette douleur. Et, un jour, quelqu'un qui m'était proche m'a dit : « Arnaud, vous acceptez cette douleur, mais est-ce que vous avez de l'amour pour elle ? » Quelle parole magnifique ! J'acceptais la douleur, que la volonté de Dieu soit faite et non la mienne, oui à ce qui est, amen au sens d'acquiescement – je ne peux quand même pas faire moins que de mettre en pratique ce que j'énonce dans mes livres –, j'éliminais la folie habituelle qui consiste à penser qu'« il ne devrait pas y avoir de douleur ». Et j'avais essayé l'aspirine, les anti-inflammatoires, l'acupuncture sans aucune amélioration. Mais, quand quelqu'un m'a demandé si j'avais de l'amour pour cette douleur, j'ai senti en un instant que j'avais trahi

1. Matthieu 5, 39-41.

une part de l'enseignement que je retransmets en oubliant ce « tu aimeras ton ennemi ». Il ne s'agit pas seulement de reconnaître ce qui est, sans émotion négative et sans refus, il faut aller encore plus loin dans l'attitude positive, folle aux yeux des hommes mais sage aux yeux de Dieu.

L'amour qui nous est demandé est un amour inconditionnel qui transcende complètement nos goûts, nos préférences, nos répulsions : de l'amour *phileo* à l'amour *agapè*. L'amour des ennemis est un amour fou qui a été trop souvent oublié à travers l'histoire du christianisme. La même chose est arrivée dans l'islam : les mullas ont persécuté les soufis. Tout le monde sait que Al Hallaj, le grand mystique musulman, a été condamné à mort. Il a été à la fois lapidé et crucifié parce que sa proclamation « Je suis la vérité » ne paraissait pas conforme à la lettre du Coran. La vérité au niveau pierre a aveuglé certains êtres au point de les empêcher de voir que la source d'eau vive coulait en Al Hallaj ou, comme le disent les soufis, que Al Hallaj était enivré du vin divin. Le risque est tout le temps là, pour nous tous, de dégrader un enseignement véridique quel qu'il soit, auquel nous croyons et que nous prêchons même aux autres, retombant ainsi dans l'absence d'amour, le jugement et la condamnation. Nous commettons à notre tour ce crime de lapider les autres à coups de vérités.

Au premier abord, le mot amour ne paraît pas revêtir un sens technique ou ésotérique. Il ne semble pas y avoir là un enseignement qui puisse vous fasciner intellectuellement. Même si vous êtes *a priori* d'accord qu'il faut aimer, beaucoup d'entre vous se sentent plus motivés par les descriptions des textes hindous sur la montée de la kundalini et l'ouverture des chakras. « Ésotérique » signifie simplement « intérieur ». Tout chrétien peut se demander s'il s'en tient à la forme extérieure qui est un empêchement à l'amour, en contradiction complète avec la vérité à laquelle il adhère intellectuellement. Pouvons-nous être libres de cette vérité, oser guérir même le jour du sabbat, c'est-à-dire apparemment violer ce qui est écrit, pour atteindre la vérité plus profonde qui est celle de l'être re-nouvelé, régénéré?

***

Le Nouveau Testament gravite autour de ces deux idées essentielles, la métamorphose et l'amour, l'une et l'autre étant inextricablement liées puisque nous ne pouvons être établi dans cet amour supérieur qui ne vacille plus que si un changement profond et définitif s'est opéré en nous. Et les Évangiles sont un manuel qui indique comment opérer ce passage d'un niveau d'être imparfait à un autre niveau d'être fondamentalement différent. Nous naissons graine, nous êtres humains, et nous pouvons – mais est-ce que nous le ferons ou ne le ferons pas? – nous transformer en un arbre si vaste que tous les oiseaux du ciel viennent y faire leur nid. Si vous ramenez l'enseignement du Christ, qui nous parle d'un autre niveau de la réalité, à votre expérience ordinaire – aux maris de la Samaritaine – vous passez à côté de la vérité. Cela revient à considérer que les Évangiles ne concernent plus que les graines, alors qu'ils ne concernent les graines qu'en fonction – et seulement en fonction – de leur évolution possible. Et la foi, c'est la certitude que le sens de la vie se trouve dans cette transformation, que celle-ci est possible. Il ne s'agit pas seulement d'améliorer la graine par quelques considérations morales – qui peuvent avoir leur valeur –, il s'agit de la métamorphose du gland en chêne. Le drame du christianisme en général et de tant de chrétiens en particulier a été de réduire un enseignement concernant la mort du vieil homme et la naissance de l'homme nouveau à des préceptes et des principes qui concernaient le vieil homme. Combien ont-ils compris qu'ils sont appelés à ce changement d'être, à dépasser leurs émotions et leur vision ordinaire pour passer sur un tout autre plan de conscience? L'essentiel est oublié.

Cette évolution ne se fera pas d'elle-même, comme se fait en principe le passage de la puberté. La nature prend en charge cette phase de l'adolescence pour la quasi-totalité des êtres humains, elle nous donne une certaine expérience de la vie, nous fournit un cerveau, des neurones, des engrammes pour pouvoir penser, reconnaître nos amis ou voir ce qui nous est favorable et défavorable mais elle ne nous garantit pas la croissance spirituelle, elle ne prend pas en charge notre transformation intérieure. Le passage du sommeil à l'éveil ou de la mort à la vie implique une série d'efforts conscients de notre part. Il suppose à la fois une intense détermination et une très grande habileté. Nous avons tendance à croire que l'habileté est une qualité douteuse qui permet de se débrouiller dans le monde mais qui n'a pas sa place sur un chemin spirituel. Or, le mot grec *phronimos*, qui revient à plusieurs reprises dans les Évangiles et que l'on traduit souvent par prudent, sage, avisé, signifie en fait *habile*. Voilà une notion qui a été largement perdue de vue, bien que le Christ déplore cette absence d'habileté : « Ceux qui appartiennent à ce monde sont plus habiles vis-à-vis de leurs semblables que les fils de lumière [1]. » Pourquoi les enfants du siècle sont-ils si habiles et les enfants de la lumière si peu habiles? Ailleurs, le Christ exhorte ses disciples à être « rusés comme les serpents [2] ». Ce *phronimos*, habile, a un contenu bien plus fort que les mots sage, prudent ou avisé. Il ne s'agit pas uniquement de

1. Luc 16, 8.
2. Matthieu, 10, 16.

morale, ou de croire ou de ne pas croire, il s'agit d'une manière intelligente de mettre des instructions en pratique qui puisse vous faire réellement progresser et qui s'affine avec le temps. A mesure que l'enseignement devient de l'eau qui vous désaltère et se transforme en votre propre sang, votre niveau de compréhension évolue. Il faut vous défaire de l'idée que l'habileté est réservée aux gens du siècle, aux « battants » qui veulent réussir dans l'existence, mais qu'un bon chrétien ne doit pas être habile, ce qui est en soi absurde. Si vous voulez vous appuyer sur les Évangiles, il faut les prendre dans leur totalité. Un enseignement spirituel est avant tout une méthode habile qui vous évite de perdre du temps et de vous fourvoyer.

Si cette vérité-clé des Évangiles qui est ce passage d'un niveau à un autre, cette mort en vue d'une renaissance, n'avait pas été oubliée au profit des engagements sociaux ou même politiques, cela aurait évité à beaucoup d'entre vous d'être déçus par le christianisme et d'avoir à trouver le sens de leur vie dans le bouddhisme tibétain ou auprès de Swâmi Ramdas, de Mâ Anandamayi ou de tel autre maître spirituel hindou. Pourtant, ce que vous avez découvert de si important dans l'hindouisme, le bouddhisme ou éventuellement chez les soufis, c'est-à-dire cette perfection possible dans cette vie et non après la mort, constitue le message central du christianisme. C'est, en tout cas, l'essence des Évangiles.

Combien de fois le Christ n'a-t-il pas affirmé : « Hommes de peu de foi », « génération de peu de foi », « vous n'avez pas la foi », ce qui est une manière de dire : vous interprétez au niveau ordinaire ce qui relève d'un autre plan. On voit ainsi percer dans plusieurs passages des Évangiles un malentendu sur le sens même du mot royaume. Le royaume des cieux ou le royaume de Dieu « est au-dedans de vous ». Les Juifs de l'époque étaient persuadés que ce royaume allait venir sur la terre et les libérer du joug des Romains, interprétant au pied de la lettre des paroles du Christ qui désignaient manifestement un autre ordre de réalité. Cette méprise dans l'entourage du Christ aurait pu nous servir de lumière et de sauvegarde, pour nous tous chrétiens à travers les siècles, en permettant de dépasser le sens littéral. Le royaume des cieux est ce qui vous attend au fond de vous-mêmes comme fruit de cette métamorphose de l'homme ancien en homme nouveau.

Souvenez-vous à cet égard de la parabole des serviteurs à qui ont été confiés des talents, c'est-à-dire des pièces de monnaie [1]. Les serviteurs ont tous reçu une somme différente « à chacun selon ses capacités ». Et, quand le maître revient, deux des serviteurs ont fait fructifier l'argent qu'il leur avait confié, tandis que le troisième s'est contenté de l'enterrer. En fait, ce serviteur a été parfaitement honnête, il ne l'a pas dépensé pour lui. Que vient faire cette parabole dans les Évangiles qui ne sont en rien un traité de capitalisme? Pourquoi le maître se montre-t-il si dur à l'égard du serviteur qui lui rend exactement la somme qu'il a reçue? « Mauvais serviteur, paresseux! Tu savais que je moissonne où je n'ai pas semé et que je ramasse où je n'ai rien répandu. » En quoi est-ce si grave de n'avoir pas placé l'argent? Parce qu'il vous incombe de faire fructifier ces talents. Si vous naissez graine et que vous mourez graine, vous avez manqué l'essentiel. Nous naissons graine et ce qui est attendu de nous, dans le langage des Évangiles, c'est que nous mourions arbre, que le grain soit mort dans cette vie et que nous soyons transformés. Telle est la signification du « maître injuste » qui veut récolter plus qu'il n'a semé.

1. Matthieu 25, 14-30.

Ce passage paradoxal, dans lequel un maître accable un serviteur honnête, s'adresse à chacun de nous. Nous sommes, si je puis dire, semés sur terre à un certain niveau d'être, l'homme charnel ou, pour être encore plus clair, comme on l'a dit souvent, la chenille. Et il nous incombe à nous – ce n'est pas la nature qui va le faire –, aidés par la grâce, la prière, les sacrements ou aidés par l'enseignement de maîtres spirituels vivants, de nous transformer. Comme si Dieu, nous ayant créés chenilles, attendait de nous que nous nous transformions par nos propres efforts et notre propre compréhension en papillons. Dieu ayant semé le vieil homme entend récolter l'homme nouveau. Tel est le sens de cette parabole qui nous paraît d'emblée si injuste. Si Dieu a semé l'homme à un certain niveau, pourquoi veut-il récolter ensuite, au moment de notre mort, un homme régénéré, re-né, passé du stade du vieil homme au stade de l'homme nouveau? Pourtant, telle est bien l'exigence de Dieu envers nous.

Ce sont toujours les passages déroutants qui revêtent le plus d'importance. Les paraboles ou les actions du Christ incompréhensibles ou scandaleuses sont précisément celles qui fournissent des clés concernant le chemin lui-même et permettent de mettre en pratique les grandes paroles de vie. Plusieurs fois la notion d'injustice semble mise en valeur comme si les malins ou les profiteurs dans le monde matériel étaient glorifiés. Cette habileté que je mentionnais tout à l'heure est indispensable dans la vie spirituelle. L'enjeu est grave, il concerne chacun d'entre vous et personne ne peut se reposer uniquement sur une adhésion facile, comme si le baptême avait tout résolu. Au risque de dérouter certains et d'être sévèrement contredit par d'autres, j'affirme que la religion enseignée dans mon enfance était incomplète et qu'il y manquait même l'essentiel :

on m'apprenait surtout que j'étais sauvé du simple fait que le Christ était mort sur la croix. Et le message que j'ai découvert dans les Évangiles, c'est un christianisme qui me demande de chercher, d'essayer de comprendre, de lutter, de désespérer et de retrouver l'espérance.

Je ne nie pas l'action de la grâce de Dieu. Je dis simplement qu'un travail vous incombe pour qu'un jour la grâce puisse vous illuminer. La béatitude nous attend au plus profond de nous mais nous en sommes coupés. Le bonheur n'est possible que parce que nous sommes animés par une réalité qui, elle, est béatitude; ce n'est pas nous qui allons produire ce bonheur. Aucune technique ne le peut. Nous pouvons seulement écarter les obstacles, les empêchements. Vous ne réussirez pas, par vos efforts, à créer la lumière du soleil mais ce que vous pouvez, par vous-mêmes, c'est ouvrir les volets afin que pénètre la lumière. Cette image toute simple et bien connue est une réponse parfaite à la question tant débatttue de l'effort et de la grâce. Aucun effort humain n'engendrera la lumière du soleil mais si les volets sont fermés, celle-ci ne pénétrera pas jusqu'à nous. Notre part personnelle est donc d'ouvrir les volets du dedans, ceux du cœur et de l'esprit.

Je conclus par où j'ai commencé, ma conviction aujourd'hui c'est que votre existence peut être illuminée par le christianisme en oubliant tout ce que j'ai dit et en ne connaissant pas un mot de grec : « Je vois la Providence divine à l'œuvre partout, je me soumets à la volonté de Dieu, je ne me soucie de rien, Dieu est un père plein d'amour et, même si je suis dans l'épreuve, je sais que c'est pour ma purification et mon progrès sur la Voie. Les malheurs qui m'arrivent ne sont que la grâce de Dieu à l'œuvre. » Avec la foi du charbonnier, vous atteindrez les sommets de la spiritualité et du mysticisme. Mais, si vous ne pouvez pas vivre la simplicité de cette foi et si vous voulez chercher plus loin, une intense réflexion sur les textes mêmes devient nécessaire. Peut-être connaîtrez-vous, à votre tour, le regret que leur sens ésotérique ne vous ait pas été montré plus tôt, peut-être éprouverez-vous le sentiment d'avoir été lésés par votre éducation chrétienne elle-même. Mais, si vous pouvez dépasser cette déception, le christianisme ne cessera pas de vous livrer, jour après jour, son inépuisable richesse.

4

SUR LA TERRE COMME AU CIEL

Peut-être avez-vous l'impression que la compréhension du christianisme exige un ensemble de connaissances complexes, voire compliquées, demandant une grande érudition. Cette érudition est-elle nécessaire sur votre chemin? Certainement pas, sauf si votre nature personnelle, vos antécédents vous poussent dans cette direction. Cela peut être une nécessité propre à tel ou tel d'entre vous qui a besoin d'accumuler beaucoup de connaissances en matière ésotérique ou spirituelle. Si c'est le cas, il faut le reconnaître et s'attacher à satisfaire au moins partiellement ce désir afin de ne pas vivre avec un sentiment de frustration. On peut en effet sentir des manques affectifs, mais on peut aussi sentir des manques intellectuels et éprouver la soif intense d'en savoir plus.

Bien sûr, il s'agit toujours d'un avoir, fût-ce un avoir intellectuel, métaphysique ou ésotérique. Mais pour pouvoir *être*, ou s'établir dans l'être, il faut se libérer peu à peu du besoin d'avoir; et si la demande d'avoir des connaissances livresques est très forte en vous, reconnaissez-la et donnez-lui un certain accomplissement (et même un accomplissement certain) tout en sachant qu'il s'agit d'un aspect de la voie qu'il faudra dépasser. La sainteté peut advenir aux ignorants, aux simples, bien plus qu'aux érudits et aux docteurs de la Loi. Pour nous Occidentaux, qui avons beaucoup plus étudié que les peuples anciens, l'exigence de comprendre intellectuellement peut difficilement être dépassée. Donc, « faisons avec » et transformons ce besoin en aide au moins relative. Toute action apparemment profane peut être tournée vers la spiritualité, y compris les défoulements collectifs comme le carnaval, par exemple, qui sont reliés à des fêtes spirituelles. Mâ Anandamayi dit : « Si vous êtes bavard, parlez de Dieu ; si vous aimez chanter, chantez le nom de Dieu ; si vous voulez danser, dansez autour de ses statues. » Et si vous avez une curiosité intellectuelle et que vous l'orientez vers des connaissances ésotériques, c'est une manière à la fois d'apaiser une demande et de vous mettre en contact avec des idées qui vous touchent dans la profondeur et font vibrer la nostalgie d'une croissance intérieure.

Il est très compréhensible que les Occidentaux, après un détour par l'Orient, éprouvent un intérêt nouveau pour le christianisme, en se demandant à juste titre si celui-ci ne contient pas des connaissances réelles et non des croyances et de la bigoterie. Il y a en effet dans le christianisme et les Évangiles un enseignement extrêmement concret, bien méconnu aujourd'hui, et qui peut contribuer à vous encourager si vous êtes engagés sur une voie de transformation. Tant de vieilles émotions latentes font obstacle pour vous sur le chemin que tout ce qui peut étayer votre conviction dans ce domaine est précieux, surtout dans les moments de doute ou de désarroi où les vieux mécanismes reprennent le dessus et où vos certitudes sont fortement ébranlées. Et parmi les influences qui peuvent renforcer cette conviction se situe la découverte d'un unique enseignement à travers des formes diverses. Tant qu'on sent que les hindous disent une chose, les bouddhistes une autre, les chrétiens une autre encore et que les musulmans contredisent les chrétiens sur des points qui semblent essentiels, on ne peut pas être sûr qu'on ne se fourvoie pas en adhérant à telle ou telle doctrine.

En Occident, nous avons grandi dans un monde de doute où chaque affirmation se trouve facilement contredite. Un jeune Tibétain grandissait – mais il en était de même dans toute société traditionnelle, y compris les sociétés tribales – dans un monde où chacun était d'accord sur les valeurs essentielles; au Tibet, personne ne mettait en cause les fondements bouddhistes, mahayanistes de la société tibétaine et même les brigands avaient une divinité protectrice, tout comme l'on dit chez nous qu'il y a un bon Dieu pour les ivrognes. Personne, ou presque, ne doutait non plus en Afghanistan, avant que celui-ci ne soit contaminé par la mentalité moderne, des bases mêmes de l'islam. L'Afghanistan est un pays que j'ai bien connu de l'intérieur : l'islam n'y est devenu sujet à caution qu'à partir du moment où de jeunes Afghans sont partis faire leurs études à Moscou, à New York, à Paris où ils ont découvert le monde occidental. Autrefois, la Chrétienté reposait également sur des principes que tout le monde admettait y compris ceux qui les transgressaient ou les vivaient d'une manière corrompue : mais intellectuellement il n'y avait pas d'autre conception même s'il existait des compréhensions plus ou moins bornées du christianisme. Ce n'est qu'à partir des XIVe et XVe siècles, époque de la dégénérescence du Moyen Age, que des idées nouvelles ont commencé à circuler, chacun soutenant sa propre opinion, tant et si bien qu'on en est arrivé aujourd'hui à un concert de contradictions dans le monde moderne.

Il s'agit même d'une situation qui s'aggrave de plus en plus. Que ce soit en matière religieuse, politique, sociale, en matière d'éducation, il n'y a pas une thèse qui prévale sans être immédiatement mise en cause par une autre. Doit-on tout autoriser aux enfants pour ne pas les traumatiser ou doit-on au contraire être ferme et leur imposer une discipline afin de les structurer ? Est-ce que l'avortement est un crime ou une conquête légitime de la femme ? Nous avons tous grandi dans cette cacophonie : chacun a ses opinions et personne n'est vraiment sûr de rien. Dans la mesure où l'enfant regarde, écoute les grandes personnes, il est très tôt le témoin de conflits entre son père et son oncle qui se disputent devant lui parce que l'un votera Chirac et l'autre Mitterrand, etc. Tant et si bien que nous sommes les produits du doute.

Pendant très longtemps, j'ai attribué à des conditions tout à fait individuelles ma propre incertitude intérieure. J'ai même volontiers admis à partir de ma philo, en étudiant un peu la psychologie, qu'elle relevait de perturbations qui m'étaient propres et n'était que l'expression de conflits inconscients. Mais cette absence de certitude est en fait un phénomène généralisé : nous sommes devenus les enfants de la méfiance et du scepticisme. Je le répète, il n'en a pas toujours été ainsi à toutes les époques et dans toutes les sociétés. Seulement nous ne sommes pas des musulmans afghans d'avant la colonisation russe, ni des chrétiens du XIIe siècle. Or, quand on est marqué depuis la toute petite enfance par une société de contradictions idéologiques, le doute devient une puissante composante de notre psychisme et on ne peut plus croire quoi que ce soit. Mis à part le domaine restreint des sciences expérimentales dans lequel l'étudiant, en ce qui concerne l'essentiel de la physique, de l'électronique ou de la chimie, a l'impression qu'on lui enseigne des choses fiables, le reste relève des opinions qui règnent en maîtresses sur les sciences humaines : un grand professeur d'université réfute ouvertement un autre non moins grand professeur de faculté.

Si vous regardez bien, vous verrez à quel point vous êtes peu sûrs. Même ceux qui ont une foi, qui ont beaucoup réfléchi par eux-mêmes, ne sont pas vraiment certains. Vous ne pouvez vous fier à cent pour cent qu'à ce dont vous avez l'expérience, à ce que vous avez vérifié par vous-mêmes. Mais pour mettre une ascèse en pratique et par là acquérir la certitude en matière de transformation personnelle, il faut déjà avoir un commencement de certitude au départ. Sinon on ne s'exerce pas et quand la vie nous bouscule tant soit peu, il ne reste plus rien de nos nobles idées. On pourrait dire d'une manière générale que la tragédie du chercheur spirituel est de mettre peu et mal en pratique l'enseignement auquel il adhère. Et pourquoi en est-il ainsi ? Parce qu'il n'est pas certain, au vrai sens du mot certain. Et en même temps, comment acquérir une véritable certitude si ce n'est en vérifiant par vous-mêmes, afin que l'expérience vous appartienne en propre et soit inscrite dans la totalité de votre être ? Vous n'aurez cette certitude qui vient de la vérification que si vous mettez en pratique, et vous ne mettrez en pratique que si une première conviction est déjà suffisante.

Il faut bien dire que la mise en pratique d'un enseignement réel est très difficile à comprendre pour la mentalité courante, c'est-à-dire la manière ordinaire de voir ou de sentir, d'apprécier et « de comprendre ». Ce sont deux ordres de réalité différents. On utilise de plus en plus en français le mot mental, au sens hindou du terme, pour désigner non seulement les manifestations les plus grossières de notre psychisme telles que les névroses, les projections outrancières, les peurs profondes qui souillent toutes nos relations, mais pour désigner également une déformation d'un ordre plus subtil qui est la compréhension ordinaire de l'existence dans son ensemble. Il ne s'agit donc pas uniquement du mental pathologique qui peut ruiner votre vie, même si celui-ci prend de plus en plus d'importance dans notre monde moderne. Cette invasion de la névrose dans nos sociétés représente d'ailleurs un phénomène relativement récent. Autrefois les hommes et les femmes étaient beaucoup plus normaux, même s'il existait bien l'idiot du village ou le fou que l'on considérait d'ailleurs parfois comme inspiré de Dieu. Pourquoi plus normaux ? Parce que la société étant moins divisée intellectuellement et culturellement, les familles étaient à peu près unifiées et les enfants grandissaient dans un climat de consensus ; l'organisation sociale inspirait confiance, on ne songeait pas sans cesse à la bouleverser comme c'est le cas aujourd'hui, on ne vivait pas constamment sous la menace d'un changement du tout au tout possible à chaque instant. Le monde paraissait stable, les familles plus solides qu'elles ne le sont aujourd'hui, alors que le monde moderne rend de plus en plus difficile aux parents de bonne volonté d'être des pères et des mères dignes de ce nom ; tant et si bien que la plupart des êtres humains sont plus ou moins anormaux de nos jours.

Je maintiens que j'ai rencontré, même si leur nombre tend à diminuer, beaucoup d'Afghans, de Tibétains, d'Indiens harmonieux et à l'aise comparés à ce que j'étais moi-même et aux Occidentaux en général, plus ou moins bloqués par des peurs, des complexes, des inhibitions. Et une part de mes découvertes s'est trouvée confirmée par le maître indien qui m'a guidé. Même un homme ou une femme qui ne vit pas dans l'appréhension d'être trahi, qui n'a pas peur de son propre mari ou de sa propre épouse, qui ne s'attend pas tous les jours à une catastrophe, qui n'est pas d'une susceptibilité et d'une jalousie maladives, même un être humain normal ne vit pas au niveau auquel l'homme est appelé à vivre. Par conséquent, pour aborder un enseignement ancien comme les Évangiles qui datent d'il y a deux mille ans, il faut comprendre que le Christ s'adresse à des hommes qui, à bien des égards, sont très semblables à nous, mais à d'autres sont différents de nous. Je veux dire par là que Jésus parle à des êtres humains moins perturbés et moins névrosés que la moyenne actuelle. Il ne faut pas ramener les enseignements traditionnels à des psychothérapies pour personnes au psychisme distordu et dont le cœur est infirme ou estropié.

Pour contrebalancer le monde sans cohésion dans lequel nous avons grandi et qui nous a rendus si divisés nous-mêmes, une aide efficace, qui m'a beaucoup soutenu personnellement, est de découvrir que les enseignements spirituels, même s'ils paraissent se contredire implacablement au niveau des dogmes, enseignent en fait le même chemin et les mêmes vérités. Nous rendre compte que ces enseignements attribuent la même finalité à notre existence sur terre, à savoir la croissance intime de l'être, peut faire grandir notre certitude si défaillante. Et l'essence du christianisme se rattache à ce tronc central dont sont issues toutes les grandes religions. Un seul et même message d'espérance s'exprime à travers des traditions différentes, chaque tradition étant parfaite en elle-même, à condition de ne pas être dégénérée : un hindou peut aller jusqu'au bout de sa propre transformation en s'appuyant uniquement sur l'hindouisme, de même qu'un chrétien pourrait aller jusqu'au bout de son cheminement intérieur en s'appuyant sur le christianisme, à condition que celui-ci ne soit pas contaminé comme il l'est aujourd'hui par la dégradation spirituelle généralisée. Car après tout, aux croisées de nos chemins, ce ne sont pas des *shivalingams* [1] qui se dressent mais des croix ou des crucifix et ce ne sont pas des temples hindous ou des mosquées qui se trouvent au cœur de nos cités mais des églises et même encore des églises romanes ou gothiques chargées d'un riche héritage de connaissance spirituelle.

***

Les enseignements traditionnels, y compris les Évangiles, reposent tous sur une même idée qui est celle d'une croissance possible de l'être de l'homme et non pas du savoir intellectuel. Ce passage d'une qualité d'être à une autre, d'un monde dominé par le mental à un monde supra-mental, ne relève pas de la rêverie, mais s'appuie au contraire sur des techniques très concrètes. A cet égard ces enseignements sont unanimes et ce dont ils parlent ne représente pas une petite affaire, car il s'agit vraiment de deux niveaux d'être et de deux niveaux de compréhension.

En fait, entre ces deux niveaux existent bien sûr des étapes intermédiaires, mais il n'est pas inexact de distinguer deux plans situés hiérarchiquement l'un par rapport à l'autre, l'un étant plus élevé ou plus intérieur et l'autre étant plus bas ou plus extérieur.

Si la raison d'être de la graine est de devenir un jour un arbre et non pas de périr en tant que graine, de même le sens de la vie humaine est de passer d'un niveau d'être à un autre. Or, de plus en plus d'hommes et de femmes meurent sans s'être transformés, comme des graines qui pourriraient sans avoir jamais germé. Si l'on distingue

1. *Shivalingams* : pierre noire verticale évoquant le dieu hindou Shiva.

ces deux règnes, qualifiés pour les besoins de la cause de règne humain et de règne divin, la différence de compréhension qui leur correspond est immense.

Dans les Évangiles, ces deux niveaux sont désignés par deux termes que vous connaissez tous, même si vous n'avez pas beaucoup lu la Bible : la Terre et le Ciel. La célèbre prière que le Christ enseigne à ses disciples les mentionne explicitement : « Notre Père qui es aux Cieux, que ton Nom soit sanctifié, que ton règne vienne, que ta Volonté soit faite sur la Terre comme elle est faite dans le Ciel. » En français, le mot ciel désigne à la fois le ciel pluvieux ou nuageux et ce plan supérieur, alors qu'en anglais, par exemple, il existe deux termes différents, *sky* pour le ciel et *heaven* pour la réalité céleste. Nous aurions certainement une perception différente du christianisme si nous avions grandi dans la langue anglaise qui utilise deux mots distincts.

Même s'il est écrit en toutes lettres dans les Évangiles « le Royaume des cieux est au-dedans de vous », nous avons tous été marqués comme enfants par les images de saints les yeux levés vers le ciel, sans compter la représentation sommaire du Christ qui monte aux Cieux lors de l'Ascension. Ces images d'Épinal ne contribuent pas à nous élargir l'esprit ni à éveiller notre intelligence des Évangiles. Il n'est pas dit : « le Royaume des Cieux sera, un jour, au-dedans de vous », mais le Royaume *est*, au présent, déjà au-dedans de vous. Les auteurs de la traduction œcuménique de la Bible traduisent « parmi vous » au lieu de « en vous », avec ce commentaire que je cite parce qu'il est représentatif d'une certaine approche du christianisme donnant la primauté à l'insertion sociale sur la vie mystique : « On traduit parfois : *en vous*, mais cette traduction a l'inconvénient de faire du Règne de Dieu une réalité intime. » Non seulement les contemplatifs mais la très grande majorité des théologiens ont opté pour la traduction « au-dedans de nous », *faisant du Royaume une réalité d'être et de conscience.* Vouloir à tout prix démarquer le christianisme des mystiques hindoues ou bouddhistes centrées sur l'expérience intérieure a conduit de nombreux Occidentaux à se détourner de celui-ci pour boire aux sources orientales.

Pourquoi ce rapprochement entre le ciel au-dessus de nos têtes et le niveau appelé Ciel a-t-il été fait ? Parce que le ciel un jour sans nuage, vide et infini, est en effet l'image sensible la plus immédiate que nous ayons de l'absolu. Un ciel strictement bleu, sans aucun nuage, paraît inchangé, c'était le même bleu hier qu'aujourd'hui. Le ciel est un reflet de cet infini qui se découvre au cœur de notre conscience et de notre être.

De même, le symbole de la caverne ou de la grotte est universel. Le Christ naît dans une étable mais cette étable est elle-même située dans une grotte, les Upanishads mentionnent plusieurs fois « la caverne du cœur », le mot cœur signifiant « centre » y compris dans le langage courant. Le cœur en question n'est autre que le centre de nous-mêmes. L'idée centrale de l'enseignement des Évangiles, c'est la transformation de l'homme sur cette terre, pendant cette incarnation, et le passage d'un plan de conscience appelé Terre à un autre plan appelé Ciel. Le niveau de compréhension dénommé Terre correspond au mental avec toutes ses limitations, et la destruction du mental correspond à l'abandon de cet ordre psychologique pour accéder à l'ordre appelé Ciel.

Ce que nous devons tout de suite admettre, c'est l'immense différence psychologique et le renversement complet de perspective qu'implique ce changement de niveau. Ce qui est sagesse pour la Terre est folie pour le Ciel et ce qui est folie pour la Terre est sagesse pour le Ciel. Au départ, nous appréhendons la réalité avec notre vision limitée et, même si nous sommes intelligents et sensibles, nous n'atteindrons que peu à peu la véritable vision. Autrement dit, certains passages des Évangiles sont à peu près incompréhensibles pour l'homme ordinaire, ce qui ne nous a jamais été clairement enseigné. On nous affirme au contraire que nous pouvons très bien comprendre les paroles de Jésus dont la simplicité s'adresse à tous. Il est exact que tout le monde peut en saisir le sens littéral et trouver un grand bénéfice dans les paraboles et les faits et gestes du Christ tels qu'ils nous ont été relatés. Mais plusieurs des paraboles ont un sens d'autant plus difficile à saisir qu'elles paraissent même parfois franchement choquantes.

Il existe un langage jadis connu de l'humanité entière et dont nous avons presque complètement perdu l'usage, c'est le langage allégorique et symbolique. Nous sommes de plus en plus portés vers la terminologie concrète, mises à part certaines redécouvertes récentes, mais qui n'ont pas encore marqué notre culture au point de l'imprégner, où l'on en revient à donner une importance aux symboles. Notre XXe siècle tient en suspicion toute expression analogique ou mythique donc également les paraboles. Non seulement ce langage n'était pas suspect autrefois mais il était considéré comme le seul qui soit capable de parler à la fois à l'intelligence, au cœur et aux sensations. Et nous devons admettre qu'à l'origine le christianisme utilisait lui aussi ce mode de transmission allégorique, comme c'est le cas dans toutes les religions.

Les paraboles sont un langage imagé qui n'a pas pour but de cacher quelque chose par élitisme mais d'éviter les malentendus et les révoltes. Le Christ dit : « Ne donnez pas aux chiens ce qui est sacré, ne jetez pas vos perles aux pourceaux de peur qu'ils ne les piétinent et que, se retournant, ils ne vous déchirent. » Il est, en effet, inutile de parler de vérités d'un tout autre ordre aux hommes qui n'ont aucune chance de les comprendre, sous peine de faire lever en eux des réactions très fortes. Comme le souligne Evagre le Pontique : « Le propre de la justice est de distribuer la parole selon la dignité de chacun, énonçant certaines choses obscurément, en exprimant d'autres par énigmes et en formulant certaines clairement pour le profit des simples » (*Gnostique*). Quand l'enseignement est divulgué sous forme de paraboles, ceux qui ne peuvent pas s'ouvrir aux réalités supérieures s'en tiennent au sens littéral qui ne leur fera pas de tort – bien que toute parole de vérité puisse perturber si elle est interprétée de travers – et ceux qui en ont l'aptitude accèdent peu à peu au sens intérieur de l'enseignement, qu'il s'agisse des miracles du Christ, de ses paroles ou des événements de sa vie. Ils dépassent l'apparence sensible ordinaire visible par tous. Et l'Évangile devient alors la source d'eau vive dont parlent tous les enseignements, qui ne cesse de jaillir et qui est toujours renouvelée. Grâce à cette eau qui désaltère, nous n'aurons plus jamais soif de quoi que ce soit parce que nous connaîtrons la plénitude, la complétude indépendantes de ce que l'existence nous donne, nous refuse ou nous enlève.

Les Évangiles peuvent être considérés en grande partie comme un manuel technique concernant la possibilité pour l'homme de passer du niveau Terre au niveau Ciel. L'image de la graine qui devient épi ou arbre s'y retrouve plusieurs fois, la graine désignant l'homme qui peut croître ou non intérieurement. La parabole du semeur est expliquée comme la parole qui tombe dans nos cœurs. Il ne s'agit pas de vains mots mais d'une parole qui a le pouvoir de transformer. Et cette parole de vérité ou de sagesse se dépose en nous soit dans la bonne terre soit sur le roc où elle ne peut pas prendre racine, ou bien elle est mangée par les oiseaux du ciel : les oiseaux du ciel – c'est une image que l'on retrouve dans toutes les traditions, comme les singes dans les pays où ils pullulent – représentent les pensées habituelles, les préoccupations, les soucis multiples qui n'ont rien à voir avec la recherche spirituelle, et qui dévorent – au point qu'il n'en reste plus rien – les vérités semées en nous.

C'est le commentaire de Jésus lui-même dans le texte et je ne le remets pas en cause. Mais il existe une autre compréhension selon laquelle l'homme lui-même est une graine semée sur terre pour s'y transformer en un arbre. C'est l'homme qui est semé tantôt sur la bonne terre, tantôt sur le roc, comme une graine que les oiseaux du ciel peuvent manger, l'homme psychologiquement parlant mais dans une acception plus large que celle de la psychologie moderne qui ne concerne que le niveau Terre.

Psychologie signifie science de l'âme, du grec *psukhê*, et il existe en fait deux psychologies : la psychologie moderne, qui ne concerne que l'homme non transformé et se situe entièrement à l'intérieur de nos catégories mentales sans jamais en sortir, et la psychologie ésotérique qui indique le passage d'un niveau d'être à un autre. C'est de cette seconde psychologie que traitent les Évangiles, c'est-à-dire de la possibilité pour l'homme de se métamorphoser. Cette potentialité existe en nous, et c'est en nous également que se trouve le sol sur lequel la graine est semée. Cela ne veut pas dire qu'un homme est semé dans un milieu religieux et un autre dans un milieu athée, mais que la possibilité de germer, de se transformer qui existe en tout homme repose sur un certain terrain. En médecine moderne on parle bien du « terrain » – la tuberculose n'est pas héréditaire mais le terrain tuberculeux est héréditaire.

Certains ne dépasseront jamais le stade de la compréhension littérale et interpréteront toujours l'enseignement religieux en fonction des normes habituelles comme n'importe quelle autre matière enseignée en classe. Cette approche extérieure peut être un point de départ. Vous entrez en contact avec les vérités des Évangiles, des Upanishads ou du Coran à partir de votre mentalité ordinaire et de vos fonctionnements émotionnels. Nous commençons tous au stade de la graine qui entend un enseignement concernant l'arbre dont elle n'a aucune idée. Inévitablement, la graine ramène tout à son expérience de graine, elle ne peut pas voir au-delà de sa conscience de graine.

Si le terrain qui prédomine psychologiquement en nous est le roc, si nous sommes semés sur le roc, cela signifie que la compréhension littérale domine en nous. Nous avons donc une très grande difficulté à admettre qu'il s'agit d'une manière radicalement différente de voir les choses. Nous avons figé la vérité qui doit demeurer fluide, en mouvement, qui est la vie même, comparée à l'eau, l'eau qui fait germer et pousser les plantes. Les Évangiles offrent une méthode enseignant aux graines comment devenir des plantes accomplies. La pierre désigne la vérité écrite telle que nous la percevons – et la déformons – à travers nos conditionnements divers. Supposons que nous soyons tous parfaitement « normaux », nous n'en sommes pas moins au niveau Terre, non régénérés, et nous courons le risque, en entendant la parole, de nous y accrocher, de la « pétrifier » et même de nous meurtrir avec elle.

Saint Pierre, comme je l'ai déjà expliqué, représente d'abord et avant tout cette première compréhension de l'enseignement enfermée dans nos schémas ordinaires de pensée. Dans les Évangiles, on voit plusieurs fois l'apôtre Pierre rivé à une intelligence limitée des paroles du Christ, incapable d'en saisir le sens véritable. Pierre est le symbole de l'enseignement exotérique, nécessaire mais insuffisant. C'est le commencement. Mais s'il n'y a que la pierre, l'enseignement ne peut pas fructifier. Tel ou tel d'entre nous est semblable à la graine semée sur un terrain intérieur comparable à la pierre : il entend bien les enseignements mais il ne comprend pas vraiment de quoi il s'agit, il les interprète en fonction de sa mentalité dualiste habituelle. La graine semée sur la pierre ne peut pas prendre racine, elle ne peut pas croître et l'homme mourra comme il est né, même s'il est riche en érudition comme un mullah ou un docteur de la Loi. Bien sûr, il est possible de dépasser ce premier stade et de faire jaillir l'eau de la pierre. « La lettre tue et l'esprit vivifie. »

La graine mangée par les oiseaux concerne l'homme qui avait une réelle possibilité de transformation en lui mais ne l'a jamais développée parce qu'il a été sollicité par mille et une préoccupations comme les mille et un oiseaux qui voltigent en tous sens de branche en branche dans un grand arbre. Tel est l'enseignement du Christ, à la fois plein d'espérance et de fermeté. Vous trouverez plusieurs paroles d'une très grande dureté dans les Évangiles : le Christ veut bien donner une dernière chance au figuier stérile mais, s'il ne produit pas, il sera coupé, brûlé ; ou encore l'homme est comparé à de l'herbe dont on ne peut rien attendre d'utile et qui sera également brûlée. De là l'idée d'une géhenne où les hommes sont consumés éternellement mais ce n'est pas la compréhension la plus efficiente pour nous ici et maintenant.

Il s'agit de mort ou de vie, de sommeil ou d'éveil. Dans le symbolisme universel, le coq qui chante et réveille toute la basse-cour symbolise l'éveil après notre sommeil. Or, quand le Christ dit à Pierre : « Avant que le coq ne chante tu m'auras renié trois fois », cela signifie « avant que tu ne t'éveilles spirituellement, tu m'auras renié trois fois ». Si toutes ces clés sont perdues, le trésor de l'Évangile est également perdu. Ne nous étonnons pas ensuite que des chrétiens se passionnent pour les livres leur expliquant les secrets de la Kabbale, du Zohar, du soufisme. Pierre renie le Christ trois fois puis se ressaisit ensuite et devient le fondateur de l'Église organisée qui transmet l'aspect doctrinal de la vérité. Les querelles dogmatiques qui ont jalonné l'histoire de l'Église relèvent plus du niveau Terre que du niveau Ciel. A nous de savoir si nous voulons dépasser ce stade polémique pour avoir accès à la parole vivante qui peut faire de nous des vivants.

***

Le Royaume des cieux étant au-dedans de nous, où pourrions-nous le découvrir si ce n'est au cœur même de notre conscience? Pourtant, si le Christ a avant tout enseigné la manière d'établir une communication entre la Terre et le Ciel, il faut bien voir que celle-ci ne se fait pas n'importe comment. Tant que nous sommes encore psychologiquement situés au ras de terre, nous ne pouvons pas à volonté entrer en contact avec le Ciel. Un certain nombre de conditions doivent être réunies pour y parvenir. Voilà un point capital qui est malheureusement non seulement oublié mais presque toujours contredit par la pensée chrétienne moderne: Comment? Le Christ est venu donner à *tous*, y compris aux esclaves et aux femmes adultères, l'enseignement suprême. Oui, d'un certain point de vue, cette objection est fondée. Mais c'est aussi une erreur de croire qu'il suffit de vouloir pour entrer en communication avec cette autre réalité.

Le Christ s'adresse à des auditeurs prisonniers du moi individualisé et de leur égocentrisme et il les enseigne par conséquent dans une perspective dualiste: « Notre Père qui es aux Cieux. » C'est uniquement au stade ultime que la conscience limitée est entièrement résorbée dans la conscience infinie. Mais dans la pratique tout disciple essaie d'entrer en contact avec cet autre règne à partir de sa condition limitée. Si la communication entre ces deux niveaux n'était pas difficile à établir, la sainteté et la sagesse seraient aisément accessibles. Or, il est dit très clairement dans les Évangiles que ce n'est pas le cas : « Il y a beaucoup d'appelés mais peu d'élus. » C'est une illusion de croire que tels que nous sommes, non transformés, non purifiés – purifiés au sens psychologique, c'est-à-dire nettoyés de toutes les scories qui distinguent le minerai du métal pur – nous pouvons accéder à un autre plan de réalité. Il faut que nous connaissions la méthode et qu'une transformation réelle se soit déjà opérée en nous.

Le Christ indique la possibilité d'établir la relation, le contact, entre la Terre et le Ciel. Mais nous commençons, nous, à partir de l'expérience de nos cinq sens et du mental, héritiers d'empreintes qui sont communes à toute l'humanité depuis toujours. Nous passons tous par les mêmes phases : séparation d'avec la mère à la naissance, expérience de la souffrance physique, de la maladie, de la mort de nos proches; nous établissons peu à peu une nette distinction entre ce que nous aimons et ce que nous n'aimons pas, la distinction fondamentale du bien et du mal ou du bon et du mauvais *selon nous* qui constitue en elle-même la chute dans la dualité. Telles sont les caractéristiques communes à tous les hommes, névrosés ou non, y compris dans les civilisations les plus religieuses.

Nous sommes donc tous situés d'abord au niveau Terre, un niveau Terre plus ou moins normal ou anormal selon les cas. Mais la compréhension ordinaire ne peut pas saisir la compréhension supérieure. Croyez-vous qu'une fillette de onze ans puisse comprendre la sexualité féminine épanouie dans un amour parfait? Que peut-elle saisir de la communion d'un homme et d'une femme dans un acte sexuel intensément vécu? Vous aurez beau lui expliquer les beautés de l'érotisme, elle ramènera tout ce que vous lui direz à son manque d'expérience à elle. On a souvent dit : c'est comme de parler de couleurs à un aveugle de naissance ou, autre comparaison célèbre chez les Tibétains, de décrire le goût de la mangue à celui qui n'en a jamais mangé. De là vient la difficulté à se faire comprendre rencontrée par le Christ à travers sa vie, son être, son comportement, son enseignement, ses paraboles et sa mort.

L'homme normal – et le Christ s'adressait à des hommes à peu près normaux unifiés par le judaïsme – ignore cependant comment établir le lien avec Dieu qui règne au plus profond de nous mais dont nous sommes séparés. « Notre Père qui es aux Cieux » signifie Notre Père qui se trouve au plus profond de nous-mêmes puisque le royaume des Cieux est au-dedans de nous. Mais nous ne sommes pas en contact avec ce Royaume. C'est avec notre psychologie habituelle, psychologie de l'homme extérieur par opposition à l'homme intérieur, que nous entendons des paroles de vérité qui relèvent d'un autre plan de conscience.

L'homme extérieur est celui dont toute la compréhension est venue du dehors : le chaud, le froid, la faim, les caresses, les gifles, les yeux tendres de maman, le regard furieux de papa, la pluie qui mouille et le soleil qui sèche, tout cet acquis, fort utile pour se comporter dans l'existence, ne concerne que le niveau Terre. L'homme charnel fonctionne uniquement d'après les connaissances que son contact avec le monde lui a données, y compris les contacts extérieurs conscients et délibérés s'il s'agit d'un homme ou d'une femme qui a beaucoup étudié. Un chercheur scientifique peut être expert dans son domaine tout en demeurant à ce niveau inférieur; seul l'homme extérieur s'est développé en lui. Et l'homme intérieur est celui qui a accès au sens ésotérique des paraboles ou des paroles de sagesse qui lui sont dites.

Mais la communication, et un jour la communion, de la Terre au Ciel n'est pas chose facile. Le moine qui a lutté pendant vingt ans, suivi la *via purgativa* – purification ou purgation des émotions – puis la *via contemplativa* et dont la vie spirituelle culmine dans la *via unitiva* – la voie unitive – le moine qui a tant prié, s'est battu contre lui-même, a connu des moments de doute, de révolte avant de retrouver l'ouverture du cœur, sait bien les intenses efforts que nécessitent la vie en Dieu et la réalisation que le Christ est tout en tous. A propos de la persévérance indispensable à la prière, le Christ emploie deux images qui ne paraissent guère édifiantes au premier abord. L'une dit que si un ami frappe à votre porte en pleine nuit et vous trouble dans votre sommeil, vous finirez par lui ouvrir, même si vous n'en avez aucune envie, simplement pour ne pas l'entendre appeler jusqu'au matin (Luc 11, 58). Et la deuxième comparaison concerne une veuve, donc une femme sans mari pour la protéger, qui s'adresse à un juge au cœur sec, un juge « inique » n'ayant nullement l'intention de lui rendre justice. Mais cette femme importune tellement ce juge qu'il finit par accéder à sa demande pour qu'elle ne vienne pas tous les trois jours lui « casser la tête » (il s'agit là de l'expression employée dans le texte même des Évangiles).

Voilà comment le Christ présente la prière à ce Dieu compatissant et plein d'amour que nous appelons Père. Cela nous montre qu'il ne suffit pas de dire : « Oh Dieu, donne-moi la sagesse » pour qu'instantanément Dieu obtempère à notre désir, ni même de demander : « Oh Dieu, purifie mon cœur de ses émotions égoïstes » pour que nous devenions soudain pleins d'amour et de générosité envers notre prochain. Quand le Christ affirme :

« Frappez et l'on vous ouvrira, demandez et l'on vous donnera », cette recommandation doit être reliée dans notre esprit aux deux paraboles de l'ami importun et de la veuve qui réclame justice. Frappez, frappez, frappez à la porte du cœur avec une persévérance sans faille, ne vous découragez jamais. La porte du Royaume des Cieux à l'intérieur de vous ne s'ouvrira pas dès la première demande. S'il suffisait de se prosterner même mille fois dans une église pour atteindre la sainteté, il y aurait beaucoup plus d'êtres métamorphosés, morts à eux-mêmes et re-nés. Il faut pour cela une détermination sans faille accompagnée d'efforts soutenus pendant plusieurs années.

Comment, par quelle fonction en vous, quel aspect de vous-mêmes, avez-vous une chance d'entrer en contact avec ce niveau Ciel? Je le redis, ce n'est pas une petite affaire, contrairement à ce que vous propose l'approche courante : il vous suffit de croire en Jésus-Christ pour être transformés. L'expérience montre que ce n'est pas le cas et les plus grands spirituels – moines et mystiques – depuis le curé d'Ars jusqu'à saint Jean de la Croix ou sainte Thérèse d'Avila peuvent témoigner que leur ascèse a été longue et ardue. Faisons confiance à ceux qui ont atteint la sainteté et confirment ce qui est dit dans les Évangiles. La prière, qui est au centre de toute la voie évangélique, est la tentative d'établir un contact avec ce Ciel. Mais cette prière n'est pas la pétition facile qui nous a été enseignée dans notre enfance : « Mon Dieu, faites que mon fils, qui n'a pas travaillé, soit reçu à son bac. » Nous sommes sur la Terre et notre Père est dans les Cieux, ce qui signifie que nous sommes psychologiquement situés au niveau Terre et que la rencontre avec le Père ne peut se faire qu'à un autre niveau psychologique de notre être appelé Cieux.

L'obstacle majeur à la vraie prière, ce sont les émotions et si vous lisez bien les Pères des premiers siècles, même si leur langage n'est pas celui de Freud, vous verrez qu'ils enseignent l'effacement des « passions », l'*apatheia*. Les émotions tirent leur origine de l'égocentrisme. Parce que je ramène tout à moi naissent la vanité, la mesquinerie, la jalousie, la susceptibilité, l'orgueil, l'agressivité et tout ce que nous appelons vices, défauts, péchés. Les comportements que l'on regroupe sous le vocable de péchés sont toujours la manifestation de tensions psychologiques non résolues et un homme soumis à ses désirs et ses peurs ne peut pas entrer en contact avec la réalité supérieure. Il peut l'imaginer, il peut chérir des opinions, les faits montreront qu'il retombe au niveau ordinaire après s'être illusionné un moment.

Vous ne pouvez prier, c'est-à-dire tenter cette communication qu'avec la partie la plus pure, la moins égoïste de vous-mêmes. Souvenez-vous de la parabole du pharisien et du publicain [1]. Le pharisien s'adresse à Dieu avec arrogance : « Mon Dieu, je te rends grâce de ce que je ne suis pas comme les autres hommes qui sont voleurs, malfaisants, adultères ou encore comme ce publicain »; le publicain, quant à lui, se tient à distance, se jugeant trop indigne : « Mon Dieu, prends pitié du pécheur que je suis » et le Christ dit que ce publicain sera justifié et non l'autre établi dans son orgueil. De même, il recommande de prier et de jeûner dans le secret et non pas pour que les autres voient combien nous sommes de grands chercheurs spirituels. Cette purification des émotions est essentielle. C'est une illusion de croire que, tant que vous acceptez d'être le jouet de vos émotions, vous pouvez entrer en communion avec le Royaume des Cieux.

1. Luc 18, 9-14.

***

N'oubliez pas que le commandement qui a eu le plus d'impact sur la vie des mystiques, c'est le célèbre « Priez sans cesse. » Nous ne pouvons pas prier sans cesse de la manière ordinaire en répétant continuellement « Notre Père qui es aux Cieux. » Le Christ recommande de façon très ferme que les prières ne soient pas de vaines répétitions « Quand vous priez, ne rabâchez pas comme les païens; ils s'imaginent que c'est à force de paroles qu'ils se feront exaucer »; ce qui condamne complètement, je le dis au passage, certaines pratiques mécaniques du *mantram* [1] qui n'agissent que comme un stupéfiant. Nous comprenons bien par ailleurs que la prière ne peut pas consister simplement en demandes, même des demandes touchantes comme celles qui nous ont été apprises dans l'enfance : « Mon Dieu faites que ma maman qui est malade guérisse vite... » La prière au sens que le Christ a donné à ce mot, c'est l'effort intense de l'homme au niveau Terre pour entrer en communication avec le niveau Ciel dont il est normalement exilé, sauf dans des états de conscience exceptionnels mais non durables comme certains états de grâce ou même d'extase.

Je ne nie pas qu'une prière de pétition puisse être exaucée puisqu'elle met en jeu ce qu'on appelle la loi d'attraction dans les systèmes non dualistes. La plupart du temps, pour des motifs absurdes liés à la culpabilité et à la peur du bonheur, ceux qui sont pénétrés d'une mentalité religieuse n'osent pas demander intensément. Si nous sommes culpabilisés ou remplis de doutes quant au bien-fondé de notre prière, si nous n'y croyons pas, nous ne prierons pas avec la persévérance de la veuve qui veut à

1. *Mantram* : répétition d'une formule sacrée.

tout prix obtenir gain de cause. Par contre, quand nous prions de tout notre être, nous nous concentrons dans notre désir, nous l'assumons pleinement. Posez-vous cette question toute simple : « Qu'est-ce que je veux? » Un être qui sait vraiment ce qu'il veut et qui prie, fût-ce pour sortir de sa solitude et trouver le compagnon ou la compagne de sa vie, s'unifie dans cette demande qui irradie de lui comme des ondes émanant d'un poste émetteur et entre en contact, quelque part dans le vaste réseau subtil qui recouvre la planète, avec la réponse. Et, un jour, la prière est exaucée. Pour l'avoir si intensément et durablement voulue, l'être en question fait une rencontre qui lui correspond.

Si le mot père n'évoque pas de mauvais souvenirs en vous, vous pouvez vous adresser du fond du cœur à votre Père céleste : « Voilà ma demande, je te la présente. Mais qu'il soit fait selon ta volonté. » Comme le dit le Christ : « Qui d'entre vous, si son fils lui demande du pain, lui donnera une pierre? Ou s'il demande un poisson, lui donnera-t-il un serpent? Si donc vous, qui êtes mauvais, savez donner de bonnes choses à vos enfants, combien plus votre Père qui est aux cieux donnera-t-il de bonnes choses à ceux qui le lui demandent [1]! » Laissez Dieu, en dernier ressort, décider car lui seul sait si l'accomplissement de votre désir sera ou non bénéfique pour vous. Sinon, vous vous incrustez, si je puis dire, dans le péché originel qui consiste à croire que vous savez ce qui est bien et ce qui est mal. Vous pouvez tout demander à Dieu avec confiance. Qu'est-ce qu'un père qui se met en colère parce que son fils lui demande quelque chose? « Mais qu'il soit fait selon ta volonté car peut-être que je me trompe. » Naturellement, vous n'oserez pas présenter à Dieu des requêtes dont vous sentez bien qu'elles ne peuvent en aucun cas être justifiées. Aucun fils n'aurait

1. Matthieu 7, 9-11.

l'idée de dire à son père, même si ce père a un amour parfait pour lui : « Est-ce que tu pourrais m'aider à étrangler ma sœur? » Nous n'exprimerons pas certains souhaits qui ne feraient qu'alourdir nos souffrances s'ils étaient exaucés. Mais d'autres, nous oserons les formuler : « Voilà ma demande, comment puis-je la nier? » Si toutes vos prières sont accompagnées de ce « mais qu'il soit fait selon Ta volonté parce que j'ignore, en fin de compte, ce qui va me conduire au bien suprême », vous serez en paix. J'assume ma demande sans aucune culpabilité avec un cœur d'enfant mais je laisse Dieu décider. Là, votre christianisme devient cohérent et libérateur. C'est pourquoi vous pouvez tout demander à Dieu, même des demandes qu'une vue étroite considérerait comme coupables ou immorales. Vous n'avez rien nié, rien piétiné en vous et, en même temps, vous sentez que vous n'êtes pas coupé de Dieu.

Une forme plus raffinée du christianisme, qui n'est certes pas la plus généralisée, enseigne qu'il ne faut prier pour rien d'autre que la communion avec Dieu lui-même. Il ne faut demander à Dieu ni la santé ni la guérison si l'on est malade, ni même un métier si l'on est chômeur puisque Dieu sait mieux que nous ce qui nous convient, mais seulement la fusion avec lui. La plus haute prière est donc d'un autre ordre. Le mystique ne prie pas pour que ses demandes soient comblées mais pour que la volonté de Dieu soit faite et non la sienne. Il prie afin d'entrer en contact avec Dieu, de découvrir Dieu au tréfonds de lui-même, il prie pour que lui soient données les grâces de la contemplation et que s'établissent en lui le lien, un jour permanent, entre la Terre et le Ciel.

Cependant, même la demande de lumière – certains diront la demande de l'Esprit-Saint – qui est la prière par excellence, doit être assortie d'un lâcher-prise. Plus vous vous effacerez, plus la réalité pourra se révéler en vous.

Sinon, vous allez vous crisper pour obtenir cette lumière et, par votre crispation même, vous allez empêcher celle-ci de vous éclairer. Tant de paraboles, d'apologues hindous ou soufis exprimés en termes religieux témoignent que nous cherchons ce qui est déjà là. Le Christ n'a pas dit « Le royaume des Cieux sera un jour au-dedans de vous », il a dit « Le royaume des Cieux est au-dedans de vous. » Au présent. Comment se fait-il que je ne le ressente pas? Parce que je ne suis pas assez silencieux. Que la prière donc ne vous crispe pas dans la demande mais vous dispose à l'accueil.

Le mystique essaie sans relâche de dépasser le stade de l'homme extérieur que j'évoquais tout à l'heure et qui ramène tout à son expérience : ce qu'il aime, ce qu'il n'aime pas, ce qui – jusque-là – lui a semblé bon ou mauvais. Mais l'homme extérieur, lui, ne réussit pas à entendre autre chose. Il a des idées très précises sur ce qui est important et ce qui ne l'est pas. Le Christ prononce une parole dure à cet égard : « Ce qui, pour les hommes, est supérieur est une horreur aux yeux de Dieu [1]. » Et comme ce qui est sagesse aux yeux de Dieu est folie aux yeux des hommes, cet homme extérieur considère toujours le véritable enseignement comme folie et s'accroche à son point de vue réducteur issu de ses expériences passées.

Pour que l'autre compréhension grandisse, capable d'inverser complètement la perspective, il faut qu'un certain nombre de circonstances et de conditions soient réunies. Il faut d'abord que nous, graines susceptibles de devenir arbres, soyons semés en nous-mêmes sur un terrain favorable. S'il n'y a en nous que le niveau pierre, nous deviendrons la bigote qui connaît par cœur les prières de son missel mais n'a jamais été transformée et en est toujours restée à cette forme extérieure de la reli-

1. Luc 16, 15.

gion. Les églises sont pleines de gens qui se sont meurtris avec des pierres comme le possédé de l'Évangile et qui, tout en se voulant catholiques ou protestants, ne se sont pas épanouis dans l'amour. Vous en connaissez autour de vous : tel homme vieillit meurtri, reniant ses enfants éloignés de l'Église, brouillé avec la plupart de ses amis. Ou telle femme qui s'est rendue à la messe tous les jours et finit sa vie entre le tranxène et le séresta : à quoi lui a servi sa pratique? Graine semée sur la pierre, elle n'a pas pu se transformer en arbre. Ne jugeons pas. Aimons-les d'autant plus. D'autres êtres humains, au contraire, se transforment psychologiquement et passent d'un niveau de pensée ordinaire à un tout autre niveau de conscience.

Le mouvement de communication, de communion entre la Terre et le Ciel, les Évangiles en parlent de deux points de vue : le point de vue de la Terre cherchant à entrer en relation avec le Ciel et le point de vue du Ciel toujours prêt à illuminer la Terre. « Que Ta volonté soit faite sur la Terre comme au Ciel. » Il y a toujours une possibilité de descente du niveau Ciel sur la Terre soit sous la forme d'un être humain transformé, d'un saint, fût-il hindou ou musulman, soit à l'intérieur de nous sous la forme d'influences avec lesquelles nous pouvons être en contact si nous sommes suffisamment réceptifs et silencieux.

En ce qui nous concerne, nous avons notre part à accomplir. Il s'agit d'une longue ascèse. La communication commence à partir de la véritable compréhension psychologique non égocentrique, celle de l'homme intérieur mais elle demeure impossible entre le niveau divin et le niveau mondain de l'homme. L'oubli de cette impossibilité est la source de tous les déboires et de tous les malentendus : les tragédies religieuses, les diverses formes de persécutions sont perpétrées au nom d'une vérité extérieure interprétée par des êtres non régénérés. Si vous vous souvenez de notions simples (Terre, Ciel;

homme extérieur, homme intérieur; le vieil homme, l'homme nouveau; deux niveaux d'être et deux niveaux de compréhension), les Évangiles prendront un sens nouveau pour vous que vous approfondirez avec une gratitude sans cesse croissante.

Cette nouvelle lecture des Évangiles, qui nous demande d'être à la fois silencieux et ouverts, correspond à ce qu'on appelle *lectio divina* dans les monastères, une lecture totalement réceptive dans laquelle chaque mot est pesé. Il n'est plus question de la lecture avide qui nous fait dévorer des livres, comme j'en ai tant dévorés moi-même, qu'on oublie peu après. Lisez en ayant cette idée présente à l'esprit : il m'est demandé une autre intelligence que ma pensée habituelle, je ne dois pas ramener ce que je lis à mon expérience ordinaire. Ne cherchez pas à satisfaire votre intellect mais à éveiller en vous cette intelligence d'un autre ordre, celle des réalités intérieures.

A travers des images sensibles relevant de la psychologie ordinaire et de l'homme extérieur, une autre vérité nous est transmise. Ce n'est plus nous qui prions pour entrer en contact avec le Ciel, c'est le Ciel qui, par l'intermédiaire du Christ et de ses paroles, descend jusqu'à nous en utilisant un langage que nous puissions comprendre. L'homme est appelé à un intense effort de vigilance et de purification pour entrer en contact avec le Ciel mais le Christ fait le même héroïque effort jusqu'à mourir sur la croix pour que le Ciel à travers lui vienne et nous touche jusqu'à notre Terre.

Quand la vérité supérieure, qui d'abord nous vient sous la forme pierre, ensuite sous la forme eau, coule dans nos veines spirituelles sous la forme sang, alors nous avons pleinement accès à cette vérité, nous sommes intimement transformés par elle. Le sang représente la vérité qui est devenue le moteur même de notre vie : s'il cessait de circuler dans nos veines, nous mourrions aussitôt. Il symbolise donc la parole de Dieu, la Réalité suprême devenue la chair de notre chair et le cœur de notre cœur. Pierre, eau et sang correspondent aux trois stades par lesquels nous entrons en contact avec ce plan supérieur.

Si vous vous intéressez tant soit peu aux Évangiles ou même à tout autre enseignement véridique, vous êtes des hommes situés au niveau Terre essayant d'entrer en contact puis en communion avec les Cieux. Pour y parvenir, d'intenses efforts sont requis. Vous serez peut-être surpris, en relisant les Évangiles, de voir le nombre de fois où le Christ insiste sur l'acharnement nécessaire pour entrer dans le Royaume : « la bonne nouvelle du Royaume de Dieu est annoncée et tout homme y entre de vive force [1] »; « le royaume des cieux est assailli avec violence; ce sont des violents qui l'arrachent [2] ». « Priez sans cesse », « Veillez et priez », tentez sans cesse cette communion. Cette prière peut être considérée comme une demande mais une demande d'un autre ordre que les prières de pétition. Et l'on ne demande que si l'on est convaincu qu'on a une chance d'obtenir une réponse.

Les hindous, jusqu'à la guerre de 1939 c'est-à-dire avant les applications destructrices de la science telles que la bombe atomique, disaient volontiers que la véritable spiritualité en Occident se trouvait dans la recherche scientifique. Le scientifique en effet demande à la nature de lui livrer son secret, il l'interroge, et il le fait avec persévérance et ténacité, consacrant sa vie entière à ses études parce qu'il est convaincu que la nature va répondre à sa requête. Les hindous soutenaient qu'il s'agissait d'une forme de prière; je ne parle pas du savant qui travaille uniquement pour la technologie, bien sûr, mais de celui qui veut trouver le secret ultime de ce

1. Luc 16, 16.
2. Matthieu 11, 12.

monde manifesté. La science est, ou devrait être, la prière du savant et si le savant va jusqu'au bout de sa recherche, il finira par trouver Dieu. L'homme terrestre frappe à la porte du Ciel avec la certitude que celle-ci finira par s'ouvrir, cette même certitude qui anime le chercheur scientifique, sinon il ne se lancerait pas dans sa recherche. Si je demande inlassablement pendant deux ans, dix ans, quinze ans, la porte s'ouvrira. Mais chercherez-vous avec acharnement une chose en laquelle vous ne croyez pas? Jamais.

C'est pourquoi le mot foi pris dans ce sens, la foi du scientifique qui interroge la nature, est si important dans les Évangiles. « Si vous aviez la foi... », « Hommes de peu de foi... » Si vous avez la foi que ce Ciel existe, si les paroles des Évangiles tombent en vous sur un terrain fertile, alors ces paroles vous toucheront, vous mourrez en tant qu'homme extérieur pour naître en tant qu'homme intérieur dont la compréhension relève d'un autre niveau que le niveau habituel commun. Les Évangiles disent bien que le Royaume n'est pas donné à tous mais uniquement à ceux qui ne cessent pas de le chercher. Et pourtant, la vie spirituelle consiste bien plus encore à recevoir qu'à demander. Et tout autant que pour se tourner vers Dieu, il importe d'être unifié et particulièrement éveillé pour s'ouvrir à lui, pour accueillir et recueillir le souffle vivifiant.

Seule une pratique persévérante, faite d'efforts centrés sur l'attention, sur la « présence à soi-même et à Dieu », peut établir le pont entre la Terre et le Ciel et la libre circulation de la vie ou de l'énergie entre l'un et l'autre. Veiller, c'est être vigilant et la vigilance est d'abord un regard de plus en plus permanent sur soi-même et en soi-même. « L'œil est la lampe du corps [1]. » L'œil, c'est-à-dire la vision (ou encore l'attention) tournée vers le dedans de

1. Matthieu 6, 22.

nous, peut éclairer nos fonctionnements psychologiques, émotionnels et mentaux et rendre de plus en plus conscient ce qui ne l'était pas. Et Jésus poursuit : « Si ton œil est *simple* tout ton corps est dans la lumière. » La plupart des traductions remplacent « simple » par « sain ». Mais le terme d'origine est beaucoup plus efficient. Un œil simple est un regard intérieur lucide et objectif, celui d'un témoin neutre, d'un observateur abstrait qui voit sans interpréter. Le thème universel de la vigilance traverse les Évangiles : « Veillez et priez. » Mais les vierges folles dorment, et elles laissent s'éteindre leurs lampes pendant que veillent les vierges sages. Et les apôtres dorment la dernière nuit au Jardin des Oliviers.

Nous naissons au niveau Terre. Il est attendu de nous que nous ayons atteint le niveau Ciel au moment de mourir. Quitter ce monde au niveau d'être où nous sommes nés équivaut à une vie humaine manquée. Telle est l'idée centrale de l'enseignement des Évangiles.

5

LE PÉCHÉ ET LA FOI

Y a-t-il incompatibilité entre l'enseignement védantique non dualiste et le christianisme qui nous apparaît comme dualiste ou qui nous est, en tout cas, enseigné comme tel ? Cette question ne concerne pas ceux qui ont eu directement accès à la spiritualité à travers le bouddhisme ou les Upanishads ; mais elle se pose inévitablement pour ceux qui découvrent les traditions orientales après avoir été marqués par le christianisme et ne peuvent pas croire que celui-ci soit, comme l'affirment certains Occidentaux, une immense duperie qui ne s'est propagée que sur la base d'une névrose collective.

Quand nous nous demandons s'il existe une contradiction entre le christianisme d'une part, supposé être la religion révélée par excellence, et l'hindouisme ou le bouddhisme d'autre part, en fait, de quel christianisme s'agit-il ? Et de quel hindouisme, celui du mouvement Hare Krishna ou celui de Shankaracharya ? Quand des Occidentaux s'intéressent à l'hindouisme, ce n'est généralement pas pour remplacer la dévotion au Christ par la dévotion à Krishna mais pour accéder à l'enseignement ultime non dualiste du Védanta. Donc, avant de nous demander s'il y a une contradiction irréductible entre les doctrines orientales et le christianisme, la première question qui se pose est de savoir le contenu réel de ce que nous allons comparer.

Les enseignements spirituels ou mystiques peuvent être classés en deux grandes catégories : dualistes et non dualistes, chaque catégorie comportant bien sûr des nuances. Les doctrines dualistes différencient nettement un Créateur et une création et les voies non dualistes affirment au contraire une réalité essentielle qui est à la fois la réalité de l'homme et celle de Dieu et qui se situe donc au-delà de la distinction entre le Créateur et la créature. Il semble que ce point de vue ait été celui de Maître Eckhart et de toute la mystique rhénane. C'est une approche à laquelle nous sommes peu habitués en Occident mais qui occupe une place prééminente en Inde et dans l'ensemble des religions orientales comme le taoïsme et le bouddhisme. Et même le bouddhisme mahayana qui fait intervenir des cultes, des cérémonies, des prières, des invocations, enseigne qu'au niveau ultime il n'y a aucune séparation entre la divinité qui est adorée et l'adorateur. Vous savez que le terme hindou *atman* correspond au pronom personnel je, légitimement traduit par *the self* en anglais et *le Soi* en français et que cet *atman* pour les hindous représente la réalité suprême. Les Upanishads affirment que l'*atman* c'est le *brahman*, le *brahman* étant l'absolu.

L'argument le plus fort que puissent avancer les tenants d'une doctrine non dualiste est de dire que si la créature existe en dehors du Créateur, par là même le Créateur se trouve limité. Il ne peut plus être absolu, il ne peut plus être infini, puisque existe dans l'univers quelque chose qui n'est pas Lui. Certains affirment que par humilité ils ne pourront jamais adhérer à une doctrine qui proclame « *aham brahmasmi* », je suis l'absolu, ou chez les soufis « *An al aq* », je suis la vérité (la Vérité étant l'un des noms de Dieu). On peut aussi bien répondre que le véritable orgueil c'est de soutenir : je suis autre que Dieu, donc j'existe en face de Dieu, indépendamment de Lui.

Il peut y avoir un grand égocentrisme dans le fait de déclarer : « Je suis une humble créature pécheresse mais j'existe en face de Dieu. » Le moi se trouve ainsi merveilleusement préservé. Vous maintenez « il y a Dieu *et moi* », ce qui est la compréhension commune sauvegardant la conscience de l'individualité séparée et limitée. Dans quelle mesure l'homme vidé de lui-même pour être empli de Dieu, mort à lui-même, complètement pauvre et dénué intérieurement de toute opinion, de toute conception, peut-il en même temps maintenir « moi, en tant qu'entité individuelle, j'existe; pécheur, coupable et déchu, j'existe par moi-même »? Autrement dit, s'attribuer l'aséité (existence par soi) alors qu'on n'a que l'abaliété (existence par un autre). N'est-il pas beaucoup plus humble de reconnaître : « Il n'y a que Dieu. Tout ce que je possède comme *être* provient de Dieu »? C'est la position des soufis, de la métaphysique hindoue et d'un grand nombre de mystiques chrétiens.

Nous en avons un magnifique témoignage dans l'Évangile de Jean quand Jean-Baptiste dit en parlant du Christ : « Il faut qu'Il grandisse et que moi je diminue [1] », parole qui trouve son accomplissement dans la célèbre affirmation de saint Paul : « Ce n'est plus moi qui vis, c'est le Christ qui vit en moi [2] », que l'on traduit parfois par : « Je vis mais non plus moi, le Christ vit en moi » ou même : « Ce n'est plus moi qui vis, c'est le Christ qui me vit. » Il est bien évident qu'une telle proclamation décrit la disparition de l'ego « moi ». L'expérience devient celle du sage

1. Jean 3, 30.
2. Épître aux Galates 2, 20.

engagé sur un chemin non dualiste : « Ce n'est plus l'ego qui vit, qui agit, c'est l'énergie divine, la *shakti* qui vit et qui agit à travers ce corps, ce cerveau, cette bouche. » Enfin, on peut considérer que l'Évangile de Jean pointe vers le non-dualisme quand il cite les paroles combien célèbres de Jésus : « Que tous soient un comme toi, Père, tu es en moi et moi en toi; qu'eux aussi soient un en nous... Je leur ai donné la gloire que tu m'as donnée, pour qu'ils soient un comme nous sommes un, moi en eux et toi en moi, pour qu'ils soient parfaitement un [1]. »

La suprématie absolue, l'illimitation et l'infinitude de Dieu sont bien plus respectées dans l'approche non dualiste. Bien entendu, ce n'est pas l'ego limité et fini qui peut reprendre à son compte l'affirmation de l'identité suprême sinon cela devient en effet une prétention et un mensonge. J'ai souvent employé la comparaison de l'océan et des vagues utilisée aussi bien par les hindous, les bouddhistes et les soufis pour tenter d'expliquer le point de vue non dualiste : une vague qui n'a conscience d'elle-même qu'en tant que vague limitée dans l'espace et dans le temps ne peut pas proclamer : je suis éternelle, je suis infinie. Mais si sa conscience devient la conscience de l'eau ou de l'océan qui est en elle et en qui elle naît et disparaît, la vague peut légitimement dire en effet : je suis *brahman*.

Si nous nous plaçons sur un plan strictement intellectuel et dogmatique, il est très facile d'opposer, à partir de leurs formulations respectives, des doctrines diverses et les théologiens ne se privent pas pour écrire des livres entiers afin de réfuter les points de vue qu'ils considèrent comme hérétiques. Les pandits hindous ont abondamment contredit le bouddhisme. Les philosophes bouddhistes ont, de leur côté, tout autant critiqué l'hindouisme. Les missionnaires chrétiens, y compris ceux de

1. Jean 17, 21-23.

ces dernières années dont certains se montrent pourtant bienveillants à l'égard des richesses spirituelles de l'Inde, se sont évertués à trouver des limites à la métaphysique des Upanishads. Il suffit que les hindous affirment : *sarvam khalvidam brahman,* tout cet univers est brahman, pour que le védanta soit taxé de panthéisme et l'affaire est close. Ou encore, chaque année, des théologiens chrétiens publient un certain nombre d'ouvrages pour expliquer que les hindous se sont arrêtés en chemin et n'ont pas été jusqu'à la réalisation de la Trinité, tandis que les musulmans, quant à eux, s'indignent contre la doctrine de la Trinité, sévèrement condamnée par Dieu Lui-même dans le Coran. Ces querelles de théologiens, même si elles demeurent courtoises n'en sont pas moins stériles en ce qu'elles ne peuvent pas changer la réalité d'un être humain.

Si l'on s'en tient uniquement aux dogmes et aux croyances, les points de vue sont, en effet, irréconciliables. Mais plus nous approfondissons notre compréhension et plus les différences entre le point de vue dualiste dit religieux et le point de vue non dualiste s'estompent et disparaissent. Et les grandes divergences qu'une pensée superficielle fait aisément ressortir entre le bouddhisme, l'hindouisme, le christianisme, l'islam, le taoïsme vont s'atténuer au profit des rapprochements, des similitudes et même des identités. Vous allez voir sur quelques points essentiels un seul langage s'exprimer à travers Héraclite, Jésus, Origène, Clément d'Alexandrie, Tchouang Tseu, Lin Tsi, Djalal-Ud-Din-Rûmi et comprendre pourquoi les Pères de l'Église faisaient si souvent référence aux maîtres païens, encourageant le chrétien à chercher la sagesse et la vérité partout où elles se trouvent. Saint Augustin dit dans une parole célèbre que le christianisme existait bien avant la venue de Jésus de Nazareth sur la terre.

N'étant pas théologien de formation et n'ayant pas consacré plusieurs années de ma vie à l'étude approfondie du grec, de l'hébreu et du latin, je ne peux en aucun cas prétendre parler avec autorité en matière de dogme. Je peux simplement partager une expérience. Si l'hindouisme ou le bouddhisme ont exercé un tel attrait sur moi, c'est avant tout parce que ces traditions m'appelaient à une réalisation personnelle et ne me demandaient pas de croire sans vérifier. Or, en tant que chrétien, on m'avait appris à croire sur parole ce qui m'était enseigné; mais si ce qui m'a été enseigné a été tant soit peu déformé – et le christianisme communément enseigné est un christianisme affaibli puisque, comme nous l'avons vu, les mots grecs les plus importants des Évangiles ont été mal traduits et qu'on ne me propose pas d'en vérifier l'exactitude – je risque d'être totalement dupé. Par contre, l'hindouisme sous toutes ses formes – y compris la bhakti, voie de la dévotion, qui est un fruit très tardif de cet hindouisme – appelle à l'expérience. Or dans le christianisme, seuls les mystiques témoignent d'une expérience, seule la tradition dite ascétique se permet la vérification. Le croyant moyen s'en remet aux dogmes officiels, il considère que tout ce sur quoi l'Église s'est mise d'accord a été inspiré par l'Esprit-Saint, donc relève forcément de la vérité et il ne lui viendrait pas à l'esprit d'en confirmer par lui-même le bien-fondé.

Personnellement, quand j'ai pris conscience des dissensions à l'intérieur même de la chrétienté entre le credo catholique, le credo protestant et le credo orthodoxe, quand j'ai vu par ailleurs – sauf si nous nous plaçons à un point de vue tellement suprême que plus aucun des fonctionnements logiques n'est applicable – avec quelle conviction l'existentialiste, le marxiste ou le freudien tirent un trait sur vingt siècles de christianisme, j'en suis arrivé à la conclusion que je ne pouvais pas me contenter de croire passivement et qu'il importait avant tout de découvrir par moi-même ce qui avait une réelle valeur. Le christianisme est alors devenu pour moi le support d'une recherche active et non pas un ensemble d'affirmations auxquelles je devais adhérer sans laisser monter mes doutes.

Si une doctrine, quelle qu'elle soit, peut m'aider à clarifier mes idées, à savoir où je vais, à donner un sens à mon existence, tant mieux, à condition qu'elle soit pour moi une occasion de vie et surtout qu'elle tienne ses promesses. Mais s'il s'agit uniquement d'un credo invérifié et invérifiable qui ne me conduit pas à la liberté, quel intérêt présente-t-il ? Or le Christ fait dans les Évangiles des promesses très précises, et il me semblait que ces promesses étaient bien peu tenues pour beaucoup d'êtres qui avaient cependant voué leur existence au christianisme. Notamment pourquoi si peu de chrétiens – quelques-uns oui, je ne le nie pas – sont-ils établis dans cette « joie parfaite » à laquelle le Christ invitait les apôtres ? Tant et si bien que j'ai dû avoir le courage et l'honnêteté vis-à-vis de moi-même de remettre en cause mon éducation religieuse et de repenser complètement mon christianisme.

A partir du moment où j'ai rencontré le maître indien qui m'a guidé pendant neuf années, le plus clair de mon énergie a été consacrée à essayer de comprendre l'enseignement qu'il me transmettait avec la conviction que lui seul pouvait faire de moi un authentique chrétien. J'ai ainsi fait un certain nombre de découvertes en étudiant attentivement le Nouveau Testament, et en m'appuyant sur des livres divers – y compris ceux d'un disciple anglais de Gurdjieff, Maurice Nicoll, qui s'était consacré à une compréhension nouvelle des Évangiles en retournant directement aux textes grecs [1]. Le langage utilisé par le

1. *The New Man* et *The Mark* aux Éditions Stuart, Watkins et Robinson.

Christ correspondant à la mentalité culturelle de son époque, celle du peuple juif dont les élites étaient influencées par la culture grecque. Le christianisme parvenu jusqu'à nous n'est vraiment explicable que si l'on se penche sur les paroles du Christ prononcées en araméen et retransmises en grec dans les Évangiles, sous peine de voir celles-ci non seulement déformées par la traduction française mais souvent même trahies. Essayons d'approfondir quelques-uns des grands thèmes des Évangiles pour mieux cerner le contenu qui était le leur à l'origine.

***

Le christianisme est fondé sur la foi. Or, si l'on rapproche les innombrables passages des Évangiles où il est question de la foi, on peut faire un certain nombre de découvertes qui remettent déjà en cause la notion habituelle que nous en avons. Pour la plupart des chrétiens, la foi équivaut à la croyance : « Je crois en Dieu le père tout-puissant, créateur du ciel et de la terre, je crois en son fils Jésus-Christ. » Nous pouvons déjà nous poser cette simple question : pourquoi est-ce que je crois? Est-ce parce que cela m'arrange, par pure faiblesse et même par lâcheté, parce que j'ai peur de ne pas croire, parce que l'autorité est suffisamment forte? Si les motivations de ma foi sont telles, l'Église devient alors une institution de lavage de cerveau. De même que l'on a tout fait pour conditionner les jeunes dans les pays de l'Est à « penser marxiste », on vous conditionne à penser catholique. Courage! Ne vous bouchez pas les yeux pour ne pas voir.

Bien sûr, le Christ n'a pas cessé de répéter : « Hommes de peu de foi. » Mais à qui s'adressait-il? Aux apôtres qui vivaient nuit et jour à ses côtés, qui avaient sans cesse son exemple sous les yeux, qui l'entendaient et le voyaient à l'œuvre chaque jour et qui pourtant, malgré ces circonstances exceptionnelles, ne réussissaient pas toujours à lui faire confiance et se remettaient à douter. On comprend dans ces conditions l'insistance du Christ sur ce thème. Le mot foi a donc acquis par la suite un prestige légitime. Mais cela veut-il dire que si n'importe quelle croyance, baptisée du nom de foi, s'impose à nous, nous devons abdiquer notre raison et sacrifier notre dignité d'homme pour nous incliner sans aucune discrimination devant elle ? Quelle différence, en ce cas, avec la foi qui animait les nazis « *Ein Folk, ein Führer* », un peuple, un guide ? Voilà pourquoi des êtres d'une grande noblesse, confrontés à de telles absurdités, ont considéré en leur âme et conscience qu'une des plaies de l'humanité était le christianisme et se sont indignés non pas devant le message d'amour du Christ mais devant la puissance de l'Église qui impose sa loi et accable les fidèles en abusant de son autorité : « Vous êtes des pécheurs, nous pouvons vous éviter l'enfer à condition que vous vous soumettiez. » Ceux qui osent poser une question ou relever la tête sont excommuniés ou même passibles du bûcher. Nous savons que l'Église a justifié la torture pour faire abjurer les hérétiques. Il s'agit de faits qu'aucun chrétien ne peut nier.

Il y a donc là une grande incompréhension du chrétien moyen pour qui la foi se réduit le plus souvent à une question de croire ou de ne pas croire. Comme dit le poème célèbre d'Aragon sur la Résistance : « Celui qui croyait au ciel, celui qui n'y croyait pas... » En fait, le mot technique *pistis* que l'on traduit par foi implique une certitude et non pas une croyance. Si vous cherchez *pistis* dans un dictionnaire grec-français, vous trouverez connaissance puis vous trouverez *foi* parmi les différentes traductions possibles. Le mot *epistemen* en grec, qui a la même origine que *pistis*, a donné épistémologie qui signifie le plus couramment science. Par ailleurs, l'Épître aux Hébreux, dont on ignore d'ailleurs l'auteur, nous propose une définition très intéressante de la foi : « La foi est une manière de posséder déjà ce qu'on espère, un moyen de connaître des réalités qu'on ne voit pas [1]. » Une autre traduction donne : « La foi est le fondement de ce qu'on espère et la preuve de ce qu'on ne voit pas [2]. » Ou encore : « la certitude des choses invisibles ».

N'y a-t-il pas déjà un abîme par rapport à notre conception habituelle de la foi si le mot *pistis* signifie preuve et que la foi est définie comme la certitude des choses invisibles. Le terme invisible nous fait tout de suite penser à cet autre mot-clé de l'hindouisme qui est le mot voir. Une même racine a donné *veda* en sanscrit, *videre* en latin, c'est-à-dire vision. Je ne crois pas trahir les textes en disant que la foi est la vision des choses invisibles. Et si elles ont été vues, c'est bien qu'elles peuvent l'être sous certaines conditions et non pas crues parce que votre curé vous a dit que sinon vous irez en enfer.

Quand le Christ dit « Vous n'avez pas la foi » ou « Si un jour vous avez la foi et ne doutez pas, même si vous dites à cette montagne : " Ôte-toi de là et jette-toi dans la mer ", cela se fera [3] », quand les disciples demandent : « Augmente en nous la foi [4] », il s'agit de la certitude, de la preuve des réalités invisibles à la mentalité ordinaire. Tout homme ne possède pas d'emblée cette vision certaine, bien prouvée, mais elle peut lui devenir accessible. Donc vous êtes déjà fidèles au Christ si vous essayez de dépasser vos opinions protestantes, catholiques ou orthodoxes pour acquérir des certitudes. A quelle condition est-on privé de cette vision des choses invisibles et à

1. Épître aux Hébreux 11, 1 – T.O.B.
2. Pirot et Clamer, *The Catholic Press* (Chicago).
3. Matthieu 21, 21.
4. Luc 17, 5.

quelle condition peut-on accéder à cette vision ? L'enseignement du Christ ne proposerait-il pas précisément la méthode qui permet de voir ces choses invisibles ?

Si nous voulons mieux comprendre le contenu de ce que l'on traduit par *foi*, un rapprochement riche de sens peut être fait entre les mots grecs *pistis* (foi) et *pisteuein* qui signifie persuader, convaincre ou faire obéir comme l'illustre la rencontre du Christ avec le centurion romain. Vous savez que le centurion en question envoie des notables juifs auprès de Jésus pour le prier de sauver son serviteur malade. Possédant une certaine familiarité avec le langage religieux, je suis d'ailleurs convaincu que l'appellation de serviteur a un double sens : le sens immédiat qui signifie tout simplement son domestique et un sens spirituel qui se réfère à un niveau de la réalité ou à un aspect de lui-même. Le centurion dit au Christ, qui s'approche de sa maison : « Seigneur, ne te donne pas cette peine, car je ne suis pas digne que tu entres sous mon toit. C'est pour cela que je ne me suis pas jugé moi-même autorisé à venir jusqu'à toi ; mais dis seulement un mot et mon serviteur sera guéri. » Et le centurion commente ainsi ce qu'il vient de dire : « Ainsi moi, je suis placé sous une autorité, avec des soldats sous mes ordres, et je dis à l'un : " Va " et il va, à un autre : " Viens " et il vient, et à mon esclave : " Fais ceci " et il le fait », ce qui signifie en clair qu'il est un militaire habitué à obéir et à donner des ordres ; quand ses supérieurs lui donnent des ordres, il obéit et quand il donne lui-même des ordres dans l'armée ou à ses domestiques, ceux-ci lui obéissent. Or, c'est précisément après ces paroles du centurion que le Christ dit : « Je vous le déclare, même en Israël je n'ai pas trouvé une telle foi. »

Pisteuein, convaincre, faire obéir. Celui qui a la foi a la possibilité de convaincre, de faire obéir et d'obéir ; voilà ce que nous révèle ce passage des Évangiles. Pourquoi est-ce si important? Ne croyez pas que les Évangiles comportent une seule ligne sans intérêt. S'ils sont très courts c'est que chaque parole compte. Toutes les descriptions des Évangiles ont un double sens, elles sont cohérentes en ce qui concerne la description en elle-même mais personne n'aurait la naïveté de s'en tenir exclusivement au sens littéral : pourquoi le Christ aurait-il passé une partie de son temps à donner un enseignement agronomique sur la culture de la vigne à des gens qui savaient très bien la cultiver? Quand le Christ parle de vigne, de vin, ou de couper un sarment, il importe de chercher le sens spirituel de ses paroles. S'il est écrit que le Christ affirme : « Je n'ai jamais vu une telle foi même en Israël », simplement parce qu'un homme ayant dit : « Prononce seulement une parole et mon serviteur sera guéri » ajoute « Je sais ce que c'est que d'obéir et d'être obéi : si je dis qu'il faut faire les choses, elles sont faites. Donc si toi tu dis une parole, le miracle s'accomplira », nous devons peser chaque mot de cette histoire. Or le Christ répète souvent que si les apôtres avaient la foi, bien des accomplissements leur seraient possibles. Un jour où les apôtres n'ont pas réussi à guérir un enfant malade, le Christ en donne la raison après avoir lui-même guéri l'enfant : « A cause de la pauvreté de votre foi [1]. » Tout miracle concret doit être pris aussi au sens symbolique; les Évangiles étant une description de notre cheminement intérieur, l'enfant malade est en nous, de même que le serviteur est en nous.

Aux yeux du chrétien, la notion la plus familière et la plus importante de toutes, c'est la foi. On dira aujourd'hui qu'on a la foi ou qu'on ne l'a pas. Mais vous voyez bien que foi, à aucun égard, ne se confond avec croyance puisque *pistis* signifie preuve, certitude de celui qui a simultanément la possibilité d'obéir et de se faire obéir.

1. Matthieu 17, 20.

Cette foi dont le Christ parle aux apôtres c'est ce qui permet de faire, d'agir, aussi bien au-dehors – déplacer les montagnes ou guérir un enfant malade – qu'au-dedans de soi. Le centurion se situe dans une hiérarchie. De même celui qui a la foi se situe entre les ordres qu'il reçoit d'un niveau supérieur de la réalité – qu'on appelle la volonté de Dieu ou, si vous préférez, la « justice de la situation » – et un niveau inférieur de la réalité qui est le monde matériel, y compris cet aspect particulier du monde matériel que représentent nos propres fonctionnements. L'homme devrait être capable de commander, de maîtriser ce niveau inférieur. Mais celui qui n'a pas la foi ne possède aucun pouvoir sur lui-même, il ne peut pas « faire » parce que des émotions, des impulsions l'entraînent. Il veut accomplir la volonté du Père et il en est incapable par manque de foi. Pour agir et non pas seulement réagir, il faut un être unifié conscient et maître de lui.

La foi est donc en même temps la certitude des choses invisibles et la capacité d'accomplir des actions qui ne soient pas simplement des réactions. C'est parce que le centurion dit : « Moi je sais ce que c'est qu'obéir et je sais ce que c'est que commander », que le Christ déclare : « Même en Israël je n'ai pas vu une foi pareille », c'est-à-dire une compréhension pareille de la hiérarchie des niveaux. La part de nous la plus décidée à mettre en pratique l'enseignement du Christ peut être comparée à Moïse conduisant en nous le peuple de nos tendances et désirs contradictoires hors de la terre de servitude jusqu'à la Terre promise qui se lève aussi en nous. Pendant longtemps la multiplicité des personnages qui nous composent fait de notre complexité non pas un *peuple* structuré autour d'une divinité unique et d'un chef mais une *foule* incohérente. Si nous avons la foi, nous pourrons convaincre les aspects les plus réticents de nous-mêmes de se soumettre pour servir la cause de notre transformation, nous pourrons nous faire obéir de tous ces personnages : l'ambitieux, le jaloux, l'idéaliste, l'enfant perdu, le vaniteux, le séducteur, le rêveur mystique et tant d'autres, et en même temps nous serons capables d'obéir à un niveau supérieur de la réalité. Cette hiérarchie de niveaux – depuis le niveau le plus grossier jusqu'au plus subtil – est un des thèmes centraux de toute spiritualité.

Regardez comme un seul exemple nous ouvre des horizons et combien le christianisme redevient vivant. Quel enseignement ! Le plus beau pouvoir que vous puissiez avoir c'est en effet de déplacer des montagnes. Il y a même un passage où le Christ affirme : « Si vraiment vous aviez de la foi, gros comme une graine de moutarde, vous diriez à ce sycomore : " Déracine-toi et va te planter dans la mer ", et il vous obéirait [1]. » Le miracle suppose l'intervention d'un autre niveau de la réalité à notre niveau ordinaire. Dans un monde où la loi commune est l'émotion, il est miraculeux d'agir impartialement, objectivement, selon la justice du Royaume de Dieu. Dans une situation où tout le monde serait sous l'emprise d'une émotion, Socrate n'en a pas, un chrétien authentique non plus.

***

Une autre notion essentielle du christianisme est celle du péché. Là encore, ce mot a été détourné de son sens premier et il est aujourd'hui mal compris par bien des chrétiens. Péché, étymologiquement, signifie en latin erreur, faux pas, notamment le faux pas d'un cheval dans une course de chars, et en grec *manquer la cible, viser à*

1. Luc 17, 6.

côté. Le péché est un type d'erreur qui nous fait faire un faux pas sur la voie ou nous fait manquer la cible, celle-ci étant la découverte – pas la croyance – du royaume des cieux qui est au-dedans de nous et auquel le Christ fait si souvent référence. Et le péché originel est la source de tous les autres péchés, c'est-à-dire de toutes les autres erreurs ou faux pas sur le chemin qui nous conduit à notre propre transformation.

Il nous est dit dans le récit symbolique de la Genèse que le premier homme Adam est créé à l'image de Dieu puis plongé dans un profond sommeil et, détail intéressant, il n'est dit nulle part ensuite que Dieu réveille Adam. D'une côte d'Adam est tirée Ève, c'est-à-dire la dualité, la division, la bipolarité sur laquelle insiste toute connaissance spirituelle puis, à cause de cette dualité fondamentale, Adam mange le fruit de l'arbre de la connaissance du bien et du mal qui entraîne son exclusion du paradis. Vous admettrez sans peine qu'il ne s'agit pas de l'histoire naïve d'un homme nu dans un beau jardin qui s'est revêtu d'une feuille de vigne après avoir mangé une pomme défendue. Ce récit imagé recèle évidemment un sens profond qui mérite notre réflexion. Il faut le comprendre comme un mythe décrivant notre condition. Étant créés à l'image de Dieu, nous portons dans la profondeur de nous-mêmes cette image. Nous sommes déchus mais nous pouvons retrouver notre nature divine dont nous sommes aliénés. C'est la condition humaine actuelle : la chute originelle consiste à être exilé de Dieu.

Pourquoi dit-on cependant d'un enfant innocent qu'il naît dans le péché ? Parce qu'à l'instant même où il naît commence cette opposition du bien et du mal sur laquelle sera ensuite fondée l'intégralité de son existence. Sans vouloir tomber dans le travers des anthropologues ou des freudiens qui réduisent toute la connaissance sacrée de l'humanité à une série de complexes et de pulsions refoulées, nous pouvons cependant faire un constat. L'enfant naît en refusant de naître. S'il n'est pas marqué par des traumatismes intra-utérins, le fœtus vit dans la non-dualité, c'est-à-dire qu'il est complètement un avec le milieu ambiant puisqu'il vit de la circulation maternelle; mais au moment où surviennent les contractions de la mère, sa paix est brutalement perturbée et le premier refus apparaît. C'est la loi naturelle : une part de lui est obligée de céder et d'être malaxée, triturée, pressurée jusqu'à l'expulsion hors de l'utérus tandis qu'une part de lui refuse. Ce traumatisme de la naissance, bien connu de la psychanalyse, a été abondamment confirmé par les naissances revécues à l'âge adulte auprès de psychologues et de psychiatres de diverses écoles. Ensuite, l'enfant refuse d'être né, d'être séparé de la mère, d'endurer le froid, d'être agressé par les bruits et la lumière qui ne sont plus filtrés et atténués par le ventre maternel, d'être brûlé par le déplissement des alvéoles pulmonaires. Tout ce que décrit le docteur Leboyer, je l'ai personnellement vérifié bien des fois.

L'enfant naît donc dans cette erreur fondamentale par rapport à la libération qui consiste à opposer le bien et le mal. Pour le bébé, le bien c'est de reposer dans le sein maternel. Et le mal, c'est d'être brutalement arraché à cette quiétude heureuse qui représente la sécurité. Je ne cherche pas à choquer ni à ramener le mythe grandiose de la Genèse à une petite explication médicale. Livrez-vous à une réflexion synthétique qui vous permette de ne pas vivre écartelés entre une approche scientifique d'un côté et quelques croyances plus ou moins infantiles de l'autre auxquelles vous vous rattachez parce qu'on vous les a enseignées dans votre jeunesse. En quoi chacun de nous est-il né dans le péché, ce péché originel sur lequel repose l'édifice du christianisme? Le péché originel c'est notre distinction individuelle du bien et du mal qui nous exile du paradis perdu de la non-dualité, l'homme étant créé à l'image de Dieu [1]. C'est le statut commun d'être né dans cette erreur et c'est de cette erreur que la foi peut nous sauver comme vous sauvez quelqu'un qui est perdu et qui erre sans savoir où se diriger.

« Soyez parfaits comme votre Père céleste est parfait. » A partir de là, nous sommes en droit de considérer que ce qui nous permet de retrouver en nous cette image divine est juste et ce qui nous éloigne de ce retour à notre vraie nature est faux, erroné. Vous pouvez comprendre le péché comme une erreur par rapport à la finalité que nous donnons à l'existence, qui est cet éveil intérieur, la mort du vieil homme, la renaissance à une vie nouvelle. Ensuite la tradition entre dans les détails, élabore des listes de péchés, listes qui ne figurent pas mot pour mot dans les Évangiles. Cette liste de péchés véniels et capitaux se retrouve plus ou moins dans toutes les religions. Si vous considérez ceux-ci comme des erreurs par rapport à cette finalité, vous ne serez plus accablés sous le poids d'une loi contraignante à laquelle vous devez vous soumettre par peur de l'enfer et du jugement terrible de Dieu mais vous sentirez cette description comme une aide qui vous est donnée pour mieux vous comprendre et comprendre ce qui vous fait du tort. « L'homme n'est pas fait pour le sabbat, le sabbat est fait pour l'homme » a dit le Christ. Vous n'êtes pas faits pour vous frustrer en obéissant à une loi extérieure à vous. C'est au contraire l'enseignement du Christ qui est à votre service pour vous guider vers une vie pleinement réussie et vous permettre d'atteindre le plus haut accomplissement possible à l'être humain. Tout être humain porte en lui la potentialité de cette perfection. Peu l'atteignent car peu la veulent plus que tout.

1. Ce thème sera repris dans le chapitre « Le bien et le mal ».

Il est possible de reconnaître « Je me suis trompé, ce n'est pas de cette manière que je vais me rapprocher de la liberté, de la joie qui demeure, de la capacité à aimer auxquelles j'aspire. » Sentir que nous avons fait une erreur par rapport à notre but, même une erreur grave dont nous devrons porter les conséquences, peut représenter une expérience bouleversante et même déterminante pour notre transformation. Cette prise de conscience ne provient pas du remords qui nous fait dire « Je n'aurais pas dû faire cela » mais plutôt du sentiment de notre dignité d'être humain : « Comment ai-je pu tomber si bas ? Voilà de quoi j'ai été capable ! » Il s'agit d'une perception intense à laquelle il ne faut rajouter aucun commentaire. Fini. J'ai agi ainsi, je tourne la page. A ce moment-là peut se produire une conversion qui aboutira à une tout autre manière de voir et de sentir.

Sachez reconnaître un sentiment qui peut être facteur de progrès : ce que j'ai fait, je l'ai fait mais je ne considère pas que cet acte était juste. Appelez cette prise de conscience « repentir » si vous voulez, à condition qu'elle ne soit entachée d'aucune culpabilité et d'aucune condamnation de vous-mêmes. Mais ne confondez pas ce sentiment, qui a sa justification, avec l'émotion totalement égoïste de la culpabilité : je suis vexé, humilié dans l'image que j'ai de moi-même, d'avoir commis ce genre d'action ou d'avoir eu ce genre de comportement. Je me fais une certaine idée de ce que je dois être, je ne peux pas me conformer à cette idée et mon ego en est blessé. Dans le remords, vous trouverez une fois de plus l'égocentrisme : moi, mon indignité ; moi, mon infamie ; moi, mon incapacité à faire le bien, moi moi moi. Le péché originel, c'est aussi le sens de l'ego qu'aucun être humain ne peut éviter pour commencer mais que certains peuvent dépasser. Si ma culpabilité me rend encore plus centré dans mon ego de pécheur, elle ne m'aide en rien à dépasser cet ego. J'ai accompli cette action. Tel que j'étais situé extérieurement, intérieurement, je ne pouvais pas ne pas l'accomplir. Maintenant, j'ai appris quelque chose, j'ai compris quelque chose; je ne ressens plus de la même manière et dans une situation semblable mon comportement serait différent. Il s'agit d'une compréhension qui naît de la vision. L'important est d'éviter une émotion stérile de conflit avec nous-mêmes et de mépris de nous-mêmes.

Vous savez qu'on a abondamment accusé le christianisme d'être culpabilisant. A partir de cette culpabilité, des hommes, des femmes effrayés sont obligés de faire appel à l'institution par crainte de la damnation afin que leurs péchés leur soient remis. Peut-on parler d'une religion heureuse, d'une religion libératrice si le péché est entendu dans ce sens-là? Compte tenu des vies qui ont été ruinées non pas par le péché mais par la peur et la culpabilité, vous ne pouvez pas envisager ce thème tragique du péché sans vous souvenir de l'insistance du Christ sur le non-jugement. Quels sont les péchés que le Christ paraît avoir vraiment condamnés? L'hypocrisie et tous les comportements qui nous interdisent l'accès à la transformation parce que nous restons à la surface de nous-mêmes. Il n'a pas ménagé ceux qui abusent d'une autorité ecclésiastique. Lisez les Évangiles. Où semble-t-il qu'il y ait sévérité et fermeté de la part du Christ et où y a-t-il, au contraire, non-jugement et uniquement compréhension et pardon?

Maintenant, regardez de plus près et vous verrez que n'importe quel péché répertorié correspond toujours à une émotion et, en fin de compte, à une souffrance. Souvenez-vous : tout agissement humain qui nous paraît coupable s'explique par une souffrance profonde dans laquelle la personne se débat sans habileté. Même les péchés dits mortels sont la manifestation d'une frustration exacerbée qui ne trouve pas d'autre manière de s'exprimer. Prenons un exemple simple : il est bien connu des psychologues qu'une personne qui mange immodérément compense par là une frustration profonde. Pourquoi la gourmandise fait-elle partie des péchés? Simplement parce qu'elle est une erreur par rapport à notre but. Chacun sait que les excès alimentaires nuisent à la vigilance et ne sont pas bénéfiques à la progression sur le chemin spirituel. De même l'adultère n'est pas le « mal » en soi mais peut souvent être préjudiciable à votre progression. Quelle souffrance, quel déchirement, quelle demande affective intense conduit un conjoint à chercher l'amour chez un ou une autre, Dieu seul le sait. La compassion ne juge pas. Certes, si vous pouviez vraiment être libres, libres intérieurement, il vous serait peut-être évident de ne pas commettre l'adultère mais à partir d'une autre manière de sentir, de comprendre, de se situer qui ne vous obligerait plus à vous brimer. Vous vous préparez peu à peu, par une transformation qui doit être bien menée, à pouvoir aisément dépasser l'envie, la jalousie, la gourmandise, la paresse, l'avarice, la luxure.

Souvenez-vous, péché a un sens technique précis : erreur, faux pas, manquer la cible. Le Christ propose un but à l'existence : la mort à un certain niveau afin de renaître à un autre niveau. « Il vous faut naître d'en haut [1] » ou « Il vous faut naître à nouveau » (le mot *anôthen* peut signifier aussi *à nouveau*). Et le péché originel c'est notre conception personnelle du bien et du mal et notre maladie du jugement qui peuvent être dépassées, transcendées par cette nouvelle naissance et par la découverte des réalités invisibles. Si un enseignement spirituel ne vous conduit pas au-delà de cette opposition originelle, vous passez votre vie ballottés entre le bon et le mauvais, le favorable et le défavorable et inévitablement les émo-

1. Jean 3, 7.

tions heureuses et les émotions malheureuses, sans aucun pouvoir sur vous-mêmes, sans jamais atteindre l'*apatheia*, l'équanimité, l'égalité d'humeur et la constance d'âme.

Les Évangiles transmettent un enseignement très concret fondé sur l'idée centrale de la mort du vieil homme, représenté par Adam, et de la naissance de l'homme nouveau. A cet égard, il y a deux manières de comprendre le christianisme. L'une n'envisage que l'amélioration du vieil homme. On peut, en effet, tenter de réformer celui-ci, de le rendre moins menteur, moins agressif, moins avare, etc. Cette compréhension limitée relève de la mentalité habituelle qui ne peut pas appréhender les réalités invisibles aux yeux ordinaires et reste enfermée à l'intérieur d'une vision égocentrique et subjective. Et si le christianisme se cantonne à cette banale acception, il est normal que tant d'Occidentaux se tournent vers l'hindouisme et le bouddhisme. En fait, l'enseignement du Christ va beaucoup plus loin puisqu'il préconise non de réformer mais de transformer, de passer d'un niveau mental, psychologique à un autre niveau d'être, celui de l'homme re-né, affranchi du péché originel. Il s'agit réellement d'une métamorphose.

***

Une troisième notion qui fait abondamment partie du langage utilisé par le Christ est celle de « Royaume ». Vous savez que l'on retrouve ce thème central dans la littérature spirituelle de tous les pays. J'ai souvent dit que l'homme, normalement, n'était pas un royaume unifié mais une démocratie anarchique, une foule amorphe composée de personnages disparates. En chacun de nous s'affrontent un ensemble de tendances, de pulsions, d'instincts sans hiérarchie tandis qu'un royaume culmine en la personne du souverain qui incarne la nation entière. Je ne fais pas de politique royaliste et ne vous demande pas de voter pour le comte de Paris, la question n'est pas là! Même si vous êtes républicain convaincu, vous devez admettre que le Christ emploie l'image du royaume. Nous savons bien – sur ce point, tout le monde est d'accord – que les Évangiles sont en partie l'expression d'un malentendu entre le peuple hébreu qui espérait la venue de ce royaume sur la terre et le Christ qui affirmait : « Ma royauté n'est pas de ce monde. » Le Christ a dû faire de nombreuses mises au point devant ceux qui se méprenaient sur le sens à donner à ce royaume : « Le Règne de Dieu ne vient pas comme un fait observable. On ne dira pas : " Le voici " ou " le voilà ". En effet, le Règne de Dieu est en vous. »

Que le Royaume soit une réalité intérieure est d'ailleurs attesté par le fait que l'Évangile de Jean parle de Vie éternelle là où les trois Évangiles synoptiques emploient l'expression royaume des cieux. Beaucoup de théologiens considèrent que ce sont des synonymes. Donc ce royaume à découvrir en nous est une vie éternelle. Qu'est-ce qu'une vie éternelle sinon une vie qui n'est pas née et ne meurt pas? Par conséquent nous voilà déjà proches de l'enseignement upanishadique sur l'*atman* et de l'enseignement bouddhique sur le non-fait, non-né, non-devenu, non-composé.

La notion de royaume des cieux est intimement liée à celle du Père. Le Christ nous a enseigné une prière : « Notre Père qui es aux Cieux. » Et l'erreur tragique du chrétien c'est de ne pas lire ce qui est écrit et de commencer à lever le nez en l'air pour y chercher le Père alors que le Christ a explicitement dit : « Le royaume des cieux est au-dedans de vous. » Si le Père est dans les Cieux et que le royaume des cieux est au-dedans de nous, le Père aussi est en nous.

Que signifie père ? Nous devons essayer de comprendre le langage du Christ dans le contexte où il a été utilisé, surtout à notre époque où les mots ont considérablement perdu leur sens traditionnel. La compréhension des mondes anciens peut nous aider à resituer le christianisme des origines dans son milieu qui n'est pas celui de notre société de consommation. Père signifie procréateur et en même temps désigne celui qui a l'autorité. De ce père qui est au-dedans de nous, le Christ dit à la fois : « Celui qui m'a vu a vu le Père [1] », « le Père et moi sommes un » et : « Je ne suis pas ici pour faire ma volonté mais pour faire la volonté du Père. » Nous retrouvons cette hiérarchie que j'ai évoquée à propos du centurion qui obéit et qui donne des ordres.

« Soyez parfaits comme votre Père céleste est parfait. » Si nous admettons que le mot père est juste – et cette fois le mot est bien traduit – nous devons admettre que nous sommes fils de ce Père. Et nous sommes appelés à grandir à partir de notre état de conscience ordinaire, à ne plus demeurer infantiles c'est-à-dire à devenir nous-mêmes à l'image et à la ressemblance du Père. C'est à proprement parler la naissance de l'homme nouveau qui découvre en lui le Père comme sa réalisation intime, profonde, au cœur même de ce royaume des cieux intérieur. En tant que fils nous sommes appelés à devenir les égaux de notre père. Par la croissance, nous atteignons à la pleine stature du Père. Quand notre fils est adulte, il est devenu aussi accompli que nous et il est l'héritier de tout ce que nous possédons.

Que nous disent l'Ancien et le Nouveau Testament à propos de ce Père ? Il est dit qu'Il est éternel. Voilà pourquoi saint Jean nous promet aussi la vie éternelle. Nous

1. Jean, 14, 9.

lisons également la seule définition que Dieu donne de Lui-même : « Je suis celui qui suis. » Son nom ne peut pas être prononcé. Il est inconcevable au mental ordinaire : à la fois éternel et créateur du ciel et de la terre. Une réflexion sur le christianisme en partant des paroles mêmes du Christ nous amène inévitablement à revoir la question de la dualité. Car si nous développons la pleine stature de l'homme et découvrons ce Père qui est au-dedans de nous, si nous accédons à cette vie éternelle qui est la vie même du Père, nous aboutissons à deux infinis face à face, l'homme et Dieu. Par conséquent, le christianisme ne nous amène-t-il pas à dépasser complètement la conscience individuelle séparée, celle qu'on appelle *ahamkar* en sanscrit?

Le Christ nous appelle à une mort intérieure en vue d'une renaissance sur un autre plan. Pour comprendre les Évangiles, il faut donc tenir compte de cette hiérarchie des niveaux qui nous demeure étrangère au premier abord : mental et supramental. Le niveau mental concerne l'homme dont la conscience individualisée est soumise à sa distinction personnelle du bien et du mal ; le niveau supramental qu'incarne le Christ est celui de l'homme qui a réalisé le royaume des cieux, le Père au cœur de lui-même, c'est-à-dire l'état en deçà de la dualité, avant la chute.

Transcendez la loi psychologique naturelle. Si vous n'entendez les Évangiles qu'en fonction du niveau suprême, une grande part de leur contenu vous demeurera d'abord incompréhensible ; et si vous les entendez uniquement en fonction du niveau ordinaire, l'essentiel de leur message vous échappera parce que vous ne sortirez pas du plan mental limité. Le Christ, entouré d'apôtres et de disciples proches de lui, s'adressait également aux foules qui l'ont accueilli avec enthousiasme pour le renier ensuite lors de sa mort ignominieuse sur la croix. Il se trouvait donc dans la situation difficile d'un maître obligé de parler tantôt à un niveau tantôt à un autre selon le degré de maturité de ceux qui l'approchaient. Tout en se mettant à la portée de ceux qui l'entendaient à travers leurs limitations, il essayait en même temps de les appeler à dépasser le mental et à retrouver cette paix des profondeurs, cette réalisation parfaite promise à tous.

Au départ de la voie, nous sommes situés à un niveau très grossier, prisonniers de ce que nous aimons et n'aimons pas, c'est-à-dire, concrètement, prisonniers de nos émotions. Tout chemin spirituel est un dynamisme, un mouvement qui nous permet de passer d'un état d'être grossier à un état d'être subtil. Nous devenons alors pareils au centurion, avec la certitude qu'il existe un niveau supérieur en nous dont nous pouvons être l'instrument conscient; si nous sommes le « serviteur » de ce niveau profond, nous sommes capables d'agir vraiment. Mais tant que nous demeurons soumis à l'ego, à ses goûts et à ses répulsions, nous n'agissons qu'en fonction de nos désirs, nous ne faisons que ce qui nous plaît, sans tenir compte de la réponse impersonnelle que toute situation exige de nous. Nous sommes appelés à devenir à la fois des maîtres et des serviteurs. Nous sommes serviteurs ou esclaves de la réalité suprême que nous pouvons découvrir en nous et en même temps maîtres de nous-mêmes, de la multiplicité qui nous compose et même maîtres, dans une certaine mesure, des événements c'est-à-dire capables d'agir et non pas de réagir, capables de faire. Vous retrouverez dans tous les enseignements spirituels ces thèmes du « grand agissant », de l'action et de la spontanéité.

Instruisant des hommes conditionnés par la pensée habituelle, le Christ essaie de leur faire sentir – ainsi qu'à tous ceux auxquels son enseignement sera transmis par la suite – l'ensemble de la réalité c'est-à-dire à la fois le niveau absolu et le niveau relatif, la vie éternelle d'une part et le multiple et le changeant de l'autre. Il parle parfois au niveau suprême pour redescendre ensuite au niveau le plus concret afin d'expliquer à des gens entièrement prisonniers de leur mental ce qu'il a l'intention de leur faire découvrir.

Le Christ s'adresse à des hommes qui n'ont pas encore la foi et sont soumis à la loi du péché originel, c'est-à-dire à l'opposition, en fonction de leurs conceptions personnelles, du bien et du mal. La foi est d'abord infime comme une graine de moutarde mais elle peut devenir un arbre immense. Jésus, lui, incarne la réalisation absolue de tous les niveaux d'être, il est à la fois homme et Dieu, manifesté dans le fini et établi dans l'infini. Étant capable de parler le langage des hommes, il se présente comme le fils d'un Père qui se trouve aux Cieux, c'est-à-dire au cœur de chacun de nous, et dont nous sommes tous aussi les fils, tous appelés à atteindre un jour la plénitude du Père.

N'oubliez pas qu'il est dit du Christ lors de sa Passion – qui est simultanément une vérité historique et une expression symbolique du chemin intérieur de chaque homme –, au moment où il est le plus méprisé et bafoué, couronné d'épines et revêtu d'un manteau de dérision : « Voici l'Homme », « *Ecce Homo* ». On peut l'entendre littéralement comme : voici l'homme en question que le sanhédrin veut faire condamner mais cette parole recouvre un sens qui nous concerne chacun en tant qu'homme. Le Christ représente l'Homme parvenu à sa pleine stature.

Parlant à des auditeurs insérés dans la multiplicité, dans le temps, l'espace et la causalité, le Christ leur à dit qu'ils ne pourraient recevoir la plénitude de l'enseignement qu'après qu'il les a quittés. « J'ai encore bien des choses à vous dire mais, actuellement, vous n'êtes pas à même de les supporter; lorsque viendra l'Esprit de vérité, il vous fera accéder à la vérité tout entière [1]. » Les disciples étaient trop attachés au monde des formes, à l'apparence physique du Christ, du Fils incarné qui allait leur envoyer l'Esprit-Saint pour les soutenir et les réconforter après sa mort.

A partir de cette distinction du Père, du Fils et du Saint-Esprit, des penseurs – par une réflexion que je respecte et que je ne vais pas me permettre de juger – ont établi peu à peu la doctrine de la Trinité qui paraît être la pierre d'achoppement entre le christianisme et le védanta ou l'islam par exemple. Il ne faut pas que cette doctrine devienne une prison pour vous. Les orthodoxes ne donnent pas la même définition de la Trinité que les catholiques. Le Christ a vraiment enseigné : le Père, le Fils et le Saint-Esprit. Peut-être, du point de vue ultime, cette distinction sera-t-elle transcendée dans notre conception de la Déité au-delà même de Dieu mais, en s'adressant aux apôtres, le Christ a distingué trois principes présents et actifs dans le monde phénoménal : le Père qui est la source, le Fils, expression ou manifestation, c'est-à-dire l'Homme, et enfin l'Esprit-Saint, relation d'amour entre le Père et le Fils, relation de vie, de dynamisme, d'enseignement, d'inspiration.

Dans la plupart des langues sacrées, l'hébreu, le sanscrit, le même mot est traduit par souffle et par esprit, entre autres dans la tradition chrétienne où le grec *pneuma* signifie aussi bien l'un et l'autre. Cela apparaît de manière patente à la fin de l'Évangile de Jean quand le Christ confère l'Esprit-Saint aux apôtres : « Il *souffla* sur eux et leur dit : " Recevez l'Esprit-Saint [2]. " »

Ce souffle est la nourriture spirituelle par excellence.

1. Jean 16, 12-13.
2. Jean 20, 22.

Or, dans le vocabulaire mystique, le « pain » – comme l'eau et le vin – représente toute nourriture. Le mot grec que l'on traduit par « quotidien » dans le Notre Père est *épiousios*. Ce terme a soulevé bien des questions et a donné lieu à des interprétations variées. On a traduit : pain de ce jour, pain pour la vie éternelle et aussi pain supra-substantiel. N'est-il pas étonnant que Jésus suggère de réclamer du pain à Dieu juste avant de recommander : « Ne vous souciez pas de ce que vous aurez à manger » et « Votre Père sait que vous avez besoin de ces choses » [1] ? Il s'agit donc d'une nourriture d'un autre ordre. « Donne-nous aujourd'hui notre pain quotidien », nous pouvons rapprocher cet « aujourd'hui » de cette autre parole du Christ : « A chaque jour suffit sa peine. » C'est une manière familière de dire « à chaque instant suffit sa peine ».

Si nous comprenons que la prière « Donne-nous aujourd'hui notre pain quotidien » se réfère à une nourriture transcendante, n'avons-nous pas le droit de dire que cette nourriture nous est donnée, elle aussi, d'instant en instant et qu'à chaque seconde nous sommes sustentés par Dieu lui-même ? Nous rejoignons là une idée essentielle, commune à tous les enseignements spirituels mais qui n'est pas toujours exprimée de manière assez concrète, celle des nourritures. Le chrétien se nourrit du corps du Christ dans l'eucharistie ; il se nourrit aussi « de toute parole qui sort de la bouche de Dieu ». Quelles sont ces paroles ? S'agit-il de mots en hébreu ? En grec ? De sentences déclarées inspirées par Dieu et transmises par l'Église ? Ou peut-on considérer qu'il s'agit d'une nourriture vitale pour nous, celle dont nous avons besoin pour croître spirituellement ?

D'autres traditions toujours vivantes aujourd'hui ont, elles aussi, insisté sur cette nourriture. Par exemple, les

1. Matthieu 6, 11 et 6, 31-32.

hindous disent *sarvam anam*, tout est nourriture. De même que pour notre corps, il existe pour notre âme des nourritures de qualité plus ou moins fine ou, si vous préférez, plus ou moins digeste. Parmi ces nourritures, il y a ce que nous inspirons, d'où l'importance dans tous les enseignements religieux, y compris une partie de la tradition chrétienne, d'associer la respiration consciente à la prière. Le yoga hindou ou tibétain nous dit qu'en inspirant non seulement nous inhalons l'oxygène indispensable à notre corps mais nous recueillons également une énergie fine ou subtile et même une énergie encore plus spiritualisée à laquelle les soufis musulmans se réfèrent aussi et qui est le souffle même de Dieu. La physiologie utilise le terme respiration mais lorsqu'il s'agit de mysticisme on utilise plus volontiers le mot souffle. Dans certaines formes de spiritualités qui comportent un aspect technique – cette technique qui fascine tant d'Occidentaux – l'attention à la respiration joue un rôle important. Elle s'accompagne de la perception qu'en respirant nous recevons simultanément trois nourritures pour le corps, l'âme et l'esprit.

Compte tenu de ce que je viens de dire, est-il inadmissible de comprendre « Donne-nous aujourd'hui notre pain quotidien » comme « Donne-nous cette nourriture spirituelle que nous recevons avec chaque respiration »? Quand je soulève ce genre de questions auprès de ceux qui peuvent éventuellement m'écouter ou me lire, c'est après avoir vérifié qu'il n'y a pas d'impossibilité majeure à cette manière de comprendre. Comment pourrions-nous demander uniquement une nourriture matérielle quand le plus important pour nous est une nourriture spirituelle? On peut admettre qu'il y ait des rapprochements possibles avec ce que beaucoup d'Occidentaux modernes, y compris des chrétiens, croient découvrir comme un trésor de connaissances transmises de maître à disciple par les hindous, les bouddhistes ou les soufis.

Si vous étudiez les Évangiles, en y adjoignant l'Évangile de Thomas, vous verrez que la Connaissance dans son intégralité s'y trouve résumée. Vous trouverez aussi bien le niveau métaphysique ultime que le langage plus aisément compris par l'homme encore soumis aux contradictions du mental.

***

Si vous voulez que le christianisme retrouve pour vous sa dimension d'éveil et qu'il cesse d'être à vos yeux un ensemble de platitudes que personne ne met et ne peut mettre en pratique, il faut que vous distinguiez très nettement les paroles prononcées par le Christ de son vivant et les ajouts postérieurs des commentateurs. Il y a donc deux aspects dans le christianisme, d'une part l'enseignement donné par le Christ tel que nous l'ont transmis les canoniques et l'Évangile de Thomas, et d'autre part la forme que le christianisme a prise après la mort de Jésus de Nazareth crucifié sous Ponce Pilate.

Nous pouvons aussi trouver dans cet apport post-christique un immense héritage mais si l'envergure exceptionnelle du Christ a représenté une impulsion assez forte pour transmettre la vérité jusqu'à nos jours, l'esprit humain s'en est très vite emparé pour en faire un mélange de vérités et d'opinions individuelles. Ce qui relevait du niveau de l'homme nouveau ayant atteint l'au-delà du mental, *métanoia*, a été presque sans cesse ramené au niveau du mental. Donc, il faut chercher consciemment, en homme, pas en mouton bêlant, à comprendre où réside la vérité; n'acceptez pas tout bouche bée sous prétexte que l'Église est inspirée par le Saint-Esprit, ne rejetez pas tout non plus de ce que l'Église a institué. Certains hommes sont plus ou moins inspirés par le Saint-Esprit et par la compréhension de ces différents niveaux de la réalité. Or pour être inspiré par le Saint-Esprit il faut avoir la foi et la foi, je l'ai dit tout à l'heure, c'est une certitude, une science, une capacité à « faire ». Il s'est ainsi élaboré peu à peu, par la force même de la vérité et de la sincérité de beaucoup de chrétiens, un ensemble auquel on réfléchit trop peu aujourd'hui et qui a cependant une valeur indéniable. Il ne faut pas vous laisser gagner par l'esprit du temps qui conduit à considérer le christianisme comme une aberration mentale culminant dans ce qu'on appelle le rite. En fait, de précieuses connaissances, sous la forme d'un mythe transformateur et de pratiques, sont contenues non seulement dans l'enseignement des Évangiles mais dans l'apport de l'Église après la mort de Jésus.

En parlant du mythe, je donne à ce mot une valeur sacrée alors qu'aujourd'hui il est souvent interprété dans un sens péjoratif et assimilé à une histoire inventée qui ne tient pas debout, une projection de l'inconscient quand ce n'est pas de la névrose individuelle ou collective. En fait, il s'agit d'une histoire qui porte en elle-même un enseignement dynamique capable de nous conduire sur le chemin de notre métamorphose et de notre éveil; par la méditation sur le mythe et son actualisation en nous, nous pouvons évoluer. Quant aux techniques offertes par le christianisme, elles permettent également la prise de conscience et la transformation et correspondent à ce qu'on appelle en Inde les différents yogas. Il faut d'ailleurs reconnaître que parmi ces pratiques beaucoup ont été empruntées à l'Antiquité tandis que certaines ont une origine qui nous échappe. Une part de la liturgie et du symbolisme chrétiens, qui se sont précisés relativement vite après la mort du Christ et n'ont visiblement pas été inventés arbitrairement par des cerveaux humains, ne se retrouvent ni dans la tradition hébraïque ni dans la tradition gréco-romaine. On ne peut pas ramener tout le christianisme, sur le plan rituel, à la Cène, qui est la seule donnée des Évangiles. Il est probable que le christianisme a puisé à des sources que nous ne connaissons plus, nous hommes modernes, pour constituer ce vaste ensemble qu'est la religion chrétienne. Je laisse de côté les élucubrations qui relèvent de la spiritualité-fiction concernant les contacts des Esséniens avec des bouddhistes et les études de Jésus auprès de Grands Initiés égyptiens. Dans ce genre, on a tout dit, y compris que Jésus, entre douze et trente-trois ans, avait séjourné dans une lamasserie tibétaine, lesquelles lamasseries sont postérieures de huit siècles au Christ.

La vie du Christ, telle que des historiens peuvent la reconstituer, est à la fois l'histoire d'un homme et en même temps une dramaturgie sacrée décrivant le cheminement intérieur de tout homme. La nuit de Noël est en nous, avec l'étable, l'âne et le bœuf, la naissance de l'enfant est en nous et l'agonie suivie de la résurrection sont également en nous. L'ensemble des fidèles peut intérioriser ces différentes phases de la vie du Christ à travers l'année liturgique – l'Avent, Noël, le Carême, Pâques, la Pentecôte. Ce cycle remanifestant chaque année la totalité du chemin permet au chrétien d'approfondir l'enseignement que représente le mythe christique. Celui-ci acquiert alors un réel pouvoir transformateur pour celui qui le médite.

Le mythe chrétien est interprété par les Pères de l'Église comme une continuité par rapport à l'Ancien Testament. L'Ancien Testament a donné naissance non seulement à l'ésotérisme juif, complet en lui-même, qu'on appelle la Kabbale, mais à l'ésotérisme chrétien qui se démarque de la tradition judaïque puisqu'il explique tout l'Ancien Testament comme une préfiguration de la venue du Messie. Ce mythe nous montre l'inversion de la chute : Marie est la nouvelle Ève – on a assez joué sur l'opposition entre *Eva*, Ève, et *Ave* premier mot du salut de l'Ange à Marie –, le Christ est le nouvel Adam et la Croix, symbole du rachat de l'humanité, est l'inverse de l'arbre du fruit de la connaissance du bien et du mal qui a été la cause de la chute; en fait, il est probable que le Christ n'a pas été accroché à une croix mais à une potence, mais le symbole est bien plus précieux que le détail historique.

Nous admettons facilement que la Genèse n'a pas de fondement historique. Personne ne peut sérieusement croire qu'à l'origine un homme et une femme ont vécu dans un paradis plein d'animaux charmants et puis qu'un jour Dieu – excusez-moi de l'expression – leur botte le cul parce qu'ils ont mangé le fruit défendu d'un arbre. Nous sommes obligés d'interpréter ce récit comme un mythe. Par conséquent si vous considérez que le Christ est le nouvel Adam et que Marie est la nouvelle Ève et puisque Adam et Ève représentent manifestement un mythe, vous ne pouvez comprendre le christianisme dans son intégralité si vous n'admettez pas qu'une part de celui-ci est un mythe qui complète celui de la Genèse. Marie, Myriam a historiquement existé mais les sages qui ont présidé à la fondation du christianisme, inspirés par le Saint-Esprit, ont élaboré peu à peu ce mythe qui se rattache à elle et qui venait parachever celui de la Genèse. Affirmer qu'une part de notre tradition relève du mythe ne la diminue en rien mais lui confère au contraire une richesse bien plus grande. Vous trouverez des trésors que vous ne soupçonnez pas dans le christianisme si vous l'admettez comme la deuxième partie du mythe de la Genèse. Le péché originel a instauré la dualité et le mythe chrétien permet le retour à la non-dualité enseignée par les paraboles du Christ.

Le Christ est en nous mais nous n'en sommes pas

conscients. C'est au plus profond de nous que naît un jour Jésus enfant, le commencement de la Conscience au sens ultime de ce terme. Dieu manifesté n'est autre que le Logos. Le Logos ou Verbe créateur a été parfois comparé au son, ce qui est d'ailleurs conforme à la sagesse universelle puisque pour les hindous aussi la vibration sonore est à la source de l'univers, vibration à laquelle les hommes cherchent à s'harmoniser en répétant le *aum* sacré.

L'aspect concret et technique de la religion qui comporte des prières, des dévotions, un symbolisme, une liturgie, des gestes – *mudras* en sanscrit – représente aussi une somme de connaissances précises. L'eau dans l'église, l'eau bénite ou l'eau du baptistère évoque le pôle féminin, la flamme des cierges le pôle masculin. *Le christianisme est un vaste ensemble mis à votre disposition pour vous permettre d'atteindre l'ultime possibilité de l'homme.* Il comprend l'enseignement donné par le Christ de son vivant comme un maître à des disciples et l'élaboration progressive d'un mythe. Tout me concerne. Le Christ est tourné en dérision devant Pilate, il se retrouve seul à Gethsémani, il ressuscite au bout de trois jours, qu'est-ce que cela signifie pour moi ? Car, à travers l'homme Jésus, il s'agit toujours de moi.

Pour la mentalité ordinaire, la résurrection apparaît comme la merveille et le miracle suprêmes. En fait, le thème de la mort et de la résurrection n'est pas une exclusivité chrétienne – il existe dans toutes les religions. On le retrouve dans les mystères grecs, lesquels sont devenus ensuite les mystères romains. Ces mystères grecs étaient très certainement inspirés de l'Égypte où Osiris, le dieu mort et ressuscité, représentait l'un des pivots de la religion. Là encore, comment faut-il entendre la résurrection du Christ ?

Quand on affirme en parlant du Christ : « C'est le seul

qui soit ressuscité », il est facile d'opposer immédiatement un certain nombre d'arguments qui, à mon avis, n'ont pas grand poids mais ont été parfois avancés par des détracteurs du christianisme. Des chroniques, confirmées par des autorités anglaises, montrent que plusieurs yogis hindous, au XIXe ou au début du XXe siècle, ont été considérés comme morts par des médecins anglais, se sont même fait enterrer puis déterrer au bout de plusieurs jours et se sont remis à vivre. Ayant consacré leur existence à mettre en œuvre certaines techniques, ils ont, au sens ordinaire du mot, ressuscité. Les occultistes modernes qui savent tout, y compris les secrets que Dieu lui-même ne connaît pas, vous diront : « C'est normal, Jésus avait été instruit dans les temples pharaoniques (quand ce n'est pas dans les lamasseries du Tibet) ; il était doté de grands pouvoirs yogiques qui lui permettaient d'arrêter complètement la respiration et la circulation du sang au point d'être déclaré mort. Mais en fait, il ne l'était pas. » Si l'on poursuit ce type de raisonnement jusqu'au bout, on peut en conclure que les yogis hindous qui ressuscitent au bout de quarante jours et non pas de trois sont, dans ce domaine, beaucoup plus forts que le Christ.

On dit aussi que le Christ n'a pas eu le cœur transpercé mais une simple blessure au flanc et qu'il n'était pas mort lors de sa mise au tombeau. Ses disciples l'auraient ensuite soigné. D'autres mettent en doute sa résurrection parce que ni les saintes femmes ni ses disciples qui ont marché avec lui sur la route ne l'ont reconnu ; ce n'est qu'après un long moment qu'ils ont compris qu'il s'agissait de Jésus. Comment se fait-il qu'il n'ait pas été reconnaissable pour ses plus proches disciples ? Ne faut-il pas en conclure que le Christ est apparu non plus sous son corps physique mais sous son corps subtil comme le laisse entendre l'Évangile de Marc : « Il se manifesta *sous un autre aspect* à deux d'entre eux qui faisaient route pour se rendre à la campagne [1]. » Vous êtes amenés à vous dire soit qu'il s'agit uniquement de légendes nées à partir de rumeurs et de superstitions, soit qu'il y a là quelque chose d'essentiel à comprendre. Au-delà d'un fait historique discutable pour l'approche critique se cache un sens purement spirituel qu'il importe de décrypter. La résurrection du Christ ne doit pas être entendue au sens littéral grossier.

Si vous admettez des vérités qui vous paraissent séduisantes mais dont vous n'avez pas la preuve physique, subtile ou métaphysique irréfutable, vous êtes vite en dehors du chemin de la vérité. Ne tenez pour vrai que ce dont vous êtes sûrs à cent pour cent. Même si on vous donne une très belle explication symbolique de la résurrection du Christ, vous ne pouvez pas avoir la certitude qu'elle soit vraie, elle ne peut donc vous être d'aucune utilité sauf si on vous montre que des centaines de moines, d'ascètes, de siècle en siècle, pendant plus de deux mille ans ont vécu de la même compréhension : *nous avons chacun, et dans cette existence, à souffrir, mourir et ressusciter.*

De même pour l'Ascension : que signifie monter au ciel, alors que le Christ lui-même a affirmé : « Le royaume des cieux est au-dedans de vous »? Comment peut-il s'élever dans le ciel comme on le voit sur certaines peintures? Qu'est-ce qui est symbole? Qu'est-ce qui doit être pris au pied de la lettre? La tradition tibétaine affirme que certains maîtres tibétains, y compris au xxe siècle, ont quitté cette terre sans laisser de traces. Ils n'ont été ni incinérés ni enterrés parce que leur corps a disparu. Peut-être existe-t-il une réalité d'un autre ordre – miraculeuse pour nous – qui efface les corps. L'insistance des Tibétains sur cet enseignement me fait dire qu'il doit y avoir un fond de vrai. Mais ce n'est pas l'essentiel. L'essentiel réside dans la grandeur du mythe au sens noble du terme. Avec le

1. Marc, 16, 12.

mythe chrétien, vous allez pénétrer au cœur d'un langage universel que vous retrouverez aussi bien dans la Grèce antique que dans les traditions orientales – l'ensemble de cet héritage sublime de l'humanité auquel nous avons malheureusement cessé de nous intéresser de nos jours.

Le thème de la mort et de la résurrection concerne chacun d'entre nous. Il n'est pas un mystique qui ne parle, quelle que soit son appartenance religieuse, de la mort à soi-même, de la mort de l'ego en vue d'une résurrection à un autre niveau d'être et de conscience. La « grande mort » est également une notion fondamentale du bouddhisme zen. La croix du Christ revêt pour nous le même sens. Le symbolisme de la croix, accumulant les données de toutes les traditions, y compris celle des Pères de l'Église, en fait le signe de la mort à soi-même, condition nécessaire de la nouvelle naissance.

Éliminez les aspects dégénérés – ni le bouddhisme, ni l'hindouisme, ni l'islam n'en sont exempts – qui se sont accumulés peu à peu comme des scories dans la tradition chrétienne et que l'on transmet malheureusement avec le reste. Il existe un proverbe anglais que les hindous citent souvent : « Ne jetez pas le bébé avec l'eau du bain. » Jetez l'eau sale et les scories que draîne le christianisme mais ne jetez pas en même temps ce que le christianisme a transmis de précieux jusqu'à aujourd'hui et dont vous trouverez un témoignage dans les textes, l'architecture, les symboles, la liturgie quand celle-ci n'est pas dénaturée. Ce que j'appelle très respectueusement l'aspect mythique du christianisme a culminé aux XIIe et XIIIe siècles ; de nombreux détails admis par la tradition chrétienne ne figurent pas dans les Évangiles canoniques mais sont extraits des Évangiles apocryphes. A cet égard, il n'y a aucune contradiction entre l'héritage chrétien postérieur au Christ et l'enseignement donné par un homme il y a deux mille ans, en Galilée, entre le lac de Tibériade et Jérusalem.

Cet enseignement, exprimé de deux manières différentes, exotérique et ésotérique, représente toujours une tentative pour nous rejoindre jusque dans notre monde d'égoïsme et d'aveuglement et nous amener pas à pas à notre propre transformation. Il s'agit de découvrir ce royaume des cieux au-dedans de vous, cette vie éternelle, cette unité entre le Père et vous. Vous pouvez découvrir le Père au fond de vous-mêmes comme la réalité dont vous êtes issus en tant qu'êtres humains qui se ressentent comme créés, manifestés, individualisés. Pour comprendre cette relation entre le Père et le Fils, et en quoi nous sommes tous fils et filles de Dieu, vous pouvez vous inspirer de la comparaison utilisée par la plupart des écoles mystiques musulmanes autant qu'hindoues entre la vague et l'océan. Il y a une immense différence mais pas de séparation entre la vague et l'océan.

***

Le chrétien est en général convaincu de la suprématie du christianisme qui ne peut pas être mise en doute pour lui à la différence des hindous, par exemple, pour qui tous les chemins conduisent au sommet de la même montagne. Dans ma propre histoire que je partage avec vous, j'ai été très impressionné de découvrir le même fond commun au taoïsme, à l'hindouisme, au védanta, au bouddhisme, au soufisme. J'ai surtout été impressionné en rencontrant des sages vivants, Mâ Anandamayi, Ramdas, Gnanananda (le gourou du père Le Saux), tant de rimpochés tibétains sublimes, de pirs soufis inoubliables, que je n'ai pas pu ne pas en tenir compte. Je me suis trouvé dans la situation inverse du chrétien en ressentant : il n'est tout de même pas possible que le christianisme soit à ce point inférieur à l'hindouisme qui, avec le védanta, représente l'un des sommets de la pensée métaphysique, ou au bouddhisme qui possède un tel ensemble de connaissances, ou au soufisme qui produit de tels maîtres; le christianisme ne peut pas être uniquement cette religion boiteuse, tâtonnante et incomplète que l'on m'a inculquée depuis mon enfance.

Autrefois le christianisme ne produisait pas moins de saints et de sages que l'islam, le bouddhisme ou l'hindouisme; maintenant il n'en produit plus ou si peu. Et il me semblait que se boucher les yeux et les oreilles à la grandeur des traditions orientales relevait de la lâcheté pure et simple, comme ce prêtre qui m'a dit un jour : « J'ai la foi et je ne voudrais pas qu'on me l'enlève. » Ce prêtre assimilait la foi à une possession que l'on pouvait lui ôter. Cette foi ne pouvait en aucun cas être la vraie *pistis*. Ce n'était qu'une croyance. La foi n'est pas une question d'avoir mais une question d'être et personne ne peut vous enlever la vie éternelle. Croyez-vous que l'on puisse vous enlever ce qui relève de la preuve et de la vision? La phrase de ce prêtre est révélatrice du risque grave que court tout chrétien en refusant *a priori* ce qui pourrait le mettre en cause.

Lors des événements de Hongrie, ou lors du fameux printemps de Prague où les troupes russes ont tiré sur les étudiants tchécoslovaques, les réalisateurs les plus estimables de la télévision, qui étaient des membres fidèles du parti communiste français, se bouchaient les yeux et les oreilles en accusant la C.I.A. américaine pour ne pas voir les faits en face. Une telle attitude n'est pas juste. Un réalisateur de la télévision, qui fut célèbre dans sa jeunesse, a eu le courage de déchirer solennellement sa carte du parti à cause des événements de Prague. Il a perdu une sécurité idéologique mais il est indigne d'un être humain de vivre dans la sécurité idéologique au détriment de la vérité : « J'ai la foi et je ne veux surtout pas qu'on me l'enlève. »

Par contre, j'ai toujours senti la nécessité de revenir au christianisme mais en essayant d'y redécouvrir une valeur et une profondeur qui me permettent, sans compromission, de le reconnaître sinon comme supérieur aux autres religions au moins comme égal. J'ai ainsi pu vérifier que le christianisme contient lui aussi la plénitude de la science sacrée et des connaissances ésotériques. Je ne suis pas d'accord avec tant d'Occidentaux qui ont quitté la religion de leur enfance, sans en dire du mal peut-être, mais convaincus que le védanta dépassait de bien loin celle-ci. Je trouve dommage que plusieurs aient rejeté le christianisme, persuadés qu'il contenait trop d'aberrations, et se soient convertis sans avoir donné sa chance à celui-ci.

Certes, retrouver l'authenticité du christianisme n'est pas toujours une tâche aisée. Les déviations sont nombreuses, l'absence de foi que dénonçait le Christ s'est généralisée ; il ne subsiste souvent que la croyance ; la certitude et la vision ont disparu ; il n'y a plus guère de chrétiens qui possèdent la foi, au plein sens du terme. Et pourtant, tout l'enseignement retransmis dans mes précédents livres pourrait être transcrit en termes chrétiens, aussi bien l'enseignement le plus concret, le plus terre à terre que l'enseignement métaphysique.

Les tenants du védanta affirment que si les chrétiens pouvaient dépasser la dualité du Créateur et de la créature et atteindre la non-dualité, l'advaïta, le christianisme serait parachevé ; les chrétiens disent de leur côté que si les hindous pouvaient dépasser la mystique naturelle du védanta et découvrir la Trinité, l'hindouisme serait sauvé.

Je comprends que ces contradictions puissent vous troubler comme elles m'ont longtemps fait souffrir, mais ce déchirement me détournait en fin de compte de ce qui est réellement important c'est-à-dire la mise en pratique et la croissance de la foi en moi. Essayez d'être un chrétien. Être un chrétien veut dire faire grandir la foi comme le Christ nous le répète si souvent dans les Évangiles. Vous pouvez faire grandir votre certitude, vous pouvez faire grandir votre vision des choses qui sont pour vous encore invisibles à l'heure qu'il est, vous pouvez changer jusqu'à ce que vous soyez en mesure de les voir.

A quel critère reconnaîtrez-vous que vous avez bien commencé à voir les vérités invisibles? Vous commencerez d'un côté à être capables d'obéir, comme le centurion, à la volonté de Dieu et de l'autre à être capables de donner, vous, des ordres et d'être obéis, capables de *faire*, capables d'agir consciemment au lieu de réagir mécaniquement. Cette double aptitude est votre garant. Êtes-vous capables d'entendre les ordres d'un niveau supérieur qui existe en vous, ce niveau correspondant à la disparition des émotions, laquelle vous permet d'être entièrement disponibles? Et êtes-vous capables de vous situer entre ces deux niveaux comme lien entre le ciel et la terre? Entendre les ordres et donner les ordres, cela suppose un maître qui est en même temps un serviteur, sinon vous n'êtes plus qu'un dictateur en vous-mêmes : une part de vous veut faire la loi, quitte à brimer tous les autres aspects qui vous composent. Le maître, par contre, coordonne et réunifie les diverses tendances qui sont en lui et il est capable de servir lucidement une vérité supérieure à son égocentrisme.

Tant que vous serez menés par l'attraction et la répulsion, c'est-à-dire par les émotions, pourquoi discuter inutilement de points de vue théologiques? Votre manière de voir sera forcément entachée de parti pris. Faites d'abord ce que le Christ a demandé et quand vous aurez découvert le royaume des cieux, vous verrez bien quelle dualité subsiste ou non entre vous et le Père. Pour vivre vraiment cet enseignement des Évangiles, tel qu'il est décrit, je n'ai pas trouvé dans la chrétienté d'homme qui puisse me guider pas à pas en faisant la synthèse de la spiritualité et de la psychologie, en me permettant de réconcilier mes élans mystiques et mes pulsions égoïstes. Auprès du maître indien qui m'a guidé, j'ai toujours eu la conviction que c'était la grâce du Christ d'avoir rencontré ce maître, que j'allais enfin pouvoir vivre grâce à lui la culmination de la vie de chrétien et que ma rencontre avec lui était le fruit de toutes les prières que j'avais sept ans plus tôt adressées à Dieu à l'abbaye de Bellefontaine : « Je veux atteindre le véritable amour. » Ce maître, Swâmi Prajnanpad, a été pour moi – peut-être le sera-t-il aussi pour vous – une possibilité réaliste de me sentir enfin engagé au cœur même d'une spiritualité vivante et authentique. Le christianisme ne vous appelle pas à croire des dogmes mais à mourir complètement au niveau de l'homme esclave pour renaître et vivre au niveau de l'homme libre.

6

DIEU EN TANT QUE PÈRE

Certains maîtres spirituels ne s'expriment jamais en termes religieux proprement dits. C'est notamment le cas dans le védanta pur ou le bouddhisme des origines. D'autres au contraire – maîtres soufis, maîtres hindous tels que Ramdas, mystiques célèbres ou obscurs du christianisme – font intervenir la possibilité d'une relation entre nous et une réalité supérieure que nous appelons communément Dieu en français. Ce mot Dieu que nous avons abondamment entendu – quand ça n'est pas « Mon Dieu, quel malheur », qui nous échappe sans que nous sachions quel sens nous mettons dans cette formule – devrait être redécouvert comme une notion entièrement nouvelle dont on ne nous aurait jamais parlé. Et dans cette approche, qui peut être profondément juste et précieuse – je me distingue de certains Européens convertis à l'*advaïta védanta* en ce sens que je ne déprécie pas l'approche dite dualiste ou religieuse : qui oserait émettre des doutes sur la réalisation de Ramdas ou de saint Jean de la Croix? –, nous pouvons chercher avec un esprit ouvert et disponible ce qui peut nous aider à être de plus en plus comblés, de plus en plus libres, à avoir de moins en moins peur et à sentir, en fin de compte, que nous progressons réellement.

Les soufis passent avec une grande facilité de l'expression non dualiste à l'expression dualiste. Et à cet égard, j'ai été immensément inspiré par cette élite de l'islam, le soufisme, qui fait la synthèse des deux approches comme en témoignent ces paroles célèbres : « J'ai frappé à la porte, on a demandé " Qui est là ? " J'ai répondu " C'est moi "; la porte ne s'est pas ouverte. J'ai frappé une seconde fois. On a demandé à nouveau " Qui est là ? " J'ai répondu " C'est moi "; la porte ne s'est pas ouverte. J'ai encore frappé, on a demandé " Qui est là ? " J'ai répondu " C'est Toi " et la porte s'est ouverte. » La conscience d'une séparation entre Dieu et nous représente le point de départ de tout être humain identifié à son individualité. L'effacement du moi conduit à cette communion suprême dans laquelle le fidèle ne ressent plus de distinction fondamentale entre Dieu et lui ou, comme disent très souvent les soufis, entre le Bien-Aimé et lui.

Cette Réalité divine, parfaite, indestructible, qui est la source de tout cet univers et de nous-mêmes – petit fragment de cet univers – a été diversement décrite; et pourquoi voir des contradictions irréconciliables entre ces descriptions? Nous ne voyons d'incompatibilités qu'à partir de nos préjugés et si nous refusons que les points de vue des autres nous mettent en cause. Les expressions que j'ai le plus souvent entendues chez les soufis, outre « le Bien-Aimé », ou bien « *Hou* », qui veut dire « Lui », sont le Miséricordieux, le Protecteur, le Tout-Puissant, l'Ami Suprême.

Les hindous, quant à eux, parlent de Dieu aussi bien comme Mère que comme Père et considèrent que nous pouvons entrer en relation réelle avec Lui; ou bien ils se réfèrent au *brahman* ni masculin ni féminin, puisque le genre neutre, absent dans notre grammaire française, existe en sanscrit. J'ai souvent été frappé de voir avec quelle aisance la plupart des hindous, quand ils emploient le mot *God* dans une phrase, le font suivre ensuite du pronom *he*, il, ou *she*, elle ; je ne sais même pas si l'hindou est vraiment conscient qu'il utilise l'un ou l'autre pronom puisque, pour la sensibilité hindoue, Dieu est représenté aussi bien comme féminin que comme masculin et, disons-le, beaucoup plus souvent comme Mère – la Mère Divine – que comme Père.

Par contre, dans le christianisme, Dieu est présenté, nous le savons tous, comme un Père. On pourrait dire que c'est ce qui constitue l'originalité du christianisme – je n'ai pas dit pour l'instant la supériorité du christianisme. La prière la plus connue des chrétiens commence par : « Notre Père qui es aux cieux. » L'aspect maternel de Dieu, en tout cas dans le christianisme actuel, semble être éliminé. Que vous le vouliez ou non, cette conception paternelle de Dieu imprègne votre culture occidentale et par conséquent votre sensibilité personnelle. Et que vous soyez athées, voire anticléricaux, ou que vous vous considériez comme chrétiens, cette approche ne peut pas ne pas influer sur votre manière de concevoir l'homme masculin, la femme féminine, à partir du moment où la Trinité met en valeur *le* Père, *le* Fils et *le* Saint-Esprit. A l'origine du christianisme, le Saint-Esprit était présenté comme féminin (comme en hébreu), même si le genre masculin a ensuite été retenu dans les traductions. L'Évangile aux Hébreux (apocryphe) rapporte cette parole de Jésus : « Ma Mère, l'Esprit. » Il y a eu également dans les premiers siècles une tentative pour donner une place importante à *sophia*, la sagesse, élément féminin, mais notion peut-être trop austère pour le peuple chrétien, et c'est pourquoi la présence féminine dans la religion chrétienne a été incarnée par Marie, « Mère de Dieu », rôle que la Réforme protestante a récusé.

Dans le christianisme, non seulement le Christ est considéré comme Fils de Dieu mais – et c'est un élément qui ne doit pas être oublié – tous les êtres humains sont appelés à reconnaître en eux cette filiation. « Dieu a tant aimé le monde qu'il a donné pour lui son Fils unique [1] » proclame l'Évangile de saint Jean et si ce fils unique a enseigné aux hommes à commencer leur prière par « *Notre* Père » ou s'il leur a dit : « Quand vous priez *votre* Père, faites-le dans le silence », c'est bien que Dieu n'est pas seulement le Père du Christ, incarné humainement comme Jésus de Nazareth, mais notre Père à tous.

On attribue parfois cette parole à saint Augustin : « Dieu s'est fait homme pour que l'homme puisse se faire Dieu. » Mais cette affirmation se trouve déjà chez Clément d'Alexandrie, Grégoire de Naziance, Grégoire de Nysse, Maxime le Confesseur. Cette déification possible de l'homme, le plus souvent occultée dans le christianisme occidental, est demeurée vivante dans la tradition de l'Église orthodoxe d'Orient jusqu'à aujourd'hui. Un des mérites de l'Église orthodoxe est d'avoir plus largement diffusé dans la masse des fidèles l'aspect intérieur du christianisme que ne l'a fait le catholicisme. Dans celui-ci, la dimension spirituelle a été bien sûr magnifiquement transmise par les Pères de l'Église (lesquels ayant vécu avant le schisme appartiennent autant à l'Église orthodoxe qu'à l'Église catholique) mais l'aspect mystique est resté réservé à saint Jean de la Croix, sainte Thérèse d'Avila, saint Bernard de Clairvaux et aux monastères. Dans l'ensemble, le catholique ou le protestant pressent moins que l'orthodoxe qu'il est, lui aussi, appelé à cette vie transcendante dès ici-bas.

Cette déification sur laquelle a insisté la mystique byzantine, c'est avant tout vivre et ressentir la filiation avec le Père. « Père » signifie d'abord géniteur, procréa-

1. Jean 3, 16.

teur. C'est sa première fonction. Avant d'élever l'enfant, de s'en occuper, de l'emmener au cinéma, de le consoler quand il est triste et de lui faire découvrir le vaste monde, le père a fécondé un ovule avec un spermatozoïde. Le bon sens et la vérité nous le disent. Comment pouvons-nous appliquer cette fonction de procréateur et de géniteur au « père » céleste ? Si vous voyez le nombre de fois, dans les Évangiles, où il est question de naissance – nouvelle naissance, naître à nouveau, renaître d'esprit et d'eau – vous pouvez considérer que ce Père doit avoir quelque chose à faire avec cette nouvelle naissance. La première procréation nous est donnée par le père qui est sur terre et la deuxième, conduisant à la naissance intérieure, la naissance de l'homme nouveau, nous est donnée par le Père qui est aux cieux.

Normalement, il n'y a pas de distinction fondamentale entre un père et un fils. Le fils d'un père lion est un lion lui-même et le fils d'un père homme est également un homme. Comme le dit Maître Eckhart : « Le Père est ce qu'est le fils. La paternité est la même chose que la filiation. Vous ne pouvez être enfant de Dieu sans avoir l'être de Dieu. » Mais ce mot père est celui que nous employons pour désigner notre papa en chair et en os dans cette existence-ci et, pour la plupart d'entre nous, il reste associé à des peurs, à des blessures d'enfant, à des déceptions et n'a pas en nous un écho totalement heureux. Je me suis rendu compte combien cette constatation à la fois simple et évidente pouvait interférer avec notre conception de Dieu si nous avons été éduqués religieusement et conservons un certain sentiment religieux.

Vous le savez, le maître bengali qui m'a concrètement guidé, Swâmi Prajnanpad, ne faisait aucune place à la dévotion et à l'attitude dualiste. Il s'appuyait sur le védanta des Upanishads, tout en ayant une réelle connaissance du bouddhisme et il a sans pitié détruit à mes propres yeux ce que l'on pourrait appeler non pas la religion, mais *ma* religion, mêlée d'émotion et d'infantilisme, de même qu'il a sans pitié détruit ma vénération pour Mâ Anandamayi, célèbre sage bengali du XXe siècle qui représentait tellement pour moi, parce que cette ferveur était tout aussi teintée de subjectivité.

Et puis, très tard, au cours de l'avant-dernier séjour que j'ai fait auprès de lui, il me pose soudain cette question à laquelle je ne m'attendais pas : « Qu'a dit avant tout "*your Jesus Christ*", votre Jésus-Christ ? Qu'est-ce qui constitue l'originalité du christianisme ? » La réponse qui m'est alors venue à l'esprit est encore celle que je considère juste aujourd'hui : l'originalité de Jésus-Christ, c'est d'avoir présenté Dieu comme Père. Et en disant ces mots, j'étais encore imprégné des difficultés, des souffrances, des peurs qui avaient entravé mes rapports avec mon propre père dont je ne veux pas faire un bourreau ou un monstre mais qui avait été pour moi cause de grandes blessures même si, à d'autres égards, il était considéré comme un homme très remarquable « dont j'avais bien de la chance d'être le fils ».

Mais entre-temps, pendant des années, Swâmi Prajnanpad avait essayé de me montrer la grandeur de la fonction de père et c'est un thème, en tant que papa d'une petite fille et d'un petit garçon, auquel j'avais été très sensible : j'avais vraiment envie d'être un père, même si je m'étais heurté à plusieurs reprises à mon égoïsme et à mes intérêts personnels qui n'allaient pas forcément dans le sens de ceux de mes enfants, notamment à une époque intense et conflictuelle où j'avais envisagé de divorcer. J'avais pu prendre conscience à la fois de la beauté et de la gravité, parfois de l'extrême difficulté de ce rôle de père, mais à travers tout ce que ce maître m'en avait fait pressentir et à travers ce que j'avais tenté auprès de mes enfants avec plus ou moins de succès, le mot « père » avait acquis une très grande dimension à mes yeux. En moi coexistaient donc deux mots « père », l'un désignait le père qui m'avait mis au monde et éduqué et réveillait à lui seul bien des souffrances, l'autre évoquait ma tentative pour être un père envers mes propres enfants et revêtait pour moi un sens heureux et lumineux. Je ne sais pas dans quelle mesure une femme à qui ce maître aurait montré la beauté du rôle de mère aurait pu ressentir comme moi la valeur merveilleuse de ce mot père. Toute femme connaît le père à travers son papa. Toute femme ne connaît pas le père à travers sa tentative à elle d'être un père. Je porte donc mon témoignage personnel.

En un entretien, j'ai soudain compris l'importance de ce que je découvrais. L'originalité du Christ est d'avoir présenté Dieu comme père. « Qu'est-ce qu'un père, Arnaud ? » m'a demandé ce sage. En face de lui j'ai senti monter la réponse en moi avec son intensité, le fait d'être un père incluait tout ce que j'avais compris peu à peu : c'est quelqu'un qui n'a que de l'amour pour son fils ou pour sa fille, qui le comprend au lieu de le juger, dont l'amour ne vacille pas même si l'enfant devient odieux. Mon « gourou » m'a alors demandé : « Avez-vous déjà vu un père digne de ce nom qui souhaite maintenir son fils dans un statut inférieur au sien ? » Non, un père digne de ce nom n'a qu'un but, c'est que son fils puisse l'égaler et si possible le dépasser ; il veut donner à son fils ce qu'il possède, lui léguer sa propriété s'il en a une, lui apprendre le métier qu'il exerce. En effet, une des caractéristiques d'un vrai père – parce que si nous prenons comme référence un père dénaturé ou névrosé, cela remet en cause l'intégralité de la notion de père des Évangiles – c'est de chercher à faire de son fils son égal et pas de le maintenir à tout jamais dans l'infériorité.

Bref, au cours d'un simple entretien avec un sage hindou, le mot « Père », appliqué à Dieu, a changé complètement de résonance affective pour moi et son contenu profond a ainsi pu se révéler. Il n'a plus du tout évoqué les difficultés, conscientes ou enfouies dans l'inconscient, mais l'émerveillement qui avait grandi en moi, année après année, devant la beauté du rôle de père que mon maître me proposait. Swâmi Prajnanpad, qui à certains égards avait été pendant huit ou neuf ans un pourfendeur du christianisme, a changé, en quelques phrases, ma compréhension de la religion de mon enfance. En un sens, Swâmiji m'a rendu chrétien en me faisant réaliser que je ne l'avais jamais été, parce que je n'avais jamais compris ni ressenti la grandeur et la valeur de ce mot « Père » appliqué à Dieu.

Nous adoptons certains dogmes par imitation, par peur de la condamnation, mais il y a aussi la foi qui nous anime, qui ne nous lâche jamais, quelles que soient les épreuves que nous traversons, et qui définitivement nous porte et transforme notre vie. A partir de là, il m'a été facile de faire la synthèse entre le christianisme et tout ce que j'avais ressenti de lumineux et de convaincant dans l'approche dualiste de Ramdas, qui parlait de Ram avec un tel amour, ou dans celle des soufis dont on sent la relation d'intimité avec Dieu chaque fois qu'ils L'évoquent. Pour les soufis, le Khalife Ali, le gendre du prophète, est dénommé en persan *shah-e-awlia*, le Roi des amis de Dieu. Qu'on l'appelle le Père, la Mère, l'Ami, le Bien-Aimé, l'essentiel est que le nom même de Ram, d'Allah, de Dieu fasse immédiatement vibrer en nous la confiance, la joie et l'amour mais surtout pas la peur, la condamnation et la culpabilité. L'interférence de la relation avec le père humain dans ma compréhension du mot Père associé à Dieu avait non seulement faussé les choses mais fait de mon christianisme une religion qui ne pouvait que me mettre en conflit avec moi-même. N'est-il pas paradoxal que le mot « Évangile » signifie « bonne nouvelle » et qu'au lieu de nous apparaître comme tel nous en arrivions à sentir le message du Christ comme une série de reproches, de menaces, d'exigences impossibles à remplir, qui nous divisent contre nous-mêmes créant parfois des clivages psychologiques dont nous nous serions bien passé.

Le christianisme n'a de valeur que s'il s'adresse intégralement, totalement, *à vous tels que vous êtes – et non pas tels que vous devriez être.* Sinon il perd son sens. Quel intérêt présente la médecine si l'on demande d'emblée aux malades d'être déjà guéris? La religion n'a de raison d'être que si elle se révèle la meilleure de toutes les nouvelles possibles, supérieure aux « bonnes nouvelles » existentielles : être riche, voyager, avoir un métier passionnant et même rencontrer le grand amour de sa vie.

***

Dans les premiers siècles de notre ère, le vocable « père » avait une tout autre résonance qu'aujourd'hui, car la fonction de père revêtait aux yeux de tous une dignité et une noblesse qu'elle a perdues; et j'en viens à me demander si l'utilisation de ce mot, qu'on ne peut pourtant pas changer, correspond toujours – même en mettant de côté nos blessures individuelles – au contexte socio-culturel actuel et à la sensibilité qui est la nôtre. Il ne faut pas non plus oublier que ce mot Père tel que l'a utilisé le Christ – il s'agit de la traduction du terme araméen *abba* qui est conservé tel quel dans le texte – signifie vraiment papa. Un prédicateur influent, le père Varillon, disait qu'on devrait aller jusqu'à traduire « mon petit papa chéri ». Si vous avez reçu une éducation religieuse, vous connaissez la parole « cet esprit d'adoption qui nous fait dire *abba*, père », autrement dit, cet esprit d'adoption qui nous fait dire « mon papa ». Certains chrétiens – mais ils sont peu nombreux – ont cette foi d'enfant et oseraient dire mon papa chéri. Mais il faut bien reconnaître que la plupart des chrétiens ne conçoivent nullement ainsi le Père qui est aux Cieux.

Personnellement, je n'avais pas envie de traiter aussi affectueusement mon propre père, je n'étais pas assez détendu, comblé, rassuré ; à partir de là, c'est le christianisme même qui est dénaturé. Une véritable relation de père à enfant n'est faite que d'amour pour celui-ci, un amour infini incluant le respect, la patience envers lui et la mise en œuvre d'une grande habileté pour l'aider, tel qu'il est, à prendre confiance en lui, à s'épanouir et à devenir pleinement adulte. Et lorsque j'ai compris, non pas avec l'intellect mais avec l'intelligence du cœur, ce qu'est véritablement un père et qu'on peut considérer Dieu comme réalisant la perfection de cette fonction de paternité, j'ai alors senti que toute ma relation à Dieu se transformait. Si l'arrière-plan de peur ou de crainte envers Dieu a disparu, il ne subsiste que l'élément d'amour et d'espérance qui nous établit dans une joie que rien ne peut altérer. Et si vous voulez bien approfondir cette approche, elle peut vous conduire quelque part.

Par exemple, on nous a enseigné que Dieu était tout-puissant mais on ne nous a pas dit qu'il était aussi suprêmement intelligent et habile. Malheureusement peu de pères humains, à cause de l'inconscient et des émotions, se comportent intelligemment avec leurs propres enfants. Trop souvent, ils accumulent les erreurs. Ils ne sentent pas « je suis son père » mais « c'est mon fils » et mon fils devrait être comme ci, devrait être comme ça. Nos pères ont eu à notre égard une attente, une demande. Étant trop impliqués, ils ont été incapables de neutralité. Un psychothérapeute digne de ce nom, tout humain qu'il soit, nous accepte tels que nous sommes et non pas tels que nous devrions être et il est là pour nous aider à dissiper notre agressivité, nos complexes, nos conflits et nous permettre de nous épanouir. C'est encore plus vrai d'un gourou qui nous aime d'un amour inébranlable et inconditionnel fondé sur le sentiment de communion et qui ne nous demandera jamais l'impossible. Nous pouvons faire ce crédit à Dieu, si nous le considérons comme une personne, d'être au moins aussi neutre, aussi exempt de projections que le meilleur des thérapeutes ou le plus grand des gourous, même si cette manière de voir est étrangère à la sensibilité du chrétien moyen. Comment Dieu, considéré comme un Père, pourrait-il être aussi malhabile avec nous, aussi injuste, aussi mauvais psychologue que le sont certains pères humains?

A ce sujet, je tiens à redire, puisque le souvenir latent de la paternité humaine se mêle à notre tentative de sentir la paternité divine, qu'en hébreu les Dix Commandements donnés à Moïse dans l'Ancien Testament ne sont pas à l'impératif présent mais au futur. La Bible française a d'ailleurs respecté le texte original en ne traduisant pas « honore ton père et ta mère » mais « tu honoreras ton père et ta mère ». Par contre, beaucoup des commandements de nos parents nous ont été donnés à l'impératif. A un enfant qui est incapable de se tenir droit, que ce soit pour des raisons psychologiques ou physiologiques, on ordonne « tiens-toi droit ». Il se redresse alors en se cambrant exagérément et, cinq minutes après, la mauvaise position à laquelle son corps est habitué reprend le dessus. Donner les commandements à l'indicatif présent, c'est – je pèse le terme parce qu'il est fort – le crime de la pédagogie. Toute éducation, au sens étymologique du mot, consiste à « conduire hors » d'un certain état, il s'agit donc d'une évolution dans le temps, d'une marche en avant progressive.

Pouvez-vous admettre une religion dans laquelle Dieu serait plein d'amour mais foncièrement inintelligent, réitérant les mêmes erreurs qu'un père humain : « tu dois être autre que tu n'es » ? Peut-être que demain, dans six mois ou dans un an je serai différent, mais juste à l'instant, même si je me redresse artificiellement pendant quelques secondes, je ne peux pas à volonté changer mon être ; c'est un processus de transformation. Donc si vous voulez comprendre quoi que ce soit à la voie religieuse en général et à la voie chrétienne en particulier, il faut extirper non seulement de votre esprit mais, ce qui sera plus difficile, de votre inconscient, toute une série de mauvais souvenirs et de conceptions erronées et vous convaincre que vous n'avez rien à redouter de Dieu.

Malheureusement, bien des chrétiens ont peur de Dieu. Une certaine crainte de Dieu est certes justifiée : sous prétexte qu'Il est tout amour, il ne s'agit quand même pas de se moquer de Lui ; il ne faudrait pas que nous nous croyions tout permis. La crainte dont je parle – j'emploie ce mot parce qu'il faut en employer un – est un sentiment qui ne relève pas de la peur mais plutôt de la gravité : si j'avais un père humain qui soit vraiment un père, est-ce que je considérerais que je peux tout me permettre en face de lui parce qu'il m'aime ? Vient un moment où même le père qui a le plus d'amour va dire non, où le gourou va se montrer ferme. On ne peut pas prendre le nom de Dieu en vain, on ne peut pas tricher, on ne peut pas traiter Dieu à la légère ni le duper. Une décence, une dignité nous sont demandées, nous sentons que nous ne pouvons pas nous comporter n'importe comment, que nous avons notre rôle à jouer et que quelque chose nous incombe en face de Dieu. Mais cette crainte légitime n'a rien à voir avec la peur.

Je maintiens que cette peur – facilement détectable si l'on regarde profondément dans son propre cœur et sur laquelle aussi bien les maîtres spirituels que les psychologues attirent notre attention – interfère, même chez un théologien, dans notre relation avec Dieu. Bénis sont les chrétiens peu nombreux dont le sentiment de Dieu est exempt de toute peur et s'enracine dans la confiance. L'essentiel, c'est le pardon, la miséricorde qui relève du véritable amour paternel et sur lequel le Christ insistait afin de nous faire comprendre quelle peut être notre relation avec la réalité ultime considérée sous la forme d'une Personne. Ce point de vue ne s'adresse pas à notre intelligence, il ne s'agit plus seulement d'un dogme qui établit ce que l'on doit rejeter comme hérétique et accepter comme orthodoxe mais d'un sentiment intime, chaleureux qui, lui, éclairera vraiment notre existence.

Swâmi Prajnanpad se montrait très exigeant en ce qui concerne la fonction paternelle. « Il n'y a pas de bon père ou de mauvais père : ou un homme est un père ou il n'est pas un père » affirmait-il. Croyez-vous que si un enfant s'est trompé, un père digne de ce nom va se contenter de l'accabler ? Un *père* viendra immédiatement à son secours. Et croyez-vous que, si tel ou tel accomplissement est vraiment nécessaire à l'enfant pour s'épanouir, un père le lui interdira ? Non. Ou encore représentez-vous la plus haute et la plus juste idée que vous puissiez vous faire du plus parfait des gourous et attribuez au moins cette perfection à Dieu lui-même, cette perfection supposant intelligence et habileté pour vous aider à progresser au lieu de vous accabler et de vous mettre de plus en plus en conflit avec vous-même. L'impression d'indignité « je devrais être autre que je ne suis » est destructrice, destructrice de la religion et destructrice de vous-même. Je suis ce que je suis ; tel que je suis, je ne suis pas heureux, j'ai encore des inquiétudes, l'avenir me paraît menaçant et je voudrais bien passer à une autre condition – ou à une absence de condition – lumineuse. J'essaie et mon Père est là afin de m'aider à atteindre son niveau de perfection.

Que peut bien signifier, dans ce contexte, la célèbre parole du Christ : « Soyez parfaits comme votre Père céleste est parfait » ? De quelle perfection s'agit-il, compte tenu de mes limitations physiques, intellectuelles, artistiques ? Un point au moins nous est tout de suite accessible : s'il est affirmé tout au long des Évangiles que Dieu est Amour, plus je me rapproche, moi, de l'amour, plus je me rapproche de cette perfection. Est-ce que mon amour est suffisamment parfait ? Non. Je peux le parfaire chaque jour un peu plus. Le fait de rechercher cette perfection n'entraînera ni querelles théologiques, ni guerres de religion.

Si nous considérons un autre attribut de Dieu qu'il est convenu d'appeler la toute-puissance, en quoi Dieu est-il à la fois tout-puissant et plein d'amour s'il ne met pas un terme à toutes les tragédies, au cynisme généralisé, aux meurtres, à la torture, aux cruautés de toutes sortes qui sont perpétrées à la surface de la planète ? Ou il n'est pas tout-puissant ou il n'est pas plein d'amour, c'est l'un ou l'autre. Chaque être humain a posé cette question avec plus ou moins de désespoir, d'indignation ou d'ironie. Je reviendrai longuement sur ce thème dans le chapitre « Prenez courage, j'ai vaincu le monde ».

Considérons pour l'instant que « tout-puissant » signifie en fait que rien n'est plus puissant que Dieu, rien n'a pouvoir sur lui, et si vous découvrez Dieu en vous, vous verrez *que rien dans votre vie n'est plus puissant que Dieu en vous*. Donc rien – aucun danger et même aucune erreur que vous ayez pu faire – n'a pouvoir sur cette réalité intérieure. Et vous connaîtrez vous-même cette impression de toute-puissance, ce qui ne veut pas dire que vous pourrez plier les événements à vos volontés. Vous ne pouvez même pas être tout-puissant, en ce sens-là, sur votre chien : vous l'appelez, il s'en va ! Mais vous pouvez être tout-puissant en ceci qu'aucune circonstance n'a vraiment prise sur vous, ne peut vous blesser, vous enlever l'espérance, la foi, la paix. Vous ne risquez rien, vous n'avez peur de rien, les événements peuvent agresser votre âme, meurtrir votre corps, mais sur la profondeur de vous-même, aucune situation n'a vraiment pouvoir : vous vous découvrez invulnérable. Et si vous pouvez atteindre un amour inconditionnel aussi grand pour ceux qui ne vous aiment pas que pour ceux qui vous aiment, pour ceux qui vous accablent de critiques que pour ceux qui vous admirent, vous devenez parfait comme votre Père céleste est parfait, même si vous êtes par ailleurs maladroit dans vos gestes, incapable de réussir un problème de mathématiques, limité dans vos compétences ou inapte aux langues étrangères.

Jusqu'à aujourd'hui l'Église orthodoxe a particulièrement maintenu la distinction et la réconciliation de la nature divine et de la nature humaine dans l'homme. Ce n'est pas notre nature humaine qui peut être parfaite comme notre Père céleste est parfait ; cette perfection illusoire, dont rêve l'ego tant elle serait flatteuse pour lui, ne se produira jamais. Il s'agit d'une autre perfection dans laquelle le moi n'intervient plus : la perfection de notre nature divine faite à la fois de cette autonomie intérieure, synonyme de sécurité absolue, et de cet amour sans limites. Ce qui domine toujours, chez le sage, le mystique ou le contemplatif, c'est cette confiance, cette absence totale de peur, cette sérénité dans les pires vicissitudes, cette joie, cet amour. Et tant que vous êtes encore susceptible de recevoir des chocs, d'être blessé, tant que vous êtes encore en chemin, ce sentiment de confiance en Dieu doit s'enraciner en vous sous peine que votre religion ne soit plus qu'idées toutes faites. Si peu à peu votre cœur entend le sens nouveau que contient ce mot père spécifique au christianisme et s'il y répond, vous verrez combien vous vous sentirez intimement concerné et comme votre sentiment religieux deviendra intense et vivant.

***

Il nous est plus naturel, en tant que bébé ou petit enfant, d'espérer tout de maman. Le bébé qui a mal et qui pleure s'attend plus à ce que ce soit maman que papa qui vienne et un tout petit enfant se jettera plus facilement dans les jupes de sa maman que dans les bras de son papa. Pourtant, nous pouvons admettre qu'un père parfait réconcilie en lui, comme il a souvent été dit, les valeurs masculines et les valeurs féminines, qu'il peut être à la fois une mère et un père – de même qu'une mère parfaite peut être à la fois une mère et un père, si elle atteint la plénitude de son rôle. Un père doit être capable de l'écoute, de l'ouverture, de l'accueil, de la tendresse que l'on considère généralement comme l'apanage de la femme, et pas seulement de l'affirmation, de l'intervention sur le monde, de la force que l'on attribue à l'homme. En principe, même si c'est plutôt la mère qui tient le bébé contre son sein, un vrai père prend aussi son enfant dans les bras et le porte. Dans le mot père, *abba* pour les chrétiens, le mot mère est inclus avec tout son contenu de tendresse et de douceur. On retrouve d'ailleurs un témoignage de cette approche dans l'Apocryphe de Jean : « Il me dit : " Jean, Jean, pourquoi doutes-tu, et pourquoi as-tu peur? Je suis celui qui est toujours avec toi, je suis le Père; je suis la Mère; je suis le Fils " [1]. » Si cette compréhension plus vaste de la paternité grandit en vous, vous comprendrez pourquoi le Christ s'est contenté

1. Écrit gnostique apocryphe de Jean, B21,13-22,16 (Codex de Berlin, Éditions du Cerf, 1984).

du mot Père, sans insister, comme le font les hindous, sur l'aspect maternel de Dieu, parce que cet aspect était et devrait être inclus « d'office » dans la paternité.

On raconte une magnifique histoire : un homme ayant connu beaucoup d'épreuves dans sa vie se retourne sur son passé pour voir le chemin qu'il a parcouru. Examinant les empreintes que ses pas ont laissées dans le sable, il se plaint à Dieu : « Tu n'as pas tenu ta promesse, tu m'avais promis de marcher toujours à mes côtés et je vois qu'aux moments les plus difficiles de mon existence il n'y a plus qu'une seule trace de pas dans le sable. » Et Dieu répond : « Il n'y a plus qu'une seule trace de pas parce que, dans les moments difficiles, je ne te laissais plus marcher près de moi, je te portais moi-même dans mes bras. » Le soutien que nous pouvons ressentir de la part de Dieu ne relève pas des émotions infantiles de celui qui crie « au secours » en quête du père qu'il n'a jamais eu. Elle correspond à la découverte de l'origine divine qui est la nôtre. Nombreuses sont les critiques – psychanalytiques entre autres – qui ont assimilé cette paternité de Dieu à la recherche nostalgique et désespérée du père qui nous a fait défaut dans notre enfance parce qu'il a été trop absent ou nous a déçus. Ce dont je parle aujourd'hui, c'est d'une expérience qui peut conduire à la certitude de la réalité suprême, envisagée en tant que Père, prête à nous prendre dans ses bras. Vous ne pouvez pas être complètement à l'aise dans la voie chrétienne si vous ne sentez pas que ce Père révélé par le Christ est en même temps une Mère, même si cela n'est pas dit explicitement. Entendue de cette manière, notre filiation est uniquement une bonne nouvelle qui suscite en nous la confiance, une confiance absolue. Je voudrais redire ici la parole de Mâ Anandamayi qui illustre parfaitement cette espérance que nous pouvons mettre en Dieu : « Le petit enfant qui s'est barbouillé de ses excréments n'attend pas d'être bien propre pour appeler sa maman. En toute confiance il appelle " maman, maman ! " La maman vient, le nettoie elle-même pour le serrer ensuite bien propre contre son cœur. »

La plupart des enfants n'oseraient jamais se montrer lamentables à leur papa, ils auraient bien trop peur d'être grondés. Pour moi, il était cruel de me présenter devant mon père tel que j'étais : agité, distrait, jaloux de mon petit frère et parfois même devenu méchant à force de me débattre dans mes propres souffrances d'enfant. Comment aurais-je pu avouer à mon père : « J'ai frappé un camarade à l'école, je me sens violent et agressif, j'ai été sévèrement réprimandé par la maîtresse, j'ai plusieurs mauvaises notes mais j'arrive plein de confiance : prends-moi dans tes bras ! » Tout ce que je pouvais faire, c'était de tenter vainement d'être tout de suite autre que je n'étais ou de m'enfermer dans ma solitude et mon humiliation. Dans ces conditions, il n'y a plus de progression, il n'y a plus que la peur. N'ayant pas connu, pour la plupart, un rapport simple et direct avec votre père physique – peut-être même pas avec votre mère – comment pourriez-vous éprouver d'emblée un tel sentiment d'amour et de confiance envers Celui qui vous est présenté comme le recours ultime et le seul point d'appui qui ne vous trahira jamais, quoi qu'il arrive ? Malgré toute votre bonne volonté, cela vous paraît inimaginable. Et que devient alors la religion si ce n'est un amalgame d'opinions et de formulations qui ne correspondent pour vous à aucune expérience vécue et ne peuvent donc vous être d'aucune aide ?

Pourtant, et c'est encore plus important à entendre, il n'y a jamais de conditions non seulement extérieures mais intérieures qui puissent vous couper de Dieu. Vous pouvez vous en séparer vous-mêmes en Lui tournant le dos, en vous bouchant les oreilles, en fuyant encore plus loin de Lui mais c'est votre erreur. Aussi abjects que vous vous sentiez, rien, rien – c'est inconditionnel et absolu – ne peut vous exiler de Dieu. La vie religieuse commence le jour où naît en vous la conviction que vous pouvez vous jeter dans les bras de Dieu tels que vous êtes. J'ai encore fait une sottise, j'appelle papa, tel que je suis. Si vous choisissez cette attitude révolutionnaire – au lieu de continuer à aller tout droit vers le nord, faites demi-tour et dirigez-vous vers le sud – votre existence va s'en trouver illuminée. « Oh! mais mon appel n'est pas désintéressé »; eh non, votre appel n'est pas désintéressé; « mais je sais bien que je recommencerai »; oui, vous savez bien que vous recommencerez.

Et pourtant, tel que je suis, j'appelle papa avec une totale confiance, une vraie sincérité, un véritable amour. La confiance, la sincérité et l'amour doivent être purs sinon vous serez inévitablement déçus. La pureté ne consiste pas à être désintéressé – cela vous est impossible au départ de la voie – elle consiste à ne pas nier votre vérité, à oser être vous-mêmes en face de Dieu. Vous ne pouvez rien truquer avec Dieu, vous ne pouvez pas faire semblant d'être autres que vous n'êtes, vous ne pouvez pas tricher. Dieu sonde les cœurs et les reins. Vous ne pouvez qu'être complètement vrais. Complètement vrai, tel que je suis mais avec une confiance et un amour d'enfant qui sait qu'il ne sera pas rejeté, j'appelle.

Tout petit, mon fils avait une très bonne relation avec moi et il lui arrivait, quand il s'était mis en difficulté en désobéissant à sa mère, de m'appeler plutôt que d'avoir recours à sa maman. J'ai donc bien vu que cet aspect d'accueil et de pardon pouvait également faire partie du rôle du père. Sa mère lui avait demandé un jour de ne pas marcher sur une planche vermoulue au-dessus d'un bassin. Il n'en a pas tenu compte, la planche s'est cassée et il est tombé dans l'eau; quand il est revenu tout ruisselant, il est venu directement me voir en me demandant : « Qu'est-ce que je fais? J'ai fait une sottise, je suis tout mouillé. » « Ne t'inquiète pas, allez, on va changer tes vêtements, voilà. » Si moi, un homme, je suis capable de ce comportement tout simple avec mon propre fils, est-ce que le Père que nous présente Jésus-Christ n'en sera pas capable? Encore faut-il que le cœur l'ait vraiment senti et en soit convaincu.

Quelle que soit la faute que vous ayez commise, le recours à ce Père vous demeure possible, vous pouvez toujours vous présenter à lui, ouvrir votre cœur, demander son aide et la réponse viendra. Parfois, c'est la difficulté concrète, matérielle, dans laquelle vous étiez plongés qui se dénoue quelque peu. Votre situation paraissait sans issue et voici qu'une solution se dessine soudain à laquelle vous n'aviez pas songé. Même si rien n'était justifié dans cette conception théologique de la paternité d'un Dieu personnel, tout se passe comme si c'était vrai, à condition que vous soyez réconciliés avec votre imperfection actuelle et unifiés dans votre élan pour faire appel à Dieu. Chaque fois que votre élan d'amour et de confiance sera parfait, la réponse viendra, une modification se produira dans votre situation sans que vous ayez rien fait pour cela. Par le non-agir, fondé sur un réel lâcher-prise intérieur, les événements changent, le fardeau s'allège. Par exemple, une personne reçoit une lettre de menaces implacables et décide, au lieu d'y répondre, de tout offrir à Dieu ; et sans qu'elle ait levé le petit doigt, si ce n'est ce geste intérieur d'abandon confiant, elle reçoit quelques jours après une seconde lettre : « Je vous prie de m'excuser de vous avoir écrit comme je l'ai fait la semaine dernière, ne m'en veuillez pas, je retire l'essentiel. Le litige sera facilement résolu et n'entraînera pas les conséquences que je laissais entendre. »

Je précise une fois de plus, pour dissiper à l'avance un

malentendu que je vois sans cesse ressurgir, que cette approche n'empêche pas l'action dans le relatif selon votre compréhension du moment. Je tente simplement de souligner aujourd'hui que plus vous aurez de foi dans ce Père qui a aussi tous les sentiments d'une Mère, plus vous constaterez les miracles qu'opère un changement d'attitude intérieure face à vos problèmes. Relisez les Évangiles et vous verrez combien le Christ recommande la confiance en ce Père qui prend soin de nous : « Regardez les oiseaux du ciel, car ils ne sèment pas, ils ne moissonnent pas et ils n'amassent pas dans des greniers, et votre Père céleste les nourrit. Vous, ne valez-vous pas plus qu'eux ? [1] » De toute façon, vous vérifierez que votre foi en Dieu illumine vos souffrances et procure une consolation qui n'est pas indigne de votre honneur d'adultes. Vous connaîtrez la paix au sein même de vos difficultés et quand bien même certaines épreuves ne vous seraient pas enlevées, vous sentirez un tel réconfort, une telle solidité intime, que vous pourrez y faire face. Vous vous sentirez protégés par Dieu au point d'éprouver « cette paix qui dépasse toute compréhension » dont parle saint Paul.

C'est précisément parce qu'à travers les siècles il y a toujours eu des chrétiens pour témoigner de cette expérience que le christianisme a subsisté comme une flamme qui ne s'éteint pas; sinon il ne reste plus qu'un mode d'emploi sans vie. Il est impossible de prouver ce que je dis là, et cette manière de s'exprimer pourra toujours être mise en cause au plan rationnel; je ne peux pas vous le démontrer comme un professeur de physique reproduit une expérience sous vos yeux. Et pourtant vous pouvez non seulement découvrir la validité de cette affirmation selon laquelle il existe bien une Providence divine mais vérifier son pouvoir transformateur sur vos existences.

1. Matthieu, 6, 26.

Il est normal qu'un enfant orphelin et sans recours vive dans la peur parce qu'il est seul et impuissant. A la moindre difficulté, il s'affole. Mais un être religieux ne peut plus avoir peur parce qu'il se sent reconnu, aimé intérieurement, comme l'enfant protégé par son père ou sa mère ne peut plus rien craindre. Au moment même où la peur est prête à vous submerger, si vous vous souvenez que ce Père est en vous comme en dehors de vous, l'émotion perd son pouvoir et se dissipe. Vous vous tournez vers Lui, dans une chapelle, un oratoire, une église – ou n'importe où car ce n'est pas uniquement dans les temples que cette rencontre intérieure peut avoir lieu. Un élan de confiance vous pousse vers Dieu : je ne suis pas seul, Dieu est un père et une mère pour moi, Dieu veut mon bien, toujours, Dieu n'a qu'une idée, c'est de me sauver et non pas de m'accabler. La relation avec Dieu peut être simple, confiante, aisée. Notre psychisme est compliqué, les situations dans lesquelles nous nous empêtrons semblent parfois inextricables mais cet appel intérieur envers le Père est un élan du cœur sans aucune complexité.

Dans les Évangiles, il nous est dit de prier longtemps, avec insistance et sans nous décourager si la réponse ne vient pas immédiatement. Souvenez-vous de la veuve qui importune tellement le juge que, pour finir, il lui fait justice. Et le Christ conclut cette parabole en posant la question : « Et Dieu ne ferait pas justice à ses élus qui crient vers lui jour et nuit ? » Les hindous, eux, insistent sur l'intensité que nous devons mettre dans notre demande et ils emploient facilement cette image : si un petit enfant, dans la pièce à côté de celle où se trouve sa mère, appelle doucement « maman » et que la mère est en pleine activité, elle répond « oui, oui, oui » tout en continuant sa tâche ; mais que l'enfant vienne tout à coup à hurler « maman ! », immédiatement la mère laisse tout tomber et se précipite vers lui. Les hindous disent que si Dieu ne se manifeste pas, c'est parce que nous n'avons pas appelé avec assez de force. Si vous pouviez être concentrés dans votre demande avec un sentiment d'urgence et de gravité, celle-ci atteindrait un tel degré d'intensité que la réponse viendrait, vous donnant dans l'immédiat l'assurance d'avoir été entendus. A partir de là, vous seriez en paix. Ensuite il faudra bien sûr du temps et de la patience pour dénouer certaines situations, cicatriser d'anciennes blessures, résoudre peu à peu vos difficultés existentielles, mais cela se fera dans un climat de réconciliation et sur un fond de certitude : je sens au moins que j'ai été entendu. Cette idée, je l'ai beaucoup entendu exprimer en Inde, par Ramdas notamment mais aussi par bien d'autres maîtres moins connus.

***

Ici intervient une donnée capitale, un peu plus difficile à mettre en pratique qu'un conseil uniquement technique, c'est l'élément de foi, qui, effectivement, l'expérience le montre, se révèle décisif. « Si vous avez de la foi gros comme une graine de moutarde, vous direz à cette montagne : “ Transporte-toi d'ici jusque là-bas ” et elle se transportera ; rien ne vous sera impossible. » Est-ce que je crois cette affirmation ? Suis-je vraiment certain, au moment où j'appelle Dieu, qu'il va répondre ? C'est un point délicat qui peut tourner au cercle vicieux : je n'arrive pas à être convaincu ; pour que je sois convaincu il faudrait que Dieu réponde. Mais pour que Dieu réponde, il faut que vous soyez convaincus, sinon vous n'exprimerez pas une vraie demande. Si vous pensez qu'il n'y a aucune maman dans la pièce à côté, vous aurez beau faire semblant d'y croire, vous ne l'appellerez pas et nulle réponse ne viendra. Comment vous persuader au point que vous osiez le tenter de tout votre cœur?

Et si c'était vrai? Laissez-vous toucher par ce qu'ont dit tous les mystiques qui se sont exprimés en langage religieux, depuis Jésus-Christ et les saints chrétiens, jusqu'à Ramdas et les sages hindous, jusqu'à Ali et les saints soufis. Ce sentiment « et si c'était vrai! » peut susciter la foi en vous. Je me tourne vers ce Père dont le Christ parle à longueur d'Évangiles, au-delà de mes peurs et de mes doutes aussi puissants soient-ils : « Mais non, c'est inextricable, j'ai toujours souffert, je ne m'en sortirai pas; d'ailleurs, il y a tant de gens qui ont prié sans être jamais exaucés, je n'y crois pas vraiment. Ce serait trop beau si c'était vrai mais ça ne peut pas l'être. » Ce doute n'est pas une manière d'appeler ni de rendre possible la réponse. L'élément de confiance, de certitude est essentiel et si un signe, un témoignage, l'approche d'un maître ou d'un saint fait naître cette foi en vous, alors tout devient possible. C'est une attitude dans laquelle il ne peut pas y avoir de tricherie de notre part.

Le petit enfant qui s'est mis dans la difficulté ne triche pas quand il appelle papa ou maman, il les appelle vraiment au secours. Et le chrétien vit dans la même certitude : « Je suis impuissant, je suis perdu, je ne peux en aucun cas m'en sortir tout seul mais, en toute confiance, je t'appelle. C'est vraiment à toi, Père céleste ou Mère divine, de venir à mon secours, je capitule. » L'enfant qui a bouché la baignoire puis ouvert grand les deux robinets pour faire flotter des petits bateaux en papier et qui n'arrive plus à refermer ces robinets s'affole quand la baignoire commence à déborder et a de plus en plus peur. Il s'en remet vraiment à papa et maman; il ne compte plus sur lui, du moins momentanément. Il se donne, il se livre à eux pour le tirer d'affaire. Et quand il se jette dans leurs bras, il le fait de tout son cœur.

Cette « capitulation », qui n'a rien de déshonorant puisqu'elle s'accomplit dans un climat d'amour et de don de soi, est fondamentale aussi. On ne peut pas se garder, conserver ses prérogatives, son égocentrisme et réclamer : « Dis donc, Dieu, s'il te plaît, peux-tu venir me donner un coup de main ? » Ce pourrait être le comportement d'un enfant qui s'est mis en difficulté mais non l'attitude de celui qui se veut chrétien. La voie religieuse n'est susceptible d'illuminer vos vies, de vous transformer, de vous décharger de votre fardeau que si vous vous donnez sans restriction. Offrir notre « problème » n'est pas suffisant. J'offre ma souffrance, ma difficulté existentielle menaçante mais, en même temps, je m'offre moi-même complètement, aussi imparfait, contradictoire, effrayé, culpabilisé que je me sente – attitude toute simple et immense à la fois.

En général, nous avons peur de notre capitulation devant Dieu. Si je m'offre moi-même, je suis perdu : que va-t-Il faire de moi ? qu'essaiera-t-Il de m'imposer ? Je n'ai pas réussi à me protéger de mon père humain et si j'avais pu me défendre de lui j'aurais moins souffert. Si je m'offre moi-même à ce Père divin, que va-t-il encore m'arriver de douloureux ? De nouveau, nous imaginons un Père céleste soit qui n'a pas d'amour, soit qui n'est pas intelligent, soit qui a des idées arbitraires sur ce que nous devrions faire immédiatement au lieu d'être là pour nous guider et nous conduire pas à pas vers notre perfection. La peur reprend le dessus et la religion devient une série de croyances sur lesquelles on se crispe, qu'on défend coûte que coûte et qui ont abouti aux querelles, voire aux massacres entre chrétiens eux-mêmes. Et on tourne le dos aux Évangiles.

Est-ce que je peux avoir suffisamment de confiance et d'amour pour me donner tel que je suis, avec toute ma nature humaine, dans mon imperfection, barbouillé de mes excréments, comme dit Mâ Anandamayi ? Il faut que nous devenions une offrande mais *tels que nous sommes*, pas « quand nous serons bien propres » après nous être lavés nous-mêmes. Le petit bébé se laisse faire, il se donne à sa mère tel qu'il est dans sa saleté, il ne sait pas mieux que la mère ce qu'il faut faire. La foi est réellement un sentiment d'amour, de confiance et de certitude. Bien sûr, il demeure possible de progresser sans adopter cette attitude religieuse, qui n'était nullement celle de mon propre gourou, Swâmi Prajnanpad, mais c'est plus austère. Les soufis, quant à eux, ont montré qu'il n'y avait pas d'incompatibilité entre la mystique et la métaphysique et que l'on pouvait facilement concilier les approches dualistes et non dualistes, l'amour et la connaissance.

Ce dont je parle est extrêmement simple en soi mais demande pour être vécu que nous redevenions, en effet, pareils à de petits enfants. Certes, en tant qu'adultes, avec tout le poids que cela représente de compromissions, d'erreurs, de conflits, d'a priori sur ce qui est bien et ce qui est mal, il nous est particulièrement difficile de retrouver cette spontanéité et cette pureté de l'enfant sur lesquelles insistent tant de traditions religieuses. Tout de suite, qu'est-ce qui m'est possible ? Au point où j'en suis, avec mon fardeau d'adulte et ma nature humaine telle qu'elle est, comment retrouver mon cœur d'enfant ? Le mot père n'a de sens que par rapport au mot enfant. Si vous voulez comprendre le christianisme centré sur cette paternité de Dieu, il faut que vous osiez redevenir « pareils à des enfants ». A mesure que vous allez vous simplifier, à mesure que vous allez lâcher prise, à mesure que vous allez vous dépouiller, vous vous retrouverez avec la même innocence et le même sentiment de sécurité qu'un enfant qui joue dans le jardin de son papa. Quelle meilleure nouvelle peut-il y avoir pour un adulte dont le cœur est alourdi de déceptions, peut-être même de dégoût de lui-même et d'amertume, qui se sent médiocre, souillé, que de lui dire qu'il peut retrouver la grâce et la fraîcheur qu'il a perdues?

Ce cœur régénéré n'est pas incompatible avec le fait d'être adulte et d'assumer toutes sortes de responsabilités dans l'existence. Les grands mystiques manifestent toujours force et solidité même s'ils se proclament enfants : « *Ramdas is just a happy child of Ram.* » « Ramdas est juste un enfant heureux de Ram », disait souvent Ramdas qui ne donnait pourtant pas le moins du monde l'impression d'être infantile. Il n'y a pas d'incompatibilité entre l'aspiration légitime à cesser enfin d'être des gamins incapables de tenir sur leurs propres jambes et la nostalgie de retrouver la spontanéité que la peur nous a fait perdre. Comme disait le même Ramdas, « *childlike but not childish* », « pareil à un enfant mais pas infantile ». Et le maître bengali qui a été mon gourou disait : « *The sage is an enlightened child* », « le sage est un enfant avec l'illumination ». Mais l'enfant inévitablement perdra son cœur d'enfant, tandis que le sage ne le perdra plus. La spontanéité se trouve complétée par l'expérience et la maturité de celui qui a connu et traversé la peur, le désir, les contradictions et qui a fini par atteindre l'autre rive. Voilà la différence.

Si l'approche dévotionnelle trouve un écho en vous, ne lui tournez pas systématiquement le dos au nom de présupposés métaphysiques non dualistes, védantiques ou bouddhistes. Ne vous privez pas d'une manière d'être qui a illuminé tant d'existences y compris au XXe siècle et surtout l'existence d'innombrables hommes et femmes qui sont demeurés inconnus mais ont eu le bonheur de vivre dans la confiance, l'espérance et la foi. La foi est une certitude, celle que possède l'enfant que la vie n'a pas encore désabusé. « Je ne crois plus à rien. » L'enfant, lui, croit absolument en papa ou maman, comme l'ont abondamment montré les psychologues. Et puis un jour il découvre que ses parents ne sont pas tels qu'il les imaginait, qu'ils sont faillibles et qu'ils ont même des réactions plus qu'ordinaires. Alors, ils perdent leur prestige à ses yeux. Mais à l'origine il a cette foi intacte que l'on discerne aisément dans le regard d'un enfant non traumatisé qui contemple sa maman ou qui court sur ses petites jambes se jeter dans les bras de son papa. Il sait bien qu'il ne va pas recevoir une gifle à l'arrivée. Papa ne peut être que bénéfique, maman ne peut être que bénéfique. Ensuite, cette foi se dégrade parce que nous avons accumulé trop de déceptions. C'est pourquoi il est dit « *re*devenir » pareils à de petits enfants. Il est bien admis, même dans l'Évangile, que nous avons perdu ce cœur innocent, que nous ne sommes plus simples, purs et confiants. Il nous est demandé de le redevenir.

La foi, je le redis, c'est une certitude et la certitude relève de la science. Pourtant seul un cœur d'enfant en est capable. Le véritable adulte, aussi paradoxal que cela paraisse, a retrouvé une âme d'enfant. Et le drame des adultes aguerris par l'existence – dans le mauvais sens du terme – au point d'être devenus insensibles, c'est qu'ils ne peuvent plus retrouver cette légèreté. Si vous n'avez pas la nostalgie de la simplicité, ce n'est pas la peine de vous intéresser le moins du monde à la religion en général et au christianisme en particulier. Hélas, tant de ceux qui se croient ou se disent chrétiens n'ont plus cette humilité ! Ils cherchent toujours à résoudre leurs problèmes eux-mêmes. Ils discutent de Dieu, formulent des points de vue théologiques, donnent des commentaires, mais ils comptent avant tout sur eux-mêmes. L'attitude religieuse ne peut pas consister à vouloir demeurer faussement adulte. Avec Dieu, on ne peut pas en prendre et en laisser : je demande un coup de main à Dieu quand ça m'arrange mais le reste du temps, que Dieu ne vienne surtout pas mettre le nez dans mes affaires, je me débrouille très bien sans lui! Vous ne pouvez pas marchander l'aide de Dieu.

Un chrétien s'en remet complètement à Dieu : il se donne et il laisse faire Dieu. Encore une fois, il ne s'agit pas d'offrir une difficulté ponctuelle à Dieu, même si ce don témoigne déjà d'un commencement de compréhension, c'est vous-même qu'il faut offrir, complètement. Dans la belle image de Mâ Anandamayi, le petit enfant appelle maman avec la totalité de lui-même, il se livre à elle unifié, comme une totalité : c'est moi qui suis dans la difficulté, c'est moi qui appelle maman et c'est moi qui me remets entre les bras de maman. Il s'agit d'un acte qui va à l'encontre de vos mécanismes habituels et vous demande une certaine audace.

Dans toutes les attitudes religieuses, vous retrouverez beaucoup de points communs; mais, dans la manière de s'exprimer propre au christianisme, domine l'insistance sur cette paternité. Tous ceux qui se considèrent comme chrétiens ont été instruits en ce sens et ne peuvent être d'authentiques chrétiens que s'ils redécouvrent la signification profonde de cette notion. Si ce thème vous touche tant soit peu (s'il ne vous touche pas, revenez au védanta et à la rigueur de la non-dualité), vous avez à vous situer d'une manière nouvelle, si possible définitive mais en tout cas beaucoup plus consciente, en face de ce mot père. Qu'éveille-t-il en moi ? La peur, la déception ou au contraire l'espérance ? S'il n'a pas une résonance affective uniquement heureuse, vous pouvez être certains que quelque chose est faussé dans votre approche. Qu'est-ce qu'un père ? Allez-vous arriver à vous convaincre qu'un père c'est uniquement merveilleux ? Même si votre expérience humaine a ancré dans votre inconscient une image de père désastreuse, il faut que vous admettiez qu'un père véritable est absolument l'opposé et que, si le Christ a dit vrai, Dieu est un véritable Père.

L'approfondissement rigoureux du christianisme nous éloigne d'une façon naturelle de l'attitude infantile qui consiste à chercher Dieu très haut dans le ciel pour nous ramener à ce fond commun de toutes les spiritualités qui est la transformation intérieure. Souvenez-vous de votre enfance. Nous avons prié pour que notre grand-mère malade ne meure pas. Grand-mère est morte. Nous avons prié pour ne pas être interrogés le jour où nous ne savions pas notre leçon : « Mon Dieu, si je ne suis pas interrogé, c'est promis, la prochaine fois j'apprendrai ma leçon. » Si nous ne sommes pas interrogés ce jour-là, notre foi d'enfant en Dieu grandit sur un fond de peur et de servilité. Tous les chrétiens ont entendu le mot « Père » ou l'expression « Marie, mère de tous les hommes » dans leur enfance et ont fait le rapprochement avec papa et maman. Il est inévitable que les émotions infantiles relatives au père et à la mère se mêlent aux balbutiements théologiques de l'enfant.

Un travail de réflexion intense s'avère nécessaire pour être plus fort que les vieilles blessures qui subsistent en nous et viennent pervertir notre relation à Dieu. A quoi bon mener une vie religieuse si nous ne sommes pas convaincus de l'amour de Dieu à notre égard ? En fait, la plupart des « croyants » n'y croient pas; mais s'il nous est donné de le pressentir, vous verrez que cette croyance se changera en connaissance réelle et en certitude de la paternité tout aimante de Dieu : c'est une promesse du Christ dont la vérité se vérifie jour après jour.

7

LA FOI DU CHARBONNIER

Dans les ashrams de l'Inde – et tous ceux qui ont séjourné dans ce pays le savent – on entend à longueur de journée le mot anglais *surrender* qui signifie « reddition » ou « capitulation ». Ramana Maharshi, considéré comme le plus parfait représentant du *jnana yoga*, la voie de la connaissance, dans la première moitié de ce siècle, a lui-même répété bien des fois qu'il n'y a que deux voies pour transcender l'ego : « *Either inquire Who am I? Or surrender* », « ou bien pratiquez la recherche directe sur le " Qui suis-je? " [sur l'essence de votre être] ou faites le " surrender " [capitulez] ».

Comment vous situez-vous en face d'expressions aussi démodées que « confiance en la Divine Providence » ou « soumission à la volonté de Dieu »? Quel rapport peut-il y avoir entre ces formules manifestement religieuses et la conception que l'on se fait généralement de l'ésotérisme ou du yoga comme d'une approche avant tout gnostique de l'ascèse? Ces idées sont pourtant communes à toutes les spiritualités.

Cela dit, qui capitule, devant qui et qu'impliquent ces

mots difficiles à entendre de capitulation ou de soumission? Si nous les écoutons avec, en arrière-plan, la reddition de Vercingétorix à Jules César, une telle attitude ne nous fait évidemment pas envie! Les soufis emploient l'expression *fana*, qu'on traduit communément par « extinction » : l'extinction dans le cheikh (le maître), l'extinction dans le Prophète et l'extinction en Dieu ; après cette extinction vient ce que les soufis appellent *baqah*, subsistance en Dieu ou vie nouvelle au-delà de l'ego. Nous retrouvons ici la même idée d'une reddition, d'un abandon de nous-mêmes par rapport à une réalité d'abord ressentie comme autre que nous, même si la perspective métaphysique soufie est également non dualiste. En ce qui concerne ce don de soi et le lien qu'il peut avoir avec la confiance en la Providence, rien ne peut être prouvé logiquement. On peut simplement constater que d'innombrables disciples, saints et sages appartenant à différents courants spirituels, ont affirmé que ce don de soi avait transformé leur être et leur était apparu comme une nouvelle naissance et une libération. C'est l'aboutissement ultime de toutes les voies. Mais cet abandon ne nous est pas facile à nous Occidentaux, issus d'une société dans laquelle les règles de vie justes se sont beaucoup relâchées, où l'égocentrisme et la volonté propre sont certainement plus développés que dans d'autres traditions, ainsi que j'ai pu le constater pendant mes années de séjours en Asie.

D'abord pouvez-vous admettre qu'il existe une réalité, quelle que soit la manière dont vous la nommiez, à laquelle vous puissiez vous donner, et qui, par ce don, puisse changer complètement votre existence? C'est une question d'expérience. Mais nous n'abordons généralement le chemin de la vraie vie qu'à travers l'expérience ordinaire que nous avons eue jusque-là et qui nous a surtout appris à nous défendre, à nous opposer – même petit enfant par rapport à nos parents – et à vivre ou à survivre tant bien que mal en portant sur nos propres épaules le poids de notre destin. Or ce qui nous est proposé dans le *surrender*, le don de soi, la confiance en la Providence, c'est précisément de déposer ce fardeau.

Ramana Maharshi posait cette question : « Que diriez-vous d'un paysan indien marchant sur la route avec un lourd paquet sur la tête, qui serait pris dans un char à bœufs – comme nous ferions de l'auto-stop – et qui, une fois installé dans le char, conserverait le colis sur sa tête ? » Et il employait également l'image d'un voyageur en chemin de fer qui garderait sa valise sur les genoux au lieu de la déposer dans le filet. « Déposez votre bagage, disait-il, il fera la route aussi bien sans votre effort personnel ! » Cela nous évoque sûrement une autre idée liée à ce thème, celle qui a été exprimée en français par les mots « lâcher prise ». De fait l'ascèse commence d'abord par des efforts intenses qui préparent peu à peu à la conviction que la vraie solution réside dans ce lâcher-prise et cette confiance. Rarissimes – encore plus en Occident qu'en Orient – sont les êtres tout de suite prêts pour cet abandon. Peut-être certains moines ou moniales qui entrent au monastère abandonnent-ils joyeusement leur volonté entre les mains de Dieu, du Christ et de l'abbé du monastère qui en est le représentant. Mais pour la plupart des êtres humains des années d'efforts seront nécessaires pendant lesquelles ils sentiront encore que ce sont eux qui portent le poids non seulement de leur existence en général mais aussi de leur démarche spirituelle et de leur progression.

Et puis peu à peu naît en nous l'intuition de ce que pourrait être cette confiance, cet abandon ; je dirais même naît en nous la nostalgie de ce lâcher-prise. Puisqu'il nous est promis par tous les mystiques, il est possible ! Alors vous commencez à entrevoir que ce serait extraordinaire si, au lieu de porter le fardeau de votre existence, vous vous sentiez portés. Quand on ne sait pas nager on boit la tasse, on coule, on remonte à la surface, on coule à nouveau. Quand on a appris à nager et que l'on est vraiment à l'aise dans l'eau, on fait la planche et on se laisse porter. Comme ce serait merveilleux si je pouvais me laisser porter par l'existence, fusionner avec cette existence, être en communion avec elle, au lieu de lutter ou de me battre, donc de ne jamais m'établir dans la paix.

Ramana Maharshi, comme d'autres maîtres, comparait la liberté intérieure à celle de l'acteur en scène qui, bien qu'il soit l'esclave du rôle, du texte, de la mise en scène, éprouve cependant dans sa réalité profonde un sentiment bienheureux de liberté parce qu'il n'est pas identifié aux péripéties de la pièce. Il sait bien que ce n'est pas à son être essentiel qu'adviennent les malheurs – s'il s'agit d'une tragédie – mais seulement au personnage dans lequel il est distribué. Et Ramana Maharshi affirmait que nous pouvons aussi jouer le rôle dans lequel Dieu ou notre destin nous distribue jour après jour, minute après minute, dans cet état de non-attachement, de liberté intérieure et de soumission. Swâmi Prajnanpad m'a dit : « L'esclavage complet, c'est la liberté parfaite. »

Les hindous emploient volontiers le terme *das*, Ramdas, serviteur de Dieu. Les musulmans utilisent le terme *abd*, suivi d'un des quatre-vingt-dix-neuf noms de Dieu : Abd-el-Kader. Ces termes sont aussi souvent traduits par esclave que par serviteur. S'il n'a pas été témoin du climat de paix, de joie et d'amour qui règne autour d'un sage hindou ou soufi, un chrétien peut facilement être abusé par ce terme et rétorquer que Dieu, respectueux de la liberté des créatures, n'a jamais voulu faire de l'homme son esclave puisqu'Il lui offre de participer à la vie même de la Trinité. Pour le chrétien, il ne s'agit pas de soumission passive mais de consentement, d'accueil, de communion. Même « faire la volonté de Dieu » évoque une attitude trop extérieure et « vivre dans la volonté de Dieu » apparaît comme une expression plus adéquate. Ne réagissez pas à des mots avant d'être certains d'en avoir compris en profondeur le sens et les implications.

Choisissez le terme qui vous convient le plus ou qui vous met le moins mal à l'aise : confiance, don de soi, soumission, abandon, lâcher-prise. Vous serez d'accord que c'est un thème magnifiquement traité dans les Évangiles où le Christ demande si éloquemment cette confiance en la Divine Providence qui est une voie directe pour nous libérer de l'égocentrisme. Et si cette approche nous touche, si nous l'adoptons, il faut admettre l'idée qui en est le pivot, à savoir que tout ce qui nous arrive, même ce qui nous apparaît cruel, injuste, inique est la volonté de Dieu à notre égard.

Ce que je veux partager avec vous aujourd'hui peut aisément être mal compris et faire lever de bien compréhensibles oppositions : « Comment un père aimant peut-il vouloir ou autoriser la souffrance de ses enfants? Certes, il vient à leur secours dans l'épreuve, il console et fortifie mais il ne peut être tenu pour responsable ni des crimes humains ni des catastrophes naturelles. » Dans le témoignage que je vais partager, je ne me situe nullement en théologien s'exprimant sur l'infinie bonté de Dieu mais en homme dont l'existence a été éclairée, illuminée même, d'abord par l'approche des saints hindous comme Mâ Anandamayi ou Swâmi Ramdas puis par la découverte de la même connaissance chez de nombreux mystiques et spirituels chrétiens.

Mais voir en tout, partout la grâce de Dieu à l'œuvre n'est juste que selon notre attitude intérieure. Votre souffrance demeure la souffrance accablante, destructrice, dégradante tant que vous-mêmes ne la transformez pas en bénédiction, en tremplin qui vous projette dans les bras toujours ouverts de Dieu. Et cette acceptation sereine, joyeuse même, n'exclut en rien l'action, le combat s'il le faut, contre l'erreur, l'oppression, l'injustice, contre la misère et la maladie. Simplement, il s'agit alors d'interventions accomplies avec fermeté certes mais avec un cœur paisible, libre de toute amertume, dilaté par la gratitude même dans l'épreuve.

Quand je parle de soumission à la volonté divine, je ne parle pas de l'action qui, elle, nous demeure toujours possible *mais de la disponibilité avec laquelle nous accueillons ce qui nous arrive.* Si nous considérons qu'une partie des événements qui tissent notre existence est la volonté de Dieu et qu'une partie des événements auxquels nous sommes mêlés est la volonté de Satan, nous ne serons jamais libres des doutes, des tensions intérieures, des difficultés et des « problèmes ». Tout ce qui nous conviendra, ce qui nous semblera beau, noble et heureux, nous nous y soumettrons volontiers mais face à tout ce qui nous semblera injuste, inadmissible, nous nous révolterons lorsque cela nous arrivera et nous ne pourrons certes pas y voir la bénédiction de Dieu à l'œuvre. Or la parole de saint Paul est tout à fait précise : « Tout concourt au bien de celui qui aime Dieu. » TOUT. C'est la vérité essentielle et je dirais personnellement celle qui m'a le plus aidé. Il faut considérer tout ce qui nous arrive, même ce qui nous fait suffoquer d'indignation, comme la volonté de Dieu à notre égard. Nous familiariser avec cette idée est certainement le préalable à l'abandon et au lâcher-prise libérateurs. Sinon, nous nous sentirons justifiés à refuser tout ce qui ne correspondra pas à notre propre vision du bien et à nos idéologies et nous n'échapperons jamais au monde des conflits. Chaque fois que cela nous arrangera, nous estimerons que nous sommes dans notre bon droit pour nous indigner et nous révolter en considérant le tort qui nous est causé comme la volonté du Malin. Les témoignages des mystiques, depuis les œuvres célèbres jusqu'aux écrits moins connus, sont pourtant très clairs à cet égard : il ont vu non pas la volonté du « Prince de ce Monde » mais celle de Dieu, *au moins en ce qui les concernait,* dans les actes les plus injustes, les plus cyniques dont ils aient pu être apparemment les victimes. Mais c'est aussi ce qui a nourri la foi et finalement la liberté intérieure, la sérénité et la joie de milliers et probablement de millions de chrétiens anonymes qui ont vécu leur existence dans cette lumière. Certes le Malin ou le Prince de ce Monde est une réalité, mais une réalité de notre esprit faussé par les illusions, l'avidité et la peur.

Comment pouvez-vous lâcher prise si vous avez peur? Par conséquent, pour que vous puissiez vivre portés par la Divine Providence, il faut que votre confiance soit réelle, totale et que vous acceptiez de tout cœur ce que vous appelez les contrariétés et les drames, tout comme ce que vous qualifiez au premier abord de joies et de grands bonheurs. Vous voyez que cette confiance est directement liée à l'abandon de notre affirmation propre, attitude qui est résumée dans le mot « oui ». Le sens du vocable AMEN, c'est l'acquiescement. L'acquiescement à quoi? L'acquiescement à ce qui nous arrive, à ce qui se produit, à ce qui est. La réalité telle qu'elle est représente le sol ferme sur lequel nous pouvons nous appuyer pour évoluer. Il est très intéressant de constater à cet égard que la racine du mot hébraïque *amen* signifie la solidité, la certitude. Pas ce que nous voudrions mais ce qui est.

La célèbre formule du Christ « Que ton oui soit oui, que ton non soit non, car tout le reste vient du Malin » est dans la traduction latine : « Dites c'est, c'est; ce n'est pas, ce n'est pas. » Certes, le grec justifie la traduction par oui et non mais les théologiens que j'ai interrogés sont convaincus que le latin est plus fidèle à l'araméen. « Oui, c'est »; « non, ce n'est pas ». Cette parole prend alors un sens tellement plus riche que nous ne l'avions soupçonné, qui nous demande de reconnaître la vérité, la réalité relative telle qu'elle est à chaque instant et non pas telle que selon nous elle pourrait être ou devrait être. Ce retour au sens originel peut avoir des répercussions psychologiques extrêmement profondes et transformatrices de toute notre manière de voir. Il s'agit là, très réalistement – c'est bien le cas de le dire – de la réalité relative (et non pas absolue ou mystique) avec laquelle nous sommes plus ou moins en porte-à-faux. Voilà un enseignement sur lequel tous les hommes peuvent être d'accord et dont ils peuvent tirer profit, même s'ils n'adhèrent pas aux développements ultérieurs de la théologie. La vérité c'est ce qui est.

Si vous regardez sincèrement en vous-mêmes, vous rencontrez la peur et la plus grande grâce qui puisse vous être donnée c'est de transformer la peur en confiance. Celle-ci grandit chaque fois que vous l'expérimentez un peu, que vous osez vous lancer dans l'inconnu, que vous donnez sa chance à Dieu. Comme il est dit dans l'Épître aux Hébreux : « Nous avons eu nos pères terrestres pour éducateurs, et nous nous en sommes bien trouvés; n'allons-nous pas, à plus forte raison, nous soumettre au Père des esprits et recevoir de lui la vie? Eux, en effet, c'était pour un temps, selon leurs impressions, qu'ils nous corrigeaient; lui, c'est pour notre profit, en vue de nous communiquer sa sainteté. Toute correction, sur le moment, ne semble pas sujet de joie, mais de tristesse. Mais plus tard, elle produit chez ceux qu'elle a ainsi exercés un fruit de paix et de justice [1]. » Si vous essayez de lâcher prise, de vous détendre et de vous ouvrir, vous verrez, vous saurez que tout concourt au bien de ceux qui aiment Dieu. Cela paraît inimaginable et pourtant c'est vrai : les souffrances et les épreuves se changeront en

1. Épître aux Hébreux, 12, 9-11.

bénédictions, qu'il s'agisse des petites contrariétés comme la vie nous en impose plusieurs chaque jour ou qu'il s'agisse de grandes tragédies. Un peu de confiance récompensée vous pousse à encore plus d'abandon et plus vous jouez le jeu, plus vous vous sentez portés par la vie. Je ne dirais pas notre vie à chacun mais *la* Vie, une Vie que nous pouvons découvrir en nous-mêmes. Aussi paradoxal que cela puisse paraître quand nous voyons autour de nous des drames innombrables, cette vie ne nous veut que du bien. Voilà ce que nous ne pouvions pas comprendre en tant qu'enfants et que nous n'arrivons pas à croire une fois devenus adultes.

Optez pour la confiance et vous ferez à votre tour l'expérience vécue par tant de contemplatifs que celle-ci n'est pas trahie, qu'il y a vraiment un Amour ultime prêt à se révéler si nous sommes prêts à lui confier le fardeau de notre existence, à déposer la prétention à l'autonomie de notre moi égoïste et limité. En fait, ce qui nous est demandé, c'est de participer de tout cœur à la vie universelle, de ne pas nous trouver dans la situation d'un musicien qui voudrait jouer un autre morceau que la partition dirigée par le chef d'orchestre et interprétée par ses confrères. Il est évident que le bonheur du musicien réside dans sa participation à un ensemble qui le dépasse. Or le péché par excellence, c'est cette tendance si bien ancrée et pourtant folle de créer la cacophonie dans la symphonie universelle. Dans cette idée centrale de soumission, il y a bien dépassement, abandon de l'ego mais pour y parvenir il faut passer par une réconciliation fondamentale avec la vie en général en voyant partout la volonté de Dieu en ce qui nous concerne et en nous appuyant sur l'espérance. Ne vous inquiétez pas, tout ce qui est nécessaire pour progresser vers le royaume de Dieu vous sera donné en son temps.

« Cherchez premièrement le royaume de Dieu et sa justice et tout le reste vous sera donné par surcroît. » Si nous prenons cette parole au pied de la lettre, elle est sûrement mensongère. Certains êtres ont sincèrement cherché le Royaume et tout le reste, c'est-à-dire tout ce que l'ego peut rêver, ne leur a jamais été donné. Ce n'est pas parce que vous cherchez le royaume de Dieu que vous seront données par surcroît la fortune, la célébrité et une villa au bord de la mer. Comment pouvons-nous comprendre cette parole si précieuse pour nous ? Cherchez premièrement l'éveil intérieur, la sagesse, la rencontre avec Dieu et tout le reste, *autrement dit tout ce qui se révèle impératif pour progresser spirituellement*, vous sera donné – y compris les épreuves. Ce qui est indispensable pour votre libération viendra à vous, non seulement ce qui vous apparaît manifestement comme spirituel tel que la rencontre avec un maître, la bénédiction d'un sage ou le séjour dans un monastère mais même ce qui vous est nécessaire au niveau humain ordinaire pour croître intérieurement. C'est une question de foi. Pour une jeune femme ce peut être un mari, pour une femme stérile, un enfant. Cela peut aussi être la réussite professionnelle si cet accomplissement n'est pas seulement une exigence infantile et un caprice mais une nécessité pour parvenir peu à peu à transcender le monde des désirs et des peurs. Dans cette soumission à la Divine Providence, il vous sera donné tout ce qui est nécessaire pour retourner vers le Père, aussi bien ce que vous ressentez comme heureux – car il n'y a aucune honte, même pour un mystique, à être heureux et à profiter des joies de l'existence – que ce qui vous apparaît sur le moment comme ingrat, douloureux ou insupportable.

Permettez-moi d'utiliser une boutade de Woody Allen : « La réponse est oui mais rappelez-moi la question ! » D'abord oui, tout de suite oui, un oui inconditionnel. Ensuite, à quoi ai-je dit oui, quelles en sont les conséquences, les implications? Mais vous verrez d'autant mieux les conséquences et implications que, justement, vous aurez dit oui. Dès que vous avez commencé à refuser les faits, à les condamner, vous ne pouvez plus les voir tels qu'ils sont et le mental, cet écran entre la réalité relative et la réalité absolue, a fait son apparition et ne cesse plus de fonctionner. Vous n'êtes plus en mesure d'évaluer la situation dans laquelle vous vous trouvez. Vous « pensez » au lieu de « voir », vous vous inquiétez, vous imaginez un avenir menaçant. Sans vous en rendre compte, vous avez complètement quitté le réel.

Au départ, il est vrai, cette attitude de confiance et d'espérance demande une certaine foi qui vient surtout en constatant l'unanimité des sages et des maîtres à toutes les époques sur ce thème central de la soumission : « Se laisser porter par l'existence. » A partir de là, nous commençons à vivre peu à peu dans un autre monde fait non plus de conflits mais de réconciliation, non plus de peur mais d'amour. Et si, jour après jour, minute après minute, vous vivez dans un climat de « oui » et de réconciliation, peu à peu vous vous sentirez dirigés de l'intérieur. Vous saurez : voilà ce qui doit être fait, voilà ce qui m'est demandé ; et non pas : voilà ce dont j'ai envie ou même ce que je veux. Ici et maintenant, dans ma situation concrète, voilà ce qui m'est demandé. Telle est « la volonté de Dieu » pour moi aujourd'hui. En acceptant d'abord de voir cette volonté dans toutes les situations où vous vous trouvez, dans tous les événements qui se produisent pour vous, même ceux qui vous font mal au premier abord, vous pourrez sentir que vous êtes guidés d'une manière efficace qui vous conduira à la force intérieure, à la sérénité, à la paix et à l'action spontanée évidente, celle pour et par laquelle vous êtes unifiés avant, pendant, après.

***

Mais voilà, qui va donner quoi? C'est vite dit : lâchez prise, ne luttez plus, fusionnez avec la vie universelle, avec la grande vie en vous. Seulement, comment peut-on soi-même s'abandonner, fût-ce à Dieu, quand on ne s'appartient pas? Pour se donner, il faut s'appartenir. Dans les conditions ordinaires, avant que nous ayons accompli un patient travail sur nous-mêmes, nous ne nous appartenons pas vraiment et nous ne pouvons donc pas lâcher prise.

Toute prosternation est une offrande de soi. Quand on se relève du *pranam* (prosternation hindoue) on se relève comme reçu de Dieu qui nous donne à nous-mêmes, en comprenant que notre vie nous a été donnée et que rien ne nous appartient en propre. Et puis une demi-heure ou au mieux deux jours plus tard, il n'en reste rien. De nouveau l'ego s'érige en maître avec ses susceptibilités, ses jalousies, ses craintes, ses désirs, avec l'ensemble de ses réactions limitées et limitatives. Il ne suffit pas qu'une part de nous éprouve un élan mystique sincère qui demeurera sans suite. Bien sûr, il y a toujours des exceptions mais généralement la première partie de l'ascèse, même centrée sur ce don de soi, sera un travail de structuration intérieure afin que vous puissiez être établis en vous-mêmes et en possession de vous-mêmes. Vous devez vous construire afin de devenir le maître de toutes vos fonctions, y compris certaines fonctions physiques et physiologiques.

Qui est maître de quoi, cette question mérite d'être précisée. Faire une retraite dans un monastère de trappistes, rencontrer Mâ Amritanandamayi ou relire une vie de saint ne suffit pas pour que vous soyez capables de vous décharger complètement du fardeau de votre égocentrisme et que vous puissiez remettre votre destin entre les mains de Dieu. Pour prendre une telle décision, et surtout pour être en mesure de la tenir, il faut que vous soyez devenus un tout cohérent et unifié et non pas un ensemble de pulsions, de désirs et d'émotions contradictoires. Par conséquent, une voie religieuse comme le christianisme implique la maîtrise de soi, mais celle-ci ne nous est pas donnée d'emblée. Elle se gagne à l'aide de techniques et de pratiques qui permettent notre transformation.

Comment puis-je être le maître d'un ensemble de fonctionnements qui me sont inconnus? C'est impossible. Comment voulez-vous être le maître d'une machine complexe dont vous ne connaissez pas les rouages? Vous allez, au hasard, tirer des manettes, presser des boutons, manœuvrer des commutateurs et vous n'obtiendrez aucun résultat si ce n'est de détraquer la machine. Comment voulez-vous être « maître de votre véhicule », comme le demande le code de la route, si vous n'avez jamais entendu parler ni du levier de vitesse, ni de l'embrayage, ni de l'accélérateur, ni du frein? La connaissance de soi fait donc obligatoirement partie d'une vie de chrétien. Or quelle connaissance de soi gagnez-vous en répétant : « Je crois en Dieu le Père éternel et tout-puissant créateur du ciel et de la terre. Je crois en son fils Jésus-Christ né de la Vierge Marie, crucifié sous Ponce Pilate. Il est descendu aux enfers, il est ressuscité le troisième jour, il reviendra pour juger les vivants et les morts... » Réciter un credo n'augmente pas votre connaissance de vous-mêmes, donc n'augmente pas votre maîtrise de vous-mêmes, donc ne vous rapproche pas de la possibilité de cet abandon complet de vous-mêmes à Dieu dont le Christ nous dit qu'Il nourrit les passereaux et vêt les lys des champs. « Soyez donc sans crainte : vous valez mieux, vous, que tous les moineaux [1]. » Si des êtres religieux récusent les chemins de la sagesse en les taxant de voies égoïstes et orgueilleuses – « Comment l'homme peut-il prétendre atteindre la libération par ses propres efforts ? » – encore faut-il qu'ils pratiquent ce don de soi total qui constitue l'essence de toute voie dualiste.

Les anciennes traditions détenaient des connaissances d'une admirable richesse psychologique. Les psychologues et psychanalystes n'ont fait que redécouvrir ce qui était connu autrefois sur les différents niveaux en l'homme, du physique au spirituel en passant par le psychique. Les enseignements ascétiques et mystiques enseignaient déjà que l'homme, au début de son chemin, est composé de nombreux personnages qui apparaissent, disparaissent et, qui plus est, ne se connaissent pas les uns les autres. Il faut payer le prix pour édifier une structure intérieure qui nous permette de ne plus être une foule de tendances contradictoires mais un être unifié, souvent comparé à un royaume, à un tout organique relié à un centre qui dirige. Cette discipline sera longue.

Pour pouvoir transcender le moi, il faut d'abord constituer en vous un ego qui possède une réelle cohésion et acquérir cette maîtrise de soi qui ne peut venir que par la connaissance de soi. Vous devinez bien que nous sommes impuissants devant des mécanismes et des fonctionnements gravés en nous, toujours dynamiques et vivants dans l'inconscient et auxquels nous n'avons pas directement accès. Si nous sommes à notre insu menés par ces mécanismes, comment pouvons-nous en avoir la maîtrise ? Ils auront toujours raison de nos décisions et nous serons à chaque fois déçus de ne pas pouvoir compter sur nous. Une bonne part de l'ascèse, qui peut durer des années, consiste à rendre conscient ce qui est inconscient, et pas forcément par des méthodes proches de la psycha-

1. Matthieu 10, 31.

nalyse. Il s'agit de ramener à la surface nos possibilités de souffrir, de réagir, de nous indigner, d'être emportés par nos émotions. Comment se fait-il qu'auprès de grands maîtres, tout comme dans les monastères d'ailleurs, il n'y ait pas seulement un climat de paix et de sérénité sur lequel nous avons beaucoup de témoignages mais aussi une atmosphère parfois presque irrespirable tant il y a de tensions, d'émotions et de conflits qui éclosent au grand jour? Comment se fait-il que des gens qu'on a connus simples et affables se montrent si difficiles à vivre une fois devenus disciples? On a l'impression qu'ils « déprogressent ». La réponse sera toujours : « Comment savez-vous que des tendances indésirables jusque-là cachées ne sont pas montées à la surface? » Il n'y a pas d'autre moyen d'en être libre que de les laisser émerger. On ne peut être libre que de ce que l'on connaît et pour s'appartenir il faut se découvrir et vivre le plus consciemment possible un grand nombre de réactions diverses qui sont en nous à l'état de germe et qui doivent se manifester pour pouvoir se dissiper.

Dans ce domaine, l'existence est le Grand Maître à condition que nous sachions l'utiliser. Souvent auprès de sages où la vie était très dure me revenait cette parole du Christ : « Je ne suis pas venu apporter la paix mais le glaive! » Bien que nous soit promise aussi – et ce n'est pas une promesse vaine – « la paix qui dépasse tout entendement », l'ascèse ne peut pas être un chemin semé de pétales de roses sur lequel vous allez paisiblement de moins de sérénité vers plus de sérénité, de moins de confiance vers plus de confiance. C'est un parcours au long duquel vous avez à passer par des doutes, des remous et parfois même des tempêtes.

Vous portez en vous les potentialités latentes de toutes sortes de situations qui seront peu à peu actualisées. Si vous les vivez dans la peur, la négativité et l'indignation, vous ne pouvez pas progresser. Si, à l'instant où les souffrances se lèvent sous forme de révolte – ce peut être très pénible parce que tout votre monde de conceptions est mis sens dessus dessous –, vous vivez ces crises sans refus, avec vigilance, alors ces souffrances peuvent avoir un terme et un jour la page est tournée. Votre possibilité de doute et de désarroi est neutralisée et donc neutralisée aussi la possibilité même d'être entraînés par des comportements compulsifs, simples réactions mécaniques dues à des jeux implacables d'actions et de réactions, de chaînes de causes et d'effets en vous.

En payant ce prix, vous atteignez la connaissance de vous-mêmes, vous épuisez le stock d'émotions qui vous aveuglent. Surtout, par rapport à ce qui vous importe, vous accédez à une connaissance qui permet la réunification. Vous devenez un royaume hiérarchisé, vous avez enfin une volonté propre qui est vôtre et plus seulement un amas confus, contradictoire et souvent inconscient de pulsions et de tendances. Pour pouvoir prononcer la formule ultime : « Que ta Volonté soit faite et non la mienne » ou « Puissé-je être un instrument de ta Volonté », il faut une volonté stable. Distinguez bien le « je veux » des désirs ordinaires contradictoires dont nous ne connaissons pas la source et une réelle volonté unifiée que vous pouvez offrir à Dieu. Seul un moi digne de ce nom peut un jour dépasser et transcender le moi.

La première étape consiste d'abord à vous centrer, à acquérir la maîtrise de vos fonctionnements, aux niveaux physique, émotionnel et mental. Il s'agit certainement d'un effort accompli avec la part la plus intelligente du vieil homme en nous. Mais ce qui importe aussi, c'est de sentir dès le début que vous allez vers un dépassement ou un abandon de cet ego ; et si, grâce à votre pratique, vous apprenez à vous concentrer et à vous appartenir, c'est afin de mieux vous donner. Et au moment où nous nous donnons – tous les saints l'ont dit –, enfin nous nous trouvons nous-mêmes. C'est un éveil ou un réveil, j'oserai dire le réveil d'un long cauchemar même si notre vie a été plutôt heureuse. C'est le retour de l'enfant prodigue vers son père et ce à quoi nous avons depuis toujours – peut-être sans le savoir, peut-être en le sachant – aspiré : être libres du fardeau de nous-mêmes et retrouver la pleine condition d'héritier du Royaume, d'enfant de Dieu, d'enfant bien-aimé de Dieu.

***

« Je ne suis pas venu pour faire ma volonté mais celle de Celui qui m'a envoyé » ou encore : « Que Ta volonté soit faite. » Dans le péricope de la rencontre avec la Samaritaine, Jésus dit à ses disciples : « Ma nourriture c'est de faire la volonté de celui qui m'a envoyé et d'accomplir son œuvre [1]. » Chaque chrétien sait que là réside l'essence même du christianisme. Seulement, quand il réfléchit à cette attitude « n'avoir pas d'autre volonté que la volonté de Dieu », le chrétien a le plus souvent l'impression que « faire la volonté de Dieu » signifie uniquement agir selon la volonté de Dieu. Cette approche concerne donc l'action. Or, nous le savons bien hélas, des êtres qui se réclamaient de la volonté de Dieu, que ce soit au sein du christianisme ou de l'islam, ont été capables, au nom de cette prétendue volonté divine, de faire souffrir d'autres hommes et surtout de violer ouvertement certains commandements formulés dans les Évangiles ou le Coran. Je ne veux pas m'étendre sur ces tristes réalités mais, d'un point de vue, l'histoire du christianisme et de l'islam est une longue série de crimes, de tortures,

1. Jean 4, 34.

d'injustices, d'exploitation et d'oppression, inlassablement rachetés par la splendeur des saints et la foi des fidèles anonymes.

Par contre, il a toujours existé dans le christianisme une compréhension plus profonde de cette soumission à la volonté de Dieu. Je l'ai évoquée tout à l'heure et je veux maintenant l'approfondir. Elle dépasse l'action et consiste à voir la volonté de Dieu à notre égard dans tous les événements de notre existence. Là se trouve l'idée capitale sans laquelle la compréhension ordinaire « je fais la volonté de Dieu » perd son sens. Cette conviction que tout ce qui nous arrive est voulu par Dieu en ce qui nous concerne est d'ailleurs confirmée et éclairée par une toute autre manière de s'exprimer, dite non dualiste, qui demande *de reconnaître que ce qui est EST et de ne pas surimposer ce qui devrait être sur ce qui est.*

Bien sûr, il y a eu, dans le sentiment des croyants, des difficultés apparentes dont témoignent les questions posées depuis deux mille ans aux maîtres spirituels chrétiens. Comment Dieu qui est justice et bonté peut-il vouloir des actes qui nous apparaissent comme criminels et contraires à ses propres commandements exprimés à travers les prophètes ou par le Christ? La tradition a toujours répondu : ce n'est pas la volonté de Dieu que celui qui est dans l'erreur reste dans l'erreur, ce n'est pas la volonté de Dieu que celui qui fait souffrir son prochain demeure, lui, à ce niveau d'égoïsme, de cynisme ou de cruauté mais, en ce qui vous concerne, vous qui vous sentez victimes d'une injustice, c'est la volonté de Dieu à votre égard.

A défaut de le dissiper, je voudrais au moins évoquer un malentendu possible. Notre cri du cœur est d'abord : « Non. » « Non, Dieu ne veut pas l'injustice, ni les crimes, ni le mal. Ces scandales proviennent de la perversion de la liberté humaine. » Tout chrétien admet par contre que celui qui en est victime peut les transformer en grâce et utiliser l'épreuve pour grandir. Au lieu de se laisser emporter et engloutir par le torrent de l'absurde, l'être humain peut le traverser et lorsqu'il a pu atteindre l'autre rive il est né à une vie nouvelle. Pouvons-nous admettre encore aujourd'hui cette manière de s'exprimer? Je ne sais. Mais si l'on s'ouvre à cette compréhension qui est parfaitement en accord avec les autres enseignements spirituels, alors le christianisme devient réellement libérateur.

Cependant, pour que cette approche nouvelle d'adhésion à la volonté divine produise en vous un profond changement, il faut qu'elle soit inconditionnelle. Si vous vous contentez d'accepter ce qui, en fin de compte, vous paraît acceptable bien que fâcheux ou ennuyeux, ce n'est pas cela qui pourra vous permettre une véritable rupture de niveau intérieure, le passage à un tout autre plan de sentiment et de compréhension. Par contre, si vous acceptez ce qui vous paraît inacceptable au premier abord, *et ceci non pas comme une défaite mais comme une attitude active et en vérité victorieuse contre votre manière habituelle de réagir*, une très grande réalisation peut s'ouvrir devant vous.

Il nous est parfois demandé d'accepter l'inacceptable et je me permets d'ajouter d'accepter l'incompréhensible –, c'est peut-être encore plus difficile – ce devant quoi notre raison s'insurge : « Mais ce n'est pas possible! » La raison accablée ne peut que répéter : « Ça ne peut pas être vrai! » Nous ne comprenons pas comment certaines personnes, à titre individuel ou collectif, ont pu se comporter d'une telle manière, surtout quand ce comportement nous atteint directement. Il ne faut pas essayer de comprendre d'abord. Plus tard. D'abord et avant tout accepter. Ensuite viendra la compréhension. « Accepter l'inacceptable » et « accepter l'incompréhensible ». Par cette acceptation, vous passez au-delà du mental, au-delà même de l'intelligence ordinaire. C'est une manière révolutionnaire de voir, de penser, de comprendre et de juger – ou plutôt de ne plus juger.

Cette soumission parfaite à la volonté divine est à l'origine du mysticisme chrétien. On pourrait composer une anthologie de paroles de saints rien que sur ce thème. Tous ont suivi l'exemple de la soumission de la Vierge. A l'Ange qui lui annonce cette incroyable nouvelle qu'elle va être enceinte du Saint-Esprit, elle répond avec une éblouissante simplicité : « Je suis la servante du Seigneur, qu'il me soit fait selon ta parole. » Nous le sentons, quoi que l'Ange ait pu lui dire – même s'il lui avait annoncé : « Tu vois, Marie, cette petite boule au sein, c'est un cancer et dans un an tu seras morte » – de la même manière elle aurait répondu : « Je suis la servante du Seigneur et qu'il me soit fait selon ta parole [1]. » Donc, dès l'origine du christianisme, c'est-à-dire depuis le point de départ de l'Évangile qui est ce oui de Marie jusqu'à l'acceptation ultime du Christ « Mon Père, s'il est possible, que cette coupe passe loin de moi! Pourtant, non pas comme je veux, mais comme Tu veux! », les plus grands chrétiens ont vécu de cette fusion de leur volonté avec la volonté divine entendue comme une adhésion aux événements les plus concrets, d'instant en instant, y compris ce qui apparaît d'abord diabolique ou satanique.

Outre les textes célèbres de Maître Eckhart et des Pères de l'Église comme Grégoire de Nysse et Clément d'Alexandrie et en dehors des écrits mystiques catholiques notoires, j'ai eu comme livres de chevet deux petits opuscules. L'un s'appelle *Confiance en la Divine Providence*. Il est d'un auteur fort peu connu, Jean-Baptiste Saint-Jure, de la Compagnie de Jésus, et on dit que c'était la lecture favorite du curé d'Ars. La certitude qui inspire

1. Matthieu 26, 39.

ce petit livre est extrêmement simple : si vous voyez en tout ce qui vous arrive la volonté de Dieu et si vous voulez ce qui vous arrive parce que vous ne pouvez pas avoir d'autre volonté que celle de Dieu, vous atteindrez dès ici-bas le bonheur. En fait, c'est évident. Comme le bonheur provient de la concordance entre ce que je veux et ce qui se produit, si au lieu d'exiger que le monde corresponde à mon attente je veux bien me mettre en accord avec lui, le résultat sera exactement le même ; il y aura harmonie et non plus conflit et frustration.

Je vais partager avec vous quelques extraits choisis au fil des pages : « Là est tout le secret du bonheur sur cette terre : correspondre à la volonté de Dieu. » « Voir Dieu en toutes choses ; en toutes choses, se soumettre à la volonté de Dieu. » Un peu plus loin, vient une citation de l'Ancien Testament pour justifier cette attitude. Dieu dit à Moïse : « C'est moi qui fais mourir et c'est moi qui fais vivre, c'est moi qui blesse et c'est moi qui guéris. » Et plus loin encore, je lis : « Nous devons, sur Sa parole, croire que dans toutes les sortes d'événements, rien n'arrive que par Son ordre ou Sa permission. » Ces sentences vont toutes dans le même sens : affirmer que c'est toujours la volonté de Dieu qui est à l'œuvre et pas tantôt la volonté de Dieu et tantôt la volonté de Satan.

Cette manière de voir la volonté de Dieu même dans les actions dites perverses de ceux qui nous font directement du mal ne peut qu'engendrer le pardon et l'amour des ennemis recommandé par le Christ. Et je lis : « Nous devons donc ne pas nous arrêter aux passions de ceux à qui Dieu donne pouvoir sur nous pour nous faire souffrir, ne pas nous mettre en peine de leurs intentions malveillantes et nous préserver de toute aversion contre eux. » Ou encore : « Notre intérêt devrait donc nous porter à accueillir plutôt qu'à repousser leurs atteintes puisqu'elles ne sont véritablement que les atteintes de

Dieu Lui-même. » Cette doctrine a toujours été familière aux âmes vraiment éclairées de Dieu et nous en avons un exemple célèbre dans le saint homme Job. Il a perdu ses enfants et ses biens, il est tombé de la plus haute fortune dans la plus profonde misère et il dit : « Le Seigneur m'avait tout donné, le Seigneur m'a tout ôté ; comme il a plu au Seigneur, ainsi est-il arrivé, que le nom du Seigneur soit béni. » Voyez, observe ici saint Augustin, Job ne dit pas : « Le Seigneur me l'avait donné et le démon me l'a ôté » mais, en homme, il dit : « C'est le Seigneur qui m'avait donné mes enfants et mes biens et c'est Lui qui me les a ôtés. »

Cette approche chrétienne s'appuie sur la conviction que pour chacun de nous Dieu agit comme un père uniquement motivé par l'amour de ses enfants et dans le but d'éduquer ceux-ci pour en faire peu à peu ses égaux : « Soyez parfaits comme votre Père céleste est parfait. » On en a donné depuis toujours des illustrations familières. Le petit enfant qui s'est blessé ne comprend pas que sa mère mette de la teinture d'iode sur son écorchure parce que cela brûle, mais c'est par amour que sa mère lui impose cette souffrance momentanée. Ou bien – autrefois les médicaments n'étaient pas des gélules faciles à absorber mais des potions amères – l'enfant qui doit avaler un médicament au goût épouvantable ne comprend pas comment sa mère peut être aussi cruelle alors qu'elle agit ainsi pour son seul bien.

Je lis encore : « N'attribuons donc jamais ni aux démons ni aux hommes mais à Dieu comme à leur vraie source, nos pertes, nos déplaisirs, nos afflictions, nos humiliations. Agir autrement, remarque sainte Dorothée, ce serait faire comme le chien qui décharge sa colère sur une pierre au lieu de s'en prendre à la main qui la lui a jetée. Ainsi, gardez-vous de dire : untel est cause de ce malheur que j'ai éprouvé, il est l'auteur de ma ruine. Vos maux sont non l'ouvrage de cet homme mais de Dieu. Ce qui vous rassure, c'est que Dieu fait tout avec la plus profonde sagesse et pour des fins saintes et sublimes. » Même si ce vocabulaire nous paraît aujourd'hui désuet et, aux yeux de certains, ridicule, souvenons-nous que les vérités simples – certains diraient même simplettes ou simplistes – ont fait leurs preuves à travers les siècles.

Pouvez-vous en effet progresser en considérant que les difficultés de la vie vous arrivent toujours « par les autres » et en restant butés sur ce point de vue au lieu de saisir qu'un événement difficile vous appelle au dépassement de sa cause immédiate? Hélas, au lieu de nous laisser interpeller par ce qui nous fait mal, nous le rejetons pour tourner en rond. Tant de personnes dans l'épreuve n'ont d'autre réaction que de dire : « Qu'est-ce que j'ai fait à Dieu pour qu'il m'envoie une telle souffrance? » ou encore « Si Dieu existait, il n'aurait pas permis que cela m'arrive. » Tant que lesdites épreuves arrivaient aux autres la foi de ces personnes n'était pas mise en cause mais du jour où elles surviennent dans leur propre vie, elles se révoltent et s'en prennent à Dieu. Ceci dit, je suis d'accord que les affirmations de Jean-Baptiste Saint-Jure risquent d'être mal comprises et peuvent conduire à des interprétations abusives conduisant à justifier tous les crimes.

Une idée qui revient aussi souvent dans cette approche, c'est que Dieu nous fait souffrir en nous considérant – c'est l'expression que j'ai souvent trouvée dans ce genre de textes – comme des créatures nobles. Des créatures nobles, ce sont des créatures dotées d'un certain courage. Dieu nous fait l'honneur de ne pas nous traiter uniquement comme des êtres faibles, infantiles, pleurnichards, tout juste capables de se lamenter, mais comme des êtres d'envergure, possédant une réelle dignité, capables d'affronter les épreuves pour grandir et évoluer. « Le Seigneur châtie ceux qu'il aime et il flagelle ceux qu'il admet au nombre de ses enfants. » Avant de bondir d'indignation devant de tels propos, essayez d'en comprendre le véritable sens.

Le mot « soumission » peut mal résonner en vous et vous donner l'impression d'un échec et d'une défaite. Cependant, si nous voulons bien admettre que Dieu est à l'œuvre partout et décidons que nous voulons, nous, ce que Dieu veut, nous ne capitulons pas devant Dieu mais nous nous mettons à égalité avec lui en nous haussant à Son niveau. Il serait encore plus juste de dire identité ou « non-distinction de notre volonté et de la volonté de Dieu » ou « fusion de notre volonté avec la volonté de Dieu », même dans l'inacceptable, même dans l'incompréhensible. Cela me rappelle la parole d'un sage hindou du XIXe siècle, Ram Tirtha, qui avait affirmé : « " Que Ta volonté soit faite " n'exprime pas la vérité ultime. La vérité ultime, c'est toujours *ma* volonté est faite, parce que ma volonté est devenue celle de Dieu et se confond complètement avec la Sienne. »

Maître Eckhart a dit : « C'est le non qui brûle en enfer. » La conscience de la séparation, la souffrance, l'erreur fondamentale commencent avec le non. Mais, de ces « non » à l'inévitable, le premier est probablement le refus du bébé, surtout si la naissance a été tant soit peu traumatisante. C'est le non qui a créé l'ego, c'est le non qui est à l'origine de la séparation. C'est donc le oui qui peut dissoudre l'ego et c'est le oui qui peut « faire du deux un ». Vous connaissez la parole célèbre de saint Paul : « Le Christ n'a pas été oui et non ; il n'y a eu que oui en lui. » Et ce oui est lié à une idée qui a imprégné tout le christianisme mais a été souvent mal comprise et se trouve considérablement refusée aujourd'hui, celle de l'obéissance et de la désobéissance.

A l'origine la désobéissance, au sens chrétien du mot,

consiste à désobéir à Dieu et par conséquent à s'éloigner de plus en plus de la paix, s'enfoncer de plus en plus dans un tissu d'erreurs. Mais désobéir à Dieu n'implique pas seulement transgresser un commandement soit de l'Ancien Testament soit du Christ, c'est d'abord refuser que ce qui nous arrive se produise. Si nous voulons passer d'un niveau moral à un niveau plus intérieur, ésotérique, souvenons-nous de ce point capital. La désobéissance première ou, si vous voulez, le péché fondamental, c'est de refuser la réalité relative, de ne plus être d'accord avec Dieu, responsable de tout ce qui se produit pour moi, y compris ce qui ne correspond pas à ma perspective égocentrique et subjective. Et l'obéissance commence avec ce oui à ce qui est. Ensuite, l'obéissance à tel ou tel commandement peut trouver sa place. Mais elle n'apparaît que comme une conséquence de cette première soumission.

Refuser à longueur de journée que ce qui est soit et refuser que l'inacceptable ou l'incompréhensible soit, c'est la désobéissance. Pactiser avec cette désobéissance, discuter sans arrêt la réalité en attribuant à l'œuvre de Satan tout ce qui nous déplaît et s'imaginer que l'on fait la volonté de Dieu parce que l'on tente d'appliquer certains commandements qui en outre apparaissent la plupart du temps comme frustrants, ne peut pas constituer un christianisme épanouissant. Cette attitude ne peut que conduire à toutes les impasses abondamment signalées par ceux qui ont formulé des critiques souvent justifiées sur le christianisme – en vérité non pas tel que le Christ nous l'a proposé mais tel qu'il a été déformé. L'obéissance est une aide au dépassement de ce que l'on appelle communément la volonté propre pour permettre la fusion de notre vouloir individuel avec la volonté divine. Comment le musicien que j'évoquais tout à l'heure pourrait-il se sentir à l'aise et heureux en refusant de jouer la partition dirigée par le chef d'orchestre et interprétée par ses confrères pour jouer son air à lui?

Dans l'autre petit livre, celui-ci de saint Alphonse, *la Volonté de Dieu*, écrit vers 1775, les mêmes idées sont reprises avec la même conviction : « Il faut unir notre volonté à tout ce que Dieu dispose. Nous ne voulons rien sinon ce que Dieu veut et le seul vouloir divin devient notre vouloir. Le difficile, c'est de faire bon accueil à la volonté de Dieu en tous les événements, qu'ils satisfassent ou contrarient nos désirs instinctifs. Dieu ne veut pas le péché de celui qui nous offense, Dieu veut néanmoins notre humiliation, notre appauvrissement, notre mortification... » Et il cite : « De tout ce qui lui arrive, rien n'est au juste un sujet de tristesse », verset extrait du livre des Proverbes, petite sentence qui pourrait aussi bien être bouddhiste que chrétienne.

Ou encore : « L'insensé, dit l'Esprit-Saint, est changeant comme la lune tandis que l'homme juste, dans sa sagesse, reste égal à lui-même comme le soleil. » (Livre de l'Ecclésiastique.) Et le texte poursuit : « L'insensé, c'est-à-dire le pécheur, change comme la lune, laquelle croissant aujourd'hui demain décroît; lui aujourd'hui, vous le voyez rire, demain il pleurera; aujourd'hui il n'est que mansuétude et demain ce sera un tigre en fureur. Pourquoi cela? Parce que sa tranquillité dépend des événements qui se succèdent, tantôt agréables et tantôt fâcheux. Les incidents de la vie l'entraînent dans leurs changements. Le juste, au contraire, ressemble au soleil. Vous le trouverez toujours d'une égale sérénité, quoi qu'il lui arrive. C'est qu'il met son contentement à s'unir à la vie divine et, dès lors, il jouit d'une paix que rien ne peut troubler. Les anges ont dit aux bergers sur la terre : " Paix aux hommes de bonne volonté. " Qui d'entre nous ne connaît pas cette parole? Or quels sont les " hommes de bonne volonté " sinon ceux dont la volonté est toujours unie à la volonté de Dieu, qui considèrent cette volonté de Dieu comme souverainement bonne et parfaite? »

Nous n'avons pas toujours senti, dans cette parole bien connue « paix aux hommes de bonne volonté », ce sens précisé par saint Alphonse, lequel n'a jamais été considéré comme un original hétérodoxe ni même sujet à caution dans certaines de ses affirmations ainsi que l'a été Maître Eckhart. *L'homme de « bonne volonté », c'est tout simplement l'homme dont la volonté se confond toujours avec la volonté de Dieu, celle-ci n'étant ni plus ni moins que ce qui se produit ici et maintenant.* L'idée d'adéquation de notre volonté à la volonté de Dieu ou, si nous utilisons ce mot, de soumission à la volonté de Dieu, est donc directement liée à l'idée de paix.

Je me souviens qu'un jour le compagnon de mes pérégrinations musulmanes en Afghanistan, Mohamed Ali Raonaq, avait fait un petit exposé devant une centaine de Français sur le thème : « Qu'est-ce que l'islam ? » Il avait commencé ainsi : « L'islam tient en deux mots que vous connaissez tous, le mot *islam* lui-même qui signifie " soumission " et le deuxième que vous connaissez tous aussi, c'est *salam* parce qu'on s'est souvent moqué des musulmans avec leurs salamalecs : " La paix soit avec vous. " L'islam, c'est donc la paix par la soumission. » Celui dont la volonté se confond avec la volonté divine au point de pouvoir dire, comme le swâmi hindou, « ma volonté est faite », comment ne vivrait-il pas dans la paix ? Je lis un peu plus loin : « Celui qui vit dans une continuelle union à la divine volonté possède une joie parfaite et continuelle. » Et saint Alphonse cite le livre de Job : « Qui a résisté à Dieu et a pu demeurer en paix ? »

Et voici qu'il nous rapproche peu à peu de l'acceptation de l'inacceptable et de l'incompréhensible : « Et quand ce sont les adversités qui nous arrivent, acceptons-les sans exception de la main divine, non seulement avec patience mais avec allégresse. » « Si tu aspires, ici-bas, à connaître le vrai bonheur, toujours et en tout unis-toi à la divine volonté. » « Dis invariablement : oui, mon Père, qu'il soit ainsi parce qu'il vous a plu ainsi. » « Dieu gouverne notre vie pour notre avantage et mieux, sans comparaison, que nous ne pouvons le faire nous-mêmes ou le désirer. Il nous faut vouloir chaque chose telle qu'elle est. »

Je pourrais multiplier ces citations. Il suffirait d'une. Si nous entrons dans le détail de ces petits ouvrages, ils évoquent systématiquement tous les aspects de notre existence, la santé et la maladie, la richesse et la pauvreté, l'amitié et la trahison, et aussi – car il y a beaucoup de profondeur dans ces textes simples – nos états intérieurs. C'est la volonté de Dieu qu'aujourd'hui je sois agité pendant ma méditation. C'est la volonté de Dieu qu'en ce moment j'aie le cœur sec, je sois sans amour, je ne sente pas la grâce à l'œuvre en moi. Il y a des périodes où, après que le cœur a été vibrant, ardent, immergé dans la béatitude, à nouveau revient l'aridité. Les maîtres spirituels chrétiens ont toujours insisté sur l'acceptation sans regret et sans réticence de ces moments ingrats, mais toujours en faisant de la fusion de notre volonté avec la volonté divine le fondement de la pratique. Par exemple, le fait qu'un moine ne puisse pas assister à la messe conventuelle (ce qui pour un moine est essentiel) parce qu'il est malade ne doit pas le faire souffrir. Non seulement ce moine n'a pas lieu de se lamenter mais il doit voir qu'il est bien plus bénéfique pour lui d'accepter de ne pas pouvoir participer à la messe que d'y être allé si sa santé le lui avait permis. Et pour ceux qui ne sont pas engagés dans la voie mystique chrétienne mais qui aspirent à une vie spirituelle et sont animés par une recherche intense de la profondeur, cette adéquation parfaite, ici et maintenant, de notre volonté à la volonté divine prend la forme de l'acceptation ici et maintenant de toutes nos difficultés intérieures et de nos émotions du moment, même si ces émotions ont pour origine le péché fondamental : le refus.

Ici apparaît un danger, c'est qu'une prétendue acceptation de la volonté divine devienne l'excuse et la justification de notre paresse. J'accepte non seulement des événements extérieurs, mais j'accepte aussi les vicissitudes de ma vie intérieure, ici et maintenant. Seulement, dire « oui, je suis comme cela, je me soumets, je m'incline, c'est la volonté de Dieu... », comporte un piège : plus d'effort pour changer, plus d'effort pour progresser. Certes, je choisis de tout mon cœur des perturbations intérieures, je choisis de tout mon cœur cette incapacité que je ressens ce matin à méditer, mais ce n'est pas une excuse pour m'y installer, pour me justifier à y demeurer. Trop souvent, le Malin, le « menteur » comme disait le Christ, s'empare très habilement de cette « non-dualité » pour compromettre notre ascèse, pour nous maintenir dans l'inaccomplissement, l'inachèvement, pour nous éviter les efforts et les progrès qui nous sont possibles.

Il est évident que si vous cherchez la perfection dans des rêves de surhomme, vous ne l'atteindrez jamais. Aucun de vous ne sera jamais le plus beau, le plus artiste, le plus intelligent, le plus drôle, le plus brillant, le plus efficace. Cette perfection, vous pouvez d'abord la comprendre comme un épanouissement de ce que vous portez en vous, perfection au sens d'achèvement, comme on dit « parfaire son travail ». Nous sommes en voie d'évolution. Méfiez-vous de l'habileté pernicieuse du « menteur » pour ralentir cette progression, pour pactiser avec vos faiblesses en présentant ce qui est soit de la paresse, soit de la lâcheté comme une soumission à la volonté de Dieu.

C'est vrai quant à vos états intérieurs, plus ou moins négatifs, et au niveau où vous en êtes dans votre propre marche en avant sur la voie. Mais c'est vrai également pour vos différentes fonctions dans l'existence. Par exemple si, en tant que père, il se trouve que vos erreurs passées ont contribué à ce que votre fils de vingt ans soit aujourd'hui névrosé, malheureux et incapable de s'insérer dans la société, l'acceptation mal comprise est évidemment une magnifique excuse, non pas en ce qui concerne le passé (qui a été ce qu'il a été) mais en ce qui concerne le présent, pour ne pas faire ce qui vous est demandé en tant que père. « Eh oui! Je n'ai pas d'autre volonté que la volonté de Dieu : c'est la volonté de Dieu que mon fils soit mal dans sa peau et désemparé; Dieu fait tout pour le bien de mon fils : je me soumets! » En conséquence, je ne joue plus mon rôle de père, je ne tente plus tout ce qui m'est possible, à moi, pour aider mon fils à sortir de sa souffrance, à guérir de sa névrose – si névrose il y a – et à se retrouver heureux. Il y a là un double danger par rapport à votre propre transformation intérieure et par rapport aux possibilités que vous avez d'agir.

Il importe donc de faire très clairement la distinction entre « soumission ou acceptation » et « résignation » afin d'éviter ce genre de malentendu. Il y a dans la résignation un élément d'accablement, de défaite qui inhibe l'action et conduit à l'irresponsabilité. Vous comprenez bien que cela ne peut en aucun cas être une attitude susceptible de vous faire évoluer. Ce que l'on peut appeler « acceptation de la volonté de Dieu » ou « fusion de notre volonté avec la volonté de Dieu » impose au contraire de nous demander : la situation étant ce qu'elle est, qu'est-ce que Dieu attend de moi? Ceci étant, comment vais-je être l'instrument d'une sagesse plus vaste que mon égocentrisme, mes désirs, mes peurs? Il ne s'agit plus de savoir si la réalité me fait mal, si elle m'humilie dans mon orgueil, il s'agit de savoir ce qui m'est possible aujourd'hui.

La fusion de notre volonté avec la volonté de Dieu

comporte donc deux visages. D'abord le OUI à ce qui est. Ensuite, quelle est la réponse à donner à cette situation précise et puisse cette réponse ne pas être l'expression de mon émotion, de mon inconscient, de mes opinions mais l'expression de la volonté de Dieu dont je deviens un instrument. Il est essentiel de comprendre que ce deuxième aspect « faire la volonté de Dieu dans l'action » ne peut être que la conséquence du premier aspect « voir la volonté de Dieu dans la situation ».

Pour ceux qui ont le désir de comprendre, d'utiliser toutes les possibilités de leur intelligence, il semble qu'il y ait dans les enseignements initiatiques et ésotériques une abondance de connaissances qu'on ne trouve pas dans la puérilité de ces petits manuels de vie intérieure. Et pourtant la simplicité de cette attitude, si elle est vraiment vécue, si elle va jusqu'à l'acceptation de l'inacceptable et de l'incompréhensible issue d'une certitude intérieure, peut conduire à la connaissance suprême parce qu'elle remet complètement en cause toutes les limitations mentales et intellectuelles, les préjugés, les jugements de valeur, la manière dont nous vivons dans notre monde au lieu de vivre dans le monde.

Nous avons construit une certaine idée du monde qui est la nôtre, nous vivons dans un univers constitué d'un ensemble d'opinions, les choses sont ceci, les choses sont cela, voilà ce qui est bien, voilà ce qui est mal, voilà ce que les gens devraient faire, voilà selon moi ce qui rend heureux, selon moi ce qui rend malheureux. Hélas! Depuis la Tour de Babel, les hommes vivent chacun dans leur monde, chacun ne parle que sa langue à lui. Il n'y a plus de véritable compréhension. Et cette voie en apparence si simple peut conduire à la connaissance parce qu'elle est très rapidement destructrice de ce que l'on peut appeler « notre monde ». Allant directement à l'encontre de nos habitudes de refus, de notre routine intérieure, elle met très vite sens dessus dessous notre fausse vision limitée, subjective, dont nous cherchons à nous libérer ou nous éveiller.

A cet égard, il n'y a aucune différence entre les voies religieuses dites dualistes et les voies non dualistes comme le védanta strict ou le bouddhisme. Il s'agit toujours d'adhésion à la réalité. Dans les voies non dualistes, on emploie, en anglais, des termes comme *isness, thatness, suchness,* le fait qu'ici et maintenant les choses soient ce qu'elles sont. Le plus grand sage hindou me tient, dans son vocabulaire à lui, les mêmes propos qu'un moine ou un mystique chrétien. Devant une telle unanimité, le « menteur » en nous est vite à court d'arguments.

***

La redécouverte des valeurs spirituelles en Occident, la vogue des enseignements orientaux, le réveil mystique dans le christianisme, très réels à l'heure actuelle, ne peuvent pas contredire le fait que nous sommes nés dans une société qui tourne en tous points le dos à l'acceptation et qui est fondée sur le non, le refus, la révolte. Nous sommes les produits d'une culture tout à fait spéciale dans l'histoire de l'humanité qui gagne peu à peu l'ensemble de la planète. Et si nous employons l'expression « bonne volonté » pour la fusion de notre volonté avec la volonté de Dieu, nous sommes obligés de dire que nous sommes marqués et imprégnés par un monde de « mauvaise volonté », dans lequel l'idée même de l'acceptation paraît inacceptable.

Vivre en harmonie avec la volonté de Dieu c'est aussi vivre en harmonie avec sa création. Le mot « religion » vient du latin « *religere* », relier. A partir de la Renaissance, l'homme a entrepris ce que nous appelons « la conquête de la nature », démarche profondément anti-religieuse qui va à l'encontre de celle des civilisations traditionnelles fondées sur le respect de la nature et la soumission aux lois universelles. Les Indiens d'Amérique offrent certainement un des plus beaux exemples d'un peuple qui vivait en parfaite symbiose avec son milieu. Je me souviens de la remarque que m'avait faite l'un d'entre eux que j'avais rencontré au Canada : « Les Blancs ne sont même pas matérialistes, m'avait-il dit, puisqu'ils n'ont aucun respect pour la matière. » L'essence de la religion, c'est de permettre à l'homme d'être complètement en communion avec le *tao*, avec le *dharma*, avec l'ordre cosmique. Et dans cette harmonie, l'homme trouve son épanouissement et son unification. Pas dans l'attitude de conquête.

N'y a-t-il pas un côté dérisoire et tragique dans le fait que l'être humain, petite créature emprisonnée dans les limites de son corps et de son psychisme, se dresse en face de l'univers et prétende le maîtriser alors qu'il en constitue une infime parcelle ? Cette attitude de défi à l'égard de son environnement conduit l'homme à se refermer sur lui-même et ne peut lui apporter ni certitude, ni paix. Pourquoi chercher à conquérir la nature alors que l'homme est une expression de la vie universelle ? La découverte de ce qui transcende la peur, le désir et toutes les limitations de l'ego, ne peut se faire que dans un retournement total d'attitude. La conscience finie et séparée, soumise à la durée, au vieillissement, à l'attraction et à la répulsion, aux effets produits par des causes, cette conscience-là pourra bien conquérir l'atome et la lune mais elle ne pourra jamais conquérir le mouvement même de la vie, le mouvement même de l'univers. Ou, pour s'exprimer d'une autre façon, le limité ne pourra jamais s'approprier l'Illimité, le fini ne pourra jamais s'approprier l'Infini, le mortel ne pourra jamais s'approprier l'Immortel.

L'épanouissement de l'être relève d'un sentiment d'union et d'amour alors que la mentalité conquérante relève de l'agressivité : « Je serai le plus fort, j'asservirai la matière, je mettrai à mon service ou au service de l'humanité les forces universelles. » Chacun dans sa sphère se trouve ainsi de plus en plus emprisonné par un comportement dualiste : il faut conquérir des marchés, battre des records, décrocher des titres. Le fondement commun à toutes les religions – depuis la spiritualité la plus exotérique (la « religion du peuple » aux grandes époques religieuses) juqu'à l'ésotérisme le plus subtil et le plus raffiné, celui des mystiques – va à l'encontre de cette mentalité de lutte acharnée et nous propose l'attitude inverse, le « lâcher-prise », en anglais *let go*. Les Évangiles insistent sur la nécessité d'une confiance qui suppose de cesser la lutte et de faire la paix avec l'univers. Tant que vous combattrez, vous ne serez jamais en paix. La paix vient quand la lutte et le combat sont terminés.

Physiquement, vitalement, psychologiquement, vous êtes une partie de l'univers comme n'importe quelle cellule de votre corps est une partie de votre être. C'est l'ego qui définit la conscience séparée et séparatrice et cette conscience d'individualisation vous isole et engendre la peur. L'homme coupé du monde ne peut plus se sentir en sécurité, il a l'impression qu'il vit dans un environnement hostile, qu'il ne peut compter sur rien, même pas sur lui-même. Le danger semble le guetter à tout moment. Comment ne serait-il pas toujours sur le qui-vive ? Aussi fausse soit-elle, cette méfiance est maintenant ancrée en nous. C'est le mouvement général de notre société, c'est de cette façon que nous avons été formés et éduqués et il n'est pas facile d'opérer un retournement intérieur.

Pourquoi vivre sans cesse sur la défensive et, quand

vous le pouvez, l'offensive, alors que tout est déjà là, que l'univers – si le mental de l'homme ne s'en mêlait pas – fonctionne harmonieusement et que vous pouvez tout trouver dans cette participation ou cette communion avec l'ordre naturel tel qu'il est. Que nous soyons d'accord ou non, la Genèse ose nous dire : « Dieu vit que sa création était bonne. » Vous ne pouvez pas prétendre être en communion avec Dieu et en même temps lutter contre la nature. Vous ne pouvez pas diviser. Dieu se manifeste ou s'exprime à travers tout cet univers et vous ne pouvez pas être en communion avec Dieu si vous n'êtes pas en communion avec sa Création. Certes nous avons à collaborer avec Dieu. C'est à travers chacun de nous que l'offre de la vie éternelle peut atteindre notre prochain et nous sommes coresponsables de la bonne marche du monde. Dieu vient à nous à travers ses serviteurs et vient à nos frères à travers nous mais que sa volonté soit faite et non la nôtre.

Vous vivez sur la défensive non seulement en ce qui concerne votre insertion dans le monde mais dans votre rapport avec vous-mêmes, plus précisément votre relation avec les différents aspects de votre être et les énergies qui vous composent. A mesure que je connais plus profondément ceux à qui je m'adresse, je vois combien les uns et les autres vous avez peur de vous-mêmes. L'un a peur de sa sexualité, l'autre de sa mauvaise santé, de ses fatigues, de ses malaises, un troisième a peur de ses idées étranges, de ses fantasmes, un quatrième d'être submergé par ses émotions trop fortes, de devenir franchement perturbé ou même délirant. Là encore vous vous crispez dans cette situation de conflit qui est à la racine du matérialisme. Le bouddhisme a été qualifié de religion athée mais le bouddhisme est une spiritualité parce que c'est une religion de communion, de participation et d'amour. On peut posséder un doctorat en théologie et être pourtant foncièrement matérialiste en vivant dans la méfiance et la peur et non dans l'amour et la confiance.

Si toutes les techniques d'ascèse reposent sur ce principe de participation par opposition aux autres démarches existentielles fondées sur l'épreuve de force et la conquête, il faut bien voir cependant que cette participation est une attitude dynamique. L'univers n'est pas paresseux et un homme religieux peut être très actif, mais actif dans la communion. Une civilisation ne s'épanouit pas sans une intense activité. Le point de vue anthropologique ou ethnologique peut nous aider à sentir à quel point cette participation était manifestée autrefois par des rites, des cérémonies : fête du printemps, fête des semailles, fête des moissons. L'élément de communion avec l'univers et les forces divines se trouvait sans cesse célébré dans toutes les traditions.

Êtes-vous décidés à vivre dans le conflit ou êtes-vous décidés à vivre dans la non-dualité et l'unité à l'égard de cet univers dont vous êtes un élément? Si vous lâchez prise, tout vous est donné. « Dieu qui vêt les lys des champs, qui nourrit les oiseaux du ciel, vous donnera tout cela. » Telle est la grande découverte faite quand on abandonne intérieurement la lutte : l'univers prend soin de nous, il nous prend en charge. En fait l'univers nous a toujours pris en charge mais nous ne nous en rendons pas compte parce que nous lui résistons. En cessant le combat, nous nous sentons véritablement soutenus, protégés et l'existence elle-même devient pour nous un père et une mère. Nos pères et mères sont simplement l'image, au niveau humain, de la grande Réalité, à la fois masculine et féminine.

On a conquis les océans, on a « vaincu » l'Everest et l'Annapûrnâ, on a marché sur la lune, on a découvert le secret de l'atome. Mais l'humanité n'est pas plus heureuse et chaque homme en particulier n'est pas plus avancé. Si l'on applique cette attitude presque viscérale de combat à la religion, on la fausse inévitablement. Vous pouvez multiplier les retraites dans des monastères, méditer à longueur de journées, si vous conservez ce point de départ agressif, toutes vos tentatives spirituelles s'en trouvent perverties. Être religieux, c'est se relier, c'est être en état d'amour, en état de communion, instant après instant. Tout est alors changé. L'ego s'amenuise et s'efface et vous devenez participants à la vie éternelle.

Vous êtes plongés dans la vie universelle comme les vagues dans l'océan. De même que l'océan est dans toutes les vagues, la vie universelle est en chacun de vous. Pouvez-vous imaginer une vague qui parte à la conquête de l'océan? Qui décide : je vais maîtriser l'océan? Quel nonsens. La religion commence quand s'est opérée la conversion du conflit à la paix. Ne cherchez pas à conquérir, cherchez à vous ouvrir pour accueillir. Pour cela il faut que vous ayez senti en vous la nostalgie de cette communion, la nostalgie de la fin des conflits. Inutile de s'illusionner en croyant être sur la voie alors qu'on tourne le dos à l'attitude religieuse. Vous ne pourrez que vous sentir de plus en plus mal à l'aise, écartelés entre la mentalité actuelle d'une part et les influences spirituelles d'autre part. C'est le conflit entre ces deux approches incompatibles qui fait la tragédie de beaucoup de chercheurs spirituels comme on en rencontre dans les milieux du zen, du bouddhisme tibétain, des ashrams hindous et des retraites dans les monastères. Il est vain de vous engager sur une voie de transformation si dès que vous êtes appelés à aller avec le mouvement universel, vous vous crispez encore plus que vous ne l'étiez auparavant.

L'homme essaie d'échapper aux lois en se dressant contre elles alors qu'il est appelé, dans l'approche religieuse, qu'il soit homme ou femme, à une attitude féminine de participation et d'ouverture par rapport à la réalité divine, appelé à se laisser féconder par l'Esprit-Saint ou par le Verbe. Il nous est très difficile de comprendre que les mystiques aient pu employer un langage féminin, comme c'est le cas notamment dans le célèbre Cantique des Cantiques, pour symboliser la rencontre et les noces mystiques de l'âme avec son Seigneur. C'est un état d'esprit auquel nous répugnons fondamentalement aujourd'hui. Peu à peu nous avons perdu de vue la valeur de cet aspect féminin en nous. Non seulement les hommes se refusent à cette attitude féminine, d'essence religieuse, mais les femmes, quant à elles, veulent de plus en plus imiter les hommes et se montrer conquérantes, militantes, voire agressives. Cette caractéristique de notre culture est une manifestation parmi d'autres de la nature foncièrement antispirituelle du monde moderne. Chacun veut rester sur son quant-à-soi pour être le plus fort. La sexualité est déviée parce que personne ne peut vraiment se donner, participer. Pourtant se donner à l'autre c'est aussi se donner à soi-même en permettant à la force de vie qui est en nous de se déployer.

Vous ne pouvez pas faire la découverte métaphysique ultime si vous ne la faites pas à tous les niveaux en même temps. Quand l'infini se révèle, le fini a disparu. L'illimité ne peut pas se révéler sans que le limité disparaisse. Tant que la vague ne se conçoit pas comme vague, elle ne peut pas réaliser qu'elle a « l'être, le mouvement et la vie » dans l'océan. Mais n'imaginez pas que vous allez connaître l'expérience transcendante de la conscience de Dieu en vous si vous refusez cette communion aux autres niveaux de l'existence.

La vraie rencontre se fait par l'amour, pas par la conquête. Seul le don de soi permet de communier. Mais la peur, la crispation, parfois l'affolement sont tels aujourd'hui que vous vous laissez toucher un instant puis, lorsque vous vous retrouvez livrés à l'existence, vous recommencez du matin au soir à être contre, à vous sentir attaqués et à vous défendre. Sachez donc détecter en vous les manifestations de repli sur vous-mêmes, les forces de peur, les forces de séparation. Les vagues sont le chant de l'océan, pourquoi vivre effrayés alors que, de siècle en siècle, la religion proclame : « Vous êtes créés à l'image de Dieu. » « Vous êtes héritiers du Royaume. »

Si vous voulez communier avec Dieu, communiez avec la totalité, soyez printemps avec le printemps, hiver avec l'hiver. Soyez pluie avec la pluie, sécheresse avec la sécheresse. Soyez mal de dent avec le mal de dent, épuisement physique avec l'épuisement physique. Vous connaîtrez le secret : « un avec ce qui est ». Cette liberté vous échappera tant que vous ne voudrez communier qu'avec la moitié apparemment agréable de l'univers. Ou vous communiez avec la totalité ou vous êtes sans cesse obligés de vous protéger. Il faut dire « amen » à l'intégralité de la vie. Dieu est déjà en vous et vous êtes déjà en Lui. Ce n'est pas pour demain, ce n'est pas pour plus tard. La grande vie universelle est à l'œuvre en vous. Elle vous a créés, elle vous a fait naître, elle vous transforme, elle vous fait sans cesse mourir et renaître, mais elle, elle est indestructible, infinie, éternelle.

Soyez religieux en vous-mêmes, vis-à-vis de vous-mêmes, avec vous-mêmes et vous verrez que l'univers n'est pas seulement la surface, la périphérie des événements. C'est aussi le silence des profondeurs. Les vagues n'affectent que la surface de l'océan. Si vous êtes unis avec la réalité changeante, vous serez unis aussi avec la réalité immuable. Mais vous ne pouvez pas participer à l'éternel en continuant de refuser l'éphémère. Vous ne pouvez pas être en communion au plan métaphysique et en hostilité au plan physique. La communion est totale, tout le temps, ou elle est une poursuite vaine. Si vous voulez communier avec Dieu, ne le cherchez pas uniquement dans le silence d'une méditation. Voyez Dieu à l'œuvre partout.

En dehors des vies de saints, notre siècle a connu plusieurs exemples du miracle de l'acceptation dans l'horreur des camps de déportés. Vous pouvez lire : *Un psychiatre déporté témoigne* de Victor Frankl (Éditions du Chalet). Vous pouvez lire aussi : *Une vie bouleversée* d'Etty Hillesum (Éditions du Seuil). Mais laissez-moi vous citer le témoignage d'Albert Chambon dans son livre : *Oui, je crois* (Éditions du Cerf) : « ... Six ans au-delà [d'une retraite à la Grande Trappe], je recevais la grâce de Buchenwald qu'il " valait la peine d'obtenir, même si on n'obtenait pas celle de la sortie ", suivant le mot du Père Leloir ; et il est vrai que dans le monde déshumanisé des camps de concentration, un extraordinaire privilège nous était offert à tous : celui d'atteindre sans effort les sommets de la spiritualité. Littéralement dépouillés de tous les biens terrestres, loin de toute amitié, de toute affection, de toute tendresse et de tout amour, libérés des obligations auxquelles les hommes qui vivent en société sont astreints, privés du secours que la religion peut apporter, la foi pouvait ruisseler en nous. Tout apparaissait si clair, l'échelle des valeurs humaines si évidente, qu'il semblait ne plus y avoir choix pour d'autre chemin. Plus aucun brouillard ne nous empêchait de distinguer ce qui est essentiel ici-bas de ce qui ne l'est pas. Nous ne pouvions que nous affliger d'avoir été si longtemps aveugles. La voie de Dieu était éclatante de lumière. Les yeux de nombre de déportés se sont fermés, ainsi, à la vie terrestre, dans une vision aveuglante de ce que doit être l'existence humaine pour être conforme aux desseins de la Providence Divine. Quant à ceux qui, comme moi, ont eu le privilège de revenir de ces lieux maudits, il leur demeure comme une étrange nostalgie de cette vérité qui, alors, nous embrasait et nous a désertés peu à peu après notre retour parmi les vivants. »

Vous le voyez, il n'est question ni de résignation, ni de lâcheté, ni de paresse. Il est question de se réconcilier avec la vie, donc d'être heureux dès ici-bas et de reposer dans la paix dès ici-bas.

Allez jusqu'au bout de la compréhension que vous pouvez avoir de ce thème parce que dans la profondeur de vous-mêmes règne encore la révolte contre de telles idées : « C'est inadmissible, il faut refuser ! » Vous ne savez plus ce qui doit être refusé ou accepté et la confusion redevient totale. Sous prétexte de refuser le mal, de refuser l'injustice, vous demeurez dans l'agitation, l'effervescence, l'absence totale de paix et il n'est plus question de la moindre fusion de votre volonté avec la volonté divine. Pourtant vous ne pouvez laisser vibrer en vous la fibre religieuse, retrouver la nostalgie d'un certain christianisme, penser que Dieu peut être considéré comme un père plein d'amour avec lequel nous pouvons entrer en relation, que si vous voulez bien entendre ce que j'ai partagé avec vous. Sinon, nous ne parlons pas de la même religion.

Il n'y a qu'un seul maître : c'est Dieu lui-même ou c'est la Vérité. Le Christ a dit : « Ne sais-tu pas que Dieu seul est bon ? » Tout « gourou » humain doit être considéré uniquement comme un instrument, une « forme » qui peut nous convenir, une expression qui nous est accessible. Il n'y a qu'un seul gourou, un seul. Appelez-le Dieu ou appelez-le Vérité, en admettant que nous avons quitté la Vérité et que nous nous sommes perdus à force de refuser que ce qui est soit. Peut-être ce mot « vérité » vous conduira-t-il beaucoup plus loin que vous ne le devinez. Un gourou humain ne peut être qu'un serviteur de ce Gourou suprême, que vous découvrirez un jour au plus profond de vous. Cela devient une question de vocabulaire. Ne soyez plus dupes des manières de s'exprimer et n'utilisez pas une manière de s'exprimer contre une autre pour freiner votre propre progression. La réconciliation avec la réalité de l'instant est un thème commun à toutes les voies. En vivant réconciliés, vous ne pouvez pas vous tromper.

Lorsque vous rencontrerez ce qui est au-delà de toute possibilité de compréhension et d'acceptation, ce que vous considérerez comme l'inadmissible absolu en ce qui vous concerne, serez-vous assez prêts et assez convaincus pour choisir la folie du oui qui est la suprême sagesse? Quand le révoltant, le trop injuste, se présentera, souvenez-vous : c'est Dieu lui-même qui vient à vous, c'est une bénédiction sous le déguisement d'une tragédie. De toute ma force de conviction d'Occidental du XXe siècle, je témoigne que c'est vrai. L'inacceptable, l'impossible à comprendre – cela ne peut pas être vrai, cela dépasse l'entendement – c'est Dieu Lui-même à l'œuvre. Si vous pouvez, sans restriction, dans un élan de foi et d'amour, accepter ce qui dépasse toute possibilité de comprendre, alors vous trouverez cette paix dont il est justement dit qu'elle « surpasse tout entendement ».

8

LE BIEN ET LE MAL

En relisant sans parti pris les Évangiles, on y voit vivre un homme de chair et d'os dont le moins qu'on puisse dire est qu'il se montre un homme au sens le plus plein de ce terme. Il parle avec une autorité « qui n'est pas celle des scribes et des pharisiens » car elle émane de son être même. Il est aussi à l'aise dans la fermeté que dans la tendresse, intrépide devant les puissants, simple et familier avec les gens ordinaires – qui ne sont jamais ordinaires pour lui.

Juif parmi les juifs, il cite les Écritures, participe aux rites et aux cérémonies. Et pourtant il fait passer son amour et sa compréhension avant les rigueurs de l'éthique mosaïque. Aux yeux des puristes non seulement il viole la loi mais il en prend à son aise avec la morale, fréquentant ceux et celles qui transgressent ouvertement celle-ci, s'invitant à demeurer chez le nommé Zachée dont il nous est dit combien il avait mauvaise réputation, citant en exemple ceux qui, aux yeux de sa communauté, représentent le mal : occupant romain, collaborateur avec l'occupant, femmes de mœurs légères, ou encore

Cananéens et surtout Samaritains rituellement impurs pour les juifs orthodoxes. Ramener tout le christianisme à : voici le bien, voici le mal, vous êtes justifiés, vous êtes condamnés, est une trahison sincère peut-être mais flagrante des Évangiles.

Il est assez facile de montrer comment les notions du beau et du laid qui s'imposent à chacun diffèrent avec les cultures et les époques et varient même d'un individu à l'autre. Cette qualification de beau et de laid représente déjà un obstacle à la vision juste, objective, du monde relatif. Le monde phénoménal ne nous révèle en effet la réalité essentielle qui le sous-tend, une et immuable derrière des apparences multiples, que si nous cessons de qualifier arbitrairement les phénomènes en fonction de nos goûts et de nos préférences.

En ce qui concerne le bien et le mal, le principe est identique mais nous avons beaucoup plus de difficultés à l'admettre. D'emblée, nous sommes convaincus que le bien et le mal existent, qu'ils sont fondamentalement différents, que si les êtres humains, y compris nous, sont plus ou moins portés à faire le mal, le progrès sur notre chemin personnel nous amènera à ne plus faire que le bien. Il semble que ce soit assez simple. En vérité cela ne l'est pas.

Dans l'Évangile de Matthieu, l'histoire du jeune homme riche commence par cette question : « Bon maître, que dois-je faire de bon pour obtenir la vie éternelle ? » Jésus lui dit : « Qu'as-tu à m'interroger sur ce qui est bon ? Un seul est le Bon. » Marc précise cette réponse : « Nul n'est bon que Dieu seul. » La T.O.B. [1] donne même cette traduction : « Unique est celui qui est bon. » Si nous considérons qu'être bon c'est faire le bien, être mauvais c'est faire le mal, nous en arrivons à comprendre que Dieu seul fait le bien et qu'en dehors de la soumission

1. T.O.B. : « Traduction œcuménique de la Bible. »

complète à la volonté de Dieu toute conception du bien et du mal demeurant purement humaine est fallacieuse. Donc, parmi les hommes, seul celui qui, au prix d'une longue ascèse, a déraciné les sources de sa volonté propre et participe en serviteur à l'action divine dans le monde peut considérer non pas qu'il fait le bien mais que le bien s'accomplit à travers lui. Regardons cela de plus près.

Il se peut que nous ayons reçu une éducation laïque ou chrétienne qui nous ait plus particulièrement marqués encore dans ce domaine. Ce fut mon cas dans l'enfance, mes parents et mon milieu m'ayant très tôt inculqué une morale assez rigide au point que j'aurais pu dresser une liste complète de tout ce qui était louable d'un côté et blâmable de l'autre. Pendant mon adolescence, j'ai continué à être persuadé qu'il existait un bien et un mal indiscutés. Comme l'a dit saint Paul : « Je ne fais pas le bien que je veux et je fais le mal que je ne veux pas », ce qui est le signe d'une certaine faiblesse humaine. Cependant, selon cette optique, nous serons aidés par la prière et la grâce de Dieu à ne plus accomplir ce mal auquel nous inclinent nos pulsions mais, au contraire, le bien dont nous portons en nous l'idéal à défaut de la possibilité de réalisation concrète. Si je mettais en doute ma capacité à éviter de faire le mal – du moins dans certains cas – et à faire toujours le bien, par contre je ne mettais pas en doute la distinction même du bien et du mal.

Par la suite, j'ai compris que cette distinction, loin d'être évidente, devait même, prudemment et pas à pas, être profondément remise en cause. Nous l'avons vu, bien qu'il y ait des discussions sur le sens profond de tel ou tel passage de la Genèse et sur la justesse de certaines traductions, on appelle communément le « pommier » dont Adam a mangé le fruit « l'arbre de la connaissance du bien et du mal ». Adam et Ève ont été chassés du Paradis des origines, de l'état de perfection, pour avoir mangé le fruit non pas de l'arbre de la connaissance en général mais de la connaissance précise de ce que sont le bien et le mal. Si cette traduction est contestée par certains experts de la langue hébraïque, elle a pourtant été abondamment commentée. Métaphysiquement l'erreur fondamentale qui nous maintient dans le conflit est la prétendue connaissance du bien et du mal, la réalité ultime transcendant toute opposition. Théologiquement, le péché originel *est pour l'homme de s'octroyer le droit, en tant que créature, de décréter ce que sont le bien et le mal, privilège réservé à Dieu seul.* Cette argumentation peut ne pas immédiatement être claire et convaincante mais je la signale comme essentielle.

De même qu'à l'idée du beau et du laid correspond la branche de la philosophie que nous appelons l'esthétique, à l'idée du bien et du mal correspond celle que nous appelons l'éthique ou la morale. Cette morale n'a aucune universalité : ce qui est bien pour les uns est mal pour les autres et il en a toujours été ainsi. C'est une constatation qu'il est aisé de faire, mais qui doit être faite et ensuite appliquée à nous-mêmes. L'ayatollah Khomeiny, en tant que musulman, croyait au Jugement dernier, n'avait donc nullement l'intention de se mal conduire, était même profondément convaincu qu'il irait au paradis d'Allah après sa mort. Or, aux yeux d'une grande partie de la population de notre planète, cet ayatollah est considéré, à l'instar du Maréchal Staline ou du Chancelier Hitler, comme un tyran qui a envoyé à la mort des milliers de pauvres Iraniens fanatisés. Beaucoup le voient comme l'incarnation du mal mais vous pouvez être certains, du fait de son appartenance à l'islam, qu'il était très sensible à l'idée du bien et avait trop peur de l'enfer et de la rétribution des actes après la mort pour faire autre chose que ce bien tel qu'il le concevait.

Nous pourrions trouver d'innombrables exemples pour illustrer ce thème. Pour un musulman, il est légitime d'avoir trois ou quatre épouses, pour une Tibétaine il était légitime d'avoir trois ou quatre maris et, du point de vue de la société française – du droit chrétien avant d'être le droit civil –, c'est certainement « mal ». Les notions de bien et de mal sont non seulement confuses mais contradictoires. Vous devez pousser le plus loin possible cette prise de conscience pour tenter d'y voir clair.

J'ai souvent raconté combien naïvement je croyais au bien et au mal dans ma jeunesse. Je pensais qu'il y avait les gens qui savaient parce qu'ils avaient étudié – les médecins, les professeurs, les pasteurs – et que je ne savais pas parce que je n'avais pas assez étudié. Quand je me suis retrouvé pour dix-huit mois au sanatorium des Étudiants, à l'âge de vingt-quatre ans, j'ai découvert un tout autre monde. J'ai été soudain propulsé dans un milieu d'étudiants parfois âgés parce qu'ils allaient jusqu'au doctorat ou parce que la maladie les avait retardés dans leurs examens. Nous avions donc entre dix-huit et vingt-neuf ans environ. Et comme nous étions assez nombreux, une intense activité culturelle s'était développée dans ce sanatorium, véritable arche de Noé : les communistes étaient en contact avec des fils de grands bourgeois, les athées côtoyaient les croyants. La tuberculose nous rapprochait tous et toutes les opinions politiques et religieuses se trouvaient représentées. Il y avait aussi des étudiants en médecine férus de psychanalyse freudienne, donc viscéralement non religieux et des existentialistes qui ne juraient que par Sartre et Simone de Beauvoir. Dans cet univers en miniature, j'étais confronté à une grande variété de points de vue et les opinions, présentées comme des certitudes, trouvaient de multiples occasions pour s'affronter.

Tant que nous vivons dans un certain milieu qui nous propose ou nous impose une éthique et un art de vivre, nous pouvons ne pas douter. Mais comment ne pas être déroutés, quand nous découvrons d'autres milieux, par la multitude des points de vue sur ce qui est bien et ce qui est mal? Je me souviens d'avoir assisté à un débat collectif sur l'émancipation de la femme et l'avortement à partir du livre *le Deuxième sexe* de Simone de Beauvoir. Ce thème s'est depuis banalisé mais le fait de l'aborder publiquement à cette époque représentait une grande audace. Deux étudiants en médecine, internes des Hôpitaux de Paris, l'un catholique, l'autre existentialiste et freudien, s'opposaient et le ton montait : « Mais comment, disait l'un, tu es médecin comme moi et tu sais parfaitement bien qu'aucune femme qui a avorté ne s'en est jamais remise moralement. »

« Menteur, rétorquait l'autre, tu sais parfaitement bien que la femme qui s'est fait avorter a conquis cette liberté et qu'elle est devenue maîtresse de son destin au lieu d'être esclave de la morale bourgeoise et catholique. » Ils s'accusaient avec une virulence d'autant plus surprenante qu'il s'agissait d'une question purement idéologique puisqu'ils n'étaient pas directement impliqués dans des questions d'avortement. Le plus frappant était de voir qu'ils s'appuyaient tous deux sur « l'expérience clinique » et donc la « vérité des faits », ayant chacun connu dans les hôpitaux plusieurs cas de femmes qui avaient eu recours à l'interruption de grossesse clandestine. La même science médicale les avait conduits à des prises de position totalement irréconciliables sur ce qui est le bien et ce qui est le mal. Comme j'étais en train de lire au sana le livre *Fragments d'un enseignement inconnu* qui venait de paraître, où Gurdjieff disait que ce qui était moral à Moscou ne l'était pas à Saint-Pétersbourg, ce débat a représenté un moment décisif de mon existence. Ce jour-là s'est écroulée pour moi l'assurance avec laquelle je savais où était le bien, que je n'étais pas toujours capable de faire, et le mal que j'étais malheureusement trop souvent enclin à faire. Ce n'était pas, en ce qui me concernait, un mal bien terrible en soi mais c'était celui que l'on nous proposait d'éviter au scoutisme et dans l'éducation religieuse fondée sur le sens du péché, ce qui engendrait inévitablement la culpabilité et la division intérieure.

Devant la certitude de ces deux jeunes étudiants en médecine, l'incompatibilité de leurs points de vue et leur conviction d'être dans le vrai, je me suis posé une question qui m'a paru terrifiante : l'un des deux se trompe sûrement mais je ne sais plus lequel. Leurs arguments étaient si forts que ma morale personnelle s'en trouvait complètement ébranlée. Je n'osais plus dire que celui qui justifiait l'avortement était un criminel; je ne pouvais pas non plus donner tort à celui qui affirmait avoir constaté les ravages de l'avortement sur le psychisme de la femme. En même temps, je sentais qu'ils ne pouvaient pas avoir tous les deux raison. Une même réalité – l'avortement – représentait pour l'un le mal absolu, pour l'autre le bien absolu et il n'y avait aucune nuance dans leur argumentation. L'un des deux se trompait; par conséquent qu'est-ce qui me prouvait que, dans les domaines où j'étais le plus sûr et le plus affirmatif, je ne me trompais pas moi aussi?

Il est parfois difficile d'admettre qu'on est dans l'erreur face à quelqu'un ou dans le feu d'une action mais seul face à moi-même, après avoir vécu dans la paix d'une distinction sans faille entre la vertu et le vice, je me suis retrouvé très perturbé. Comment savoir ce qui est bien et ce qui est mal? Ce doute m'a longtemps poursuivi. De plus, mon attachement au protestantisme en tant que phénomène de société en France, mais aussi en tant qu'enseignement religieux, venait d'être sérieusement secoué par la tragédie qui m'avait frappé – il s'agissait de la rupture de mes fiançailles exigée par le père de ma fiancée lorsqu'il avait appris que j'étais atteint de la tuberculose. Mon monde de sécurité familiale lié à l'éducation que j'avais reçue s'étant effondré, j'avais senti qu'il me fallait tout reprendre à la base par moi-même. Je ne pouvais plus uniquement m'appuyer sur ce qui m'avait été enseigné dans le cadre du protestantisme français à partir des Évangiles et des épîtres de saint Paul.

J'ai commencé à admettre que, même au sein du christianisme, il y avait des divergences, des oppositions, chacun des deux bords demeurant persuadé d'être dans la vérité ou, en tout cas, beaucoup plus près de la vérité que l'autre. Presque chaque jour, je me souvenais de faits qui remettaient en cause cette distinction du bien et du mal, y compris quand celle-ci se trouvait insérée dans une croyance ou une foi religieuse. Dans ma jeunesse, par exemple, on parlait beaucoup de la guerre de 14-18 à cause de laquelle, dans chaque foyer, un père, un gendre, un beau-frère, un fils – quand ce n'était pas plusieurs membres de la famille – était mort. Le bien, pour les Allemands, était bien sûr la victoire de l'Allemagne et le bien pour les Français celle de la France. Chaque camp priait le même Dieu, au nom du même Jésus-Christ, pour que le bien triomphe, c'est-à-dire la victoire de son pays. Il est normal que les Allemands aient souhaité gagner la guerre et les Français aussi de leur côté mais là où naît l'absurdité, c'est quand on érige ce souhait légitime en bien absolu.

La relativité des notions de bien et de mal est encore plus criante en cette fin de xxe siècle où les structures et l'éthique s'effondrent sous nos yeux. Qui peut dire aujourd'hui sur quoi se fait le consensus dans ce domaine? Je ne dis pas que tout était mieux autrefois, je dis simplement que ces notions étaient claires et faisaient dans l'ensemble l'unanimité. Peut-être la morale était-elle « oppressive » et « hypocrite » mais au moins on savait à quoi s'en tenir par rapport à l'éthique en vigueur. De nos jours, plus personne ne sait toujours où résident le bien et le mal.

Les mœurs changent, la morale change, les conceptions éthiques changent avec le temps et avec le lieu. Chacun condamne de tout son cœur la cruauté et l'immoralité des autres, sans voir quelles pourraient être la cruauté et l'immoralité de son camp. Il suffit de se souvenir comment les Occidentaux ont jugé les peuples qu'ils ont eu intérêt à coloniser, dénonçant toujours le mal chez les autres tout en étant incapables de reconnaître le pire chez eux. Nous savons parfaitement bien que les autorités religieuses ont approuvé jusqu'en 1848 le commerce des Noirs achetés ou capturés en Afrique et qu'elles ont cautionné le statut d'esclave. Aujourd'hui, il est certain que la sensibilité ne l'admet plus. Autrefois cela n'empêchait pas le bon Français qui avait investi son argent dans le commerce des Noirs, placement très rentable, d'aller au temple protestant ou à la messe le dimanche. De telles incohérences ne manquent pas autour de nous aujourd'hui. Où est le bien, où est le mal? Je le répète, ces notions fluctuent avec les époques, avec les milieux. Voilà une première approche que nous pouvons étayer par un grand nombre d'exemples. Pourtant, vous ne pouvez pas non plus rejeter en bloc toute la morale et n'avoir plus pour loi que vos désirs ou, pour employer une expression encore plus forte, la dictature de vos pulsions. A quoi pouvez-vous vous référer, quel est le critère qui va vous guider pour déterminer la conduite de vos existences?

***

Il existe une autre approche, plus troublante au premier abord bien qu'elle soit simplement l'extension de la première, que Swâmi Prajnanpad exprimait dans des termes à peu près identiques à ceux de Gurdjieff : « Personne n'a jamais fait le mal, chacun n'a jamais fait que le bien tel qu'il le comprend. » A dire vrai il y a là un principe familier de l'enseignement thomiste, mais cette formule difficile à entendre suscite aussitôt de vives réactions : « C'est faux, je ne suis pas d'accord, celui qui assassine pour voler sait parfaitement bien qu'il fait le mal. » Non, pour lui, au moment même, ce n'est pas le mal. Je ne suis pas en train de justifier n'importe quelle action, ne me faites dire ni plus ni moins que ce que je dis et ne tirez pas de conclusions trop hâtives. A travers toutes les civilisations et toute l'histoire, les hommes ont fait le bien tel qu'ils le comprenaient quitte ensuite à changer complètement d'avis et même à éprouver des remords : « Comment ai-je pu faire cela, je n'aurais jamais dû le faire » – quitte à se dire avant : « je ne devrais pas le faire ». Mais à l'instant précis où l'on agit, si l'on accomplit une certaine action, pour nous c'est l'action qui doit être accomplie, sinon nous ne l'accomplirions pas. Donc, pour nous cette action est juste *à ce moment-là*.

Quand Swâmi Prajnanpad a abordé ce thème avec moi, je me suis beaucoup débattu en face de lui. Il est relativement facile de constater que les partisans de l'avortement sont convaincus qu'ils militent pour le bien et que les catholiques opposés à l'avortement sont également convaincus qu'ils défendent le bien. Mais quand on pousse plus loin le raisonnement et qu'on en arrive à dire que personne n'a jamais fait le mal mais que chacun fait le bien tel qu'il le ressent dans le contexte où il agit, là nous ne sommes plus d'accord. Pourtant, pour lui, c'est cela qui est bien ; et si surgissait alors un obstacle à son action, cet empêchement lui apparaîtrait comme le mal. Je sais que vous ne pouvez pas être aisément convaincus. Il faut beaucoup réfléchir à ce thème et laisser bouleverser tout un monde d'habitudes de pensée.

Si nous regardons dans nos propres existences, nous verrons que nous nous sentons justifiés par les situations à agir comme nous le faisons. Nous pouvons être plus ou moins unifiés, plus ou moins mal à l'aise, mais au moment même où nous agissons, nous nous sentons justifiés à nous comporter comme nous le faisons. Notre destin, les difficultés auxquelles nous sommes confrontés, nous amènent à agir d'une certaine manière – sinon nous ne le ferions pas. Même s'il subsiste à l'arrière-plan une coloration de la morale de notre enfance qui nous dit « c'est mal », nous pensons que cette morale se trompe, qu'elle ne peut pas vraiment s'appliquer dans notre cas. Depuis que j'écoute les uns et les autres, après m'être observé moi-même avec les clés qui m'avaient été données pour comprendre mon comportement, je peux confirmer ce que j'ai découvert dans les groupes Gurdjieff et surtout auprès de Swâmi Prajnanpad. Dans toute action, chacun se sent, sur le moment, justifié et si quelqu'un nous critique, nous dit « Mais comment est-ce que tu peux faire ça ! » nous sentons que ses arguments ne sont pas valables. « Il ne me comprend pas, il me juge mais il ne me comprend pas. » Nous avons une conception intrinsèque du justifié et de l'injustifié qui ne correspond pas à ce qui nous a été enseigné du dehors et qui demeure très puissante en nous.

Pour nous rapprocher de la compréhension, remplaçons provisoirement la notion de bien et de mal, avec tout son prestige, par celle de bon et de mauvais. Nous serons assez vite d'accord pour reconnaître que notre existence repose sur la distinction entre ce que je trouve bon et ce que je trouve mauvais, autrement dit entre ce que j'aime et ce que je n'aime pas, ce qui me convient, ce qui ne me convient pas. Et vous allez voir à quel point, à partir d'une tournure d'esprit et d'émotions qui nous sont propres, ces notions subjectives de bon et de mauvais interviennent dans tous les domaines. Vous vous rendrez compte combien cette qualification est partiale, liée au tempérament, à l'éducation, aux données de l'inconscient et qu'elle est partout présente, à propos de n'importe quel sujet, depuis les grandes options politiques jusqu'aux plus infimes détails de nos vies. Des jeunes se coiffent avec une moitié du crâne rasée et l'autre moitié sur laquelle les cheveux se dressent comme les poils d'un balai, vert pomme d'un côté, orange de l'autre, vous aimez ou vous n'aimez pas? Vous trouvez ça bien ou vous trouvez ça mal? Vous avez forcément une opinion sur la question, ne serait-ce qu'une légère inclination « pour » ou « contre ». Vous trouvez ça beau ou laid, bon ou mauvais *à vos yeux*. Telle est la loi qui sous-tend la prétendue morale des uns et des autres. Dans mon monde je n'aime pas ça et pourtant dans le monde de l'autre c'est très bien.

En faisant un pas de plus, nous verrons que le bon et le mauvais nous conduisent inévitablement à distinguer les bons et les méchants. Si vous demandez à plusieurs personnes : « Les C.R.S., ils font partie des bons ou des méchants? » la plupart d'entre elles vous répondront : « Des méchants. » J'ai souvent pensé aux enfants de C.R.S., et je pense que cela doit s'avérer bien cruel d'être un fils de C.R.S. compte tenu de la mentalité actuelle, « C.R.S. : SS. » Par contre, dans d'autres circonstances, quand on trouve que l'agitation des rues va trop loin et qu'il est temps de remettre tout de même de l'ordre, si les C.R.S. arrivent « enfin » ils deviennent tout à coup les bons. J'ai plusieurs fois évoqué ce souvenir personnel qui remonte à mai 68, période d'intense effervescence collective dans laquelle tout le monde s'est trouvé plus ou moins impliqué. J'habitais alors rue Soufflot, non loin de la Sorbonne et de l'Odéon, c'est-à-dire en plein cœur du quartier où l'on dressait des barricades et où l'on incendiait des voitures. Il y avait d'un côté les C.R.S., de l'autre les étudiants, auxquels s'ajoutaient quelques centaines de jeunes Parisiens, sans compter ceux qui profitaient de l'occasion pour dévaliser les magasins dont ils venaient de briser les vitrines. Deux camps s'affrontaient : les manifestants et les forces de l'ordre. Où étaient les bons, où étaient les méchants ? Il y a un bien et un mal, il y a ceux qui font le bien et ceux qui font le mal, donc il y a les bons et les méchants ! Mais qui est qui ?

Je me promenais souvent dans le quartier et quand je voyais quelques jeunes renverser une voiture – bien entendu j'allais garer la mienne le plus loin possible – et y mettre le feu, ils devenaient les méchants ; puis quand je voyais – car je l'ai vu – des C.R.S. se conduire brutalement, l'un frappant une personne et le suivant donnant un coup de pied à cette même personne tombée à terre, je ne pouvais m'empêcher d'être indigné : voilà les méchants... Il n'était pas facile d'aimer les ennemis, de voir le Christ en tous, d'avoir un amour égal pour les « gauchistes » et les C.R.S. S'exercer à ne pas prendre parti, à ne pas se laisser emporter mécaniquement par l'indignation, la révolte ou l'excitation, représente une véritable ascèse. Je voyais comment je basculais, parfois plusieurs fois dans la même journée, dans une émotion d'hostilité pour l'un des camps et donc de sympathie pour l'autre, puis comment ce mouvement s'inversait en moi au gré des circonstances dont j'étais témoin.

Je le redis, ce n'est pas facile d'être neutre et pourtant c'est seulement à partir de la neutralité que nous pourrons espérer une vision juste. Jusque-là, nous ne pouvons que vivre dans notre monde individuel en fonction de notre sensibilité purement subjective. Tant que nous demeurons prisonniers de notre conception égocentrique du bien et du mal, du bon et du mauvais, des bons et des méchants, nous tous, êtres humains, fonctionnons avec une vue limitée. Si nous sommes indignés par un secteur particulier de l'activité humaine, notre attention se trouvant focalisée dans ce domaine, nous n'arrivons plus à une vision vaste.

Autrefois, il paraissait évident de soumettre l'intérêt personnel à l'intérêt de tous mais cette manière de s'exprimer fait partie des formules qu'on ne supporte plus : « Annihiler les individualités au profit d'une collectivité! On n'a plus d'autonomie, on n'a plus de liberté. » Qui admet encore volontiers l'idée de faire passer son intérêt individuel au second plan pour donner la priorité à l'intérêt général compte tenu du présent et du futur? Pourtant, il est clair que l'intérêt général est aussi l'intérêt de chacun : si la situation se dégrade à l'échelon national ou mondial, si les grands équilibres naturels sont perturbés par l'action irréfléchie de l'homme, tout être finit par en pâtir au niveau individuel. La perspective écologique tente d'ailleurs d'attirer notre attention sur la menace que représente pour la planète nos comportements individualistes, étant bien entendu qu'une nation peut se comporter de façon individualiste, sans tenir aucun compte des répercussions à long terme de son action non seulement pour les autres pays mais pour elle-même.

Je vais prendre un exemple dont le caractère arbitraire ne doit pas nous détourner de ce que je cherche à transmettre. Des menuisiers, en tant que menuisiers, ont intérêt à ce qu'on leur fournisse autant de bois qu'ils en ont besoin; mais si l'on détruit trop de forêts et qu'un jour l'échange d'oxygène et de gaz carbonique entre les hommes et les plantes ne puisse plus se faire – lequel échange est tout de même, sans vouloir faire de grands discours, la base de la vie sur la planète –, les menuisiers et les fils de menuisiers en souffriront autant que les autres. Je reconnais que cet exemple ne peut pas donner tout de suite lieu à une solution pratique. La préoccupation première d'un menuisier, c'est le bois : est-il plus ou moins sec, plus ou moins fraîchement coupé, est-ce que le cours du bois sur le marché mondial augmente ou non et dans quelle mesure cette augmentation influera-t-elle sur la vente des meubles ? Un menuisier ne se soucie pas, *a priori*, de l'oxygène, du gaz carbonique à la surface de la planète et des échanges respiratoires entre les hommes et la nature, donc le problème de la destruction des forêts n'est pas primordial pour lui.

Cette approche déborde le problème précis du bien et du mal, mais nous sommes au cœur de ce qui nous intéresse ici : essayer d'échapper à cette vision limitée pour acquérir une vue d'ensemble. Cette difficulté à atteindre une vue vaste, car comprendre veut dire inclure en soi, interfère beaucoup dans notre conception du bien et du mal. Combien d'êtres humains ont fait ce que nous serons pratiquement tous d'accord pour considérer d'abord comme le bien et dont l'action a cependant engendré par la suite des situations de plus en plus inextricables qui nous apparaissent aujourd'hui comme le mal ? Voilà un thème pour lequel nous possédons toute la documentation nécessaire si vous voulez vous intéresser à ce qui est indiscutable dans l'approche écologique des problèmes actuels. C'est au nom du bien qu'on entreprend certains programmes de barrages afin de permettre une meilleure irrigation des terres ou d'accroître la production d'électricité et l'on s'aperçoit ensuite que les conséquences du barrage sont un désastre.

Dans un autre ordre d'idées, on peut voir comment les

missionnaires chrétiens animés des meilleures intentions se sont dévoués et même sacrifiés pour apporter le salut en Jésus-Christ aux hindous, aux bouddhistes, aux Africains et ont engendré une situation regrettable. Le christianisme moderne faisant partie d'une civilisation matérialiste dont toutes les valeurs spirituelles disparaissent inexorablement, la venue des missionnaires a provoqué la perte de la culture et de la tradition dans ces pays sans que leurs habitants deviennent pour autant de grands chrétiens alors que ces traditions détenaient de précieuses richesses spirituelles. Les répercussions tragiques de la colonisation en général et des missions en particulier sont des sujets sur lesquels je me suis particulièrement penché pendant bien des années.

Ne prenons pas parti tout de suite, essayons de rester calmes et de regarder. Je me permets de dire que les missionnaires, qui ont consacré leurs vies à faire le bien, ont fait aussi le mal, ouvrant à leur insu la voie au matérialisme qui a envahi la planète et à la destruction de cultures qui constituaient pourtant de réels facteurs d'harmonie dans les sociétés. Leur conception du bien n'était pas alors celle de Vatican II. Pour les chrétiens, ne l'oublions pas, l'hindouisme, le bouddhisme et même l'islam incarnaient le Mal par excellence. Aujourd'hui encore, l'entourage du célèbre Monseigneur Lefèvre considère les religions autres que le christianisme comme sataniques. Du coup M. Rushdee, qui a écrit cavalièrement sur le Prophète, trouve grâce à leurs yeux « pour avoir rappelé au monde que le prophète de l'islam n'était qu'un débauché » – alors que celui-ci n'est d'ailleurs pas traité aussi sévèrement dans ce livre.

Quelle leçon cela nous donne à chacun! Si ces exemples nous conduisent uniquement à déclarer « l'humanité est folle », en quoi avons-nous le moins du monde progressé? Nous sommes impliqués autant que les autres. Pendant des siècles, jusqu'à tout récemment, les autres religions représentaient – et représentent encore – le mal pour des chrétiens qui considéraient être avant tout au service du bien. A partir de quelques faits véridiques, les adversaires de ces traditions ont brossé une description complète de ces religions qui, elle, est aberrante. Ce qui ne veut pas dire qu'il n'y ait pas de corruption et d'infantilisme dans le bouddhisme ou l'hindouisme, ni de fanatisme dans l'islam. Mais au moins les valeurs de l'être y primaient sur celles de l'avoir et le sens du sacré y était omniprésent.

***

Ce que nous avons vu jusqu'à présent avait pour but de mettre en question cette conviction ancrée dans le psychisme de chacun que nous connaissons le bien et le mal. Venons-en maintenant à un point plus délicat. Comment répondre à la question qui trouble la plupart d'entre vous comme elle m'a troublé moi, ayant reçu une éducation idéaliste très forte : « Mais enfin, Arnaud, vous faites tout de même une différence entre une mère qui s'occupe merveilleusement de son enfant, avec efficacité, avec tendresse, avec amour, et une mère qui frappe son enfant et le martyrise au point que l'assistante sociale est obligée d'intervenir et qu'on enlève cet enfant à sa mère ? » Si vous posez la question de cette manière, il est bien entendu difficile de répondre : « Non, c'est neutre. » Jusqu'à présent vous pouviez être à peu près d'accord avec ce que j'ai dit, à savoir à quel point les hommes ont pu se mentir et s'entre-tuer au nom du bien et du mal. Mais si je choisis un exemple concret, toutes vos anciennes réactions vont aussitôt reprendre le dessus :

« Si une mère martyrise son enfant, elle fait forcément le mal ! » Vu sous cet angle, je suis le premier à répondre « Oui. » Cependant, un pas de plus et nous réentrons dans l'engrenage des jugements. Pour un cas où nous serons tous d'accord, un pas de plus et nous ne le serons plus. Nous haïrons ceux qui militent pour le parti communiste ou pour le Front national de Jean-Marie Le Pen, ceux qui sont favorables à l'I.V.G. ou ceux qui militent pour « Laissez-les vivre ».

Je redis à dessein cette affirmation tellement difficile à entendre : « Chacun fait le bien tel qu'il le comprend sur le moment. » Pour lui, c'est comme ça. Il faut beaucoup réfléchir à cette parole déconcertante dont vous ne tirerez pas toutes les conclusions à la simple lecture de ce chapitre. Si vous avez besoin de faire pipi, le mal, c'est qu'il n'y ait aucun endroit pour uriner. Le bien, c'est qu'il y ait, à défaut de toilettes, un endroit où vous puissiez vous isoler. Et pour une femme qui porte en elle un certain nombre de pulsions liées à des traumatismes enracinés dans l'inconscient et sur lesquelles elle n'a pas plus de pouvoir que vous n'en avez, vous, aujourd'hui, sur vos émotions, le bien, c'est qu'elle puisse frapper cet enfant. Si vous étiez capables de vous mettre à sa place et de voir la réalité comme elle la voit – ou plutôt comme elle la déforme à travers ses souffrances et son mental – vous ressentiriez comme elle et vous sauriez qu'elle ne pouvait pas agir autrement.

Voilà pourquoi il est capital de ne jamais juger. Si vous êtes juge ou magistrat, vous avez à prononcer un jugement et une condamnation en fonction des lois de votre pays. Mais à l'égard de votre prochain, ne jugez pas. C'est écrit en toutes lettres dans les Évangiles et les sages et les saints incarnent tous ce précepte. Ne jamais juger, parce que nous ne pouvons pas juger. Dieu seul sonde les cœurs et les reins. Je n'ai pas le droit de juger émotionnellement, de condamner, d'accabler quelqu'un. Ne jamais juger, ce n'est certes pas la loi dans le monde ordinaire mais c'est une loi absolue dans le monde spirituel : juste essayer de comprendre avec amour. Et le Christ le dit magnifiquement : « Ne jugez pas, sinon vous vous soumettez vous-mêmes au jugement », vous ne sortirez pas des jugements que vous portez sur vous-mêmes, vous continuerez de vivre dans la honte, le remords, la culpabilité. Ces émotions qui vous divisent, vous mettent mal à l'aise, qui font que vous ne pouvez plus vous aimer vous-mêmes et surtout que vous ne pouvez plus vous sentir aimés par Dieu, vous empêchent de vous épanouir et ne vous feront jamais progresser. Un des points fondamentaux liés à ce thème du bien et du mal, donc par là même à l'éthique en général, est que nous luttions contre notre tendance à nous indigner. Révoltez-vous plutôt contre les réactions primaires qui vous obligent à juger. Vous n'êtes pas à la place de cette personne.

De l'absence de jugement découlent tout naturellement l'amour pour les ennemis et le pardon des offenses qui deviennent de plus en plus aisés. Nous ne pouvons pas progresser sans accepter de changer, nous ne pouvons pas changer et rester le même, nous ne pouvons pas nous ouvrir à une autre vision tout en conservant la vision ancienne. La première démarche, c'est de ne plus condamner et d'essayer au contraire de nous mettre à la place de l'autre. A partir de là, selon ma compréhension, j'agis. Je ne dis pas qu'il faut laisser violer votre fille de douze ans sous vos yeux. Intervenez en fonction de ce qui vous paraît juste. Ce que je dénonce aujourd'hui, ce sont les réactions émotionnelles et mentales qui nous conduisent à rejeter et à nier l'autre parce que ses actes ne coïncident pas avec notre manière de voir. Si l'attitude d'amour et de compréhension avait été plus répandue, les condamnations mutuelles au nom du bien et du mal auraient moins ravagé l'humanité.

Je reviens à ce que j'ai dit précédemment, cette mère qui s'occupe si magnifiquement de son enfant fait le bien, cette mère qui le martyrise au point que les voisins fassent intervenir une assistante sociale fait le mal. Je m'associe à cette formulation. Mais je maintiens que nous pouvons douter à juste titre de nos prétentions à voir clair dans ce domaine. D'un bien peut sortir un mal et d'un mal peut sortir un bien. J'ai rappelé tout à l'heure que les missionnaires malgré leur dévouement, leur courage et l'abnégation que suppose leur action, ont contribué sans s'en rendre compte au désordre et à la corruption qui règnent aujourd'hui dans les pays du tiers monde. Et inversement, il est résulté un bien du mal que certains êtres ont apparemment fait. Même si ce constat ne résout pas tout, nous pouvons cependant l'entendre. Souvenez-vous du magnifique exemple de certains hommes et certaines femmes qui ont vécu l'enfer des camps de concentration et ont atteint les cimes de la sagesse, de la sainteté et de la libération. Ils sont certes peu nombreux mais nous possédons plusieurs témoignages éloquents, dignes des plus grands mystiques. Si l'on ne peut imaginer de bien plus suprême que la fusion avec Dieu, la réalisation de l'absolu, l'amour inconditionnel, la béatitude inaltérable, nous pouvons considérer que les S.S. ont été leurs bienfaiteurs.

Je ne cherche pas à provoquer ni à scandaliser, d'autant moins que je partage avec vous le fruit d'années de souffrances, de déchirement, de désarroi, sans compter toutes les émotions qui se levaient en moi et me montraient à quel point je fonctionnais mal. Qu'est-ce qui est bien, qu'est-ce qui est mal? Revenons à un souvenir personnel très bien décrit dans le livre de Gilles Farcet qui retrace notamment mes années de jeunesse avant la découverte des enseignements spirituels et montre ce qu'avait représenté pour moi la rupture de mes fiançailles par le père de la jeune fille. Celle-ci, sous l'influence de son milieu, s'était laissé convaincre que son devoir lui imposait de renoncer à cet amour. Certaines personnes, sans d'ailleurs lever le petit doigt pour intervenir, ont été indignées et ont même porté des jugements sévères sur le père en question : « C'était criminel de briser ces fiançailles au moment où Arnaud était le plus malade et affaibli, et où il fallait avant tout qu'il conserve un bon moral pour guérir. » Or c'est à partir du drame de cette séparation que mon existence a pris tout son sens. Le Sanatorium a été une bénédiction pour moi, puisque c'est là que j'ai découvert Vivekananda, Ramakrishna, Mâ Anandamayi, Ramdas et Ramana Maharshi grâce aux livres de Jean Herbert sur la spiritualité hindoue. Je pourrais considérer que cet homme qui m'avait tué a en fait été mon gourou. Lorsque j'ai revécu cette rupture dix-huit ans plus tard, lors d'un travail sur l'inconscient au fin fond du Bengale, j'ai cru pendant quatre jours que je ne tiendrais pas jusqu'au lendemain tant se révélait intense le désespoir que j'avais escamoté à ce moment-là pour ne pas en mourir. Après avoir exprimé en lying [1] le déchirement de cet amour brisé, l'ancienne blessure a commencé à cicatriser et je suis passé à d'autres souvenirs. Personnellement, je considère avec le recul que le père de ma fiancée n'a pas été mon tortionnaire mais mon bienfaiteur à son insu et même, si certains trouvent une valeur quelconque à l'enseignement que j'ai reçu et que je retransmets, il a été indirectement leur bienfaiteur à eux aussi. Finalement, que savons-nous des conséquences qu'auront des actions que nous qualifions sur l'instant de bonnes ou de mauvaises?

Nous ne pouvons apprécier le bien et le mal qu'en fonc-

1. Lying : technique de travail sur l'inconscient propre à Swâmi Prajnanjad permettant de revivre dans toute leur intensité émotionnelle d'anciens traumatismes afin de s'en libérer.

tion d'une intention. De quelle intention s'agit-il ou, si vous préférez, quel est le but poursuivi ? Toute la question du bien et du mal est liée à la question du but. Quel est le sens de nos vies, quels sont les buts ou le but de l'existence ? Si nous admettons que le sens réel de l'existence est de découvrir le royaume des cieux, les trésors que rien ne peut nous ravir ni détruire, c'est en fonction de ce critère que nous allons apprécier le bien et le mal. Si nous assignons comme objectif à la vie humaine que chaque homme, chaque femme, puisse entrer peu à peu dans l'intimité de Dieu, à partir de là nous aurons du bien et du mal une conception très différente. Ce qui est bien devient ce qui rapproche les hommes de la communion avec Dieu, ce qui est mal, ce qui les en éloigne. Cette optique justifie toute l'éthique chrétienne dont l'intention était de faciliter au plus grand nombre possible d'êtres humains une relation personnelle avec Dieu. Même si cette relation s'avère moins profonde chez le paroissien ordinaire qu'elle ne l'est pour saint Jean de la Croix ou Thérèse de Lisieux, le christianisme dans son ensemble permettait à tout homme de se sentir relié à Dieu. La question concernant le bien et le mal ne peut se poser, la réflexion sur ce thème ne peut se poursuivre qu'à partir d'une finalité et d'un sens. S'il s'agit de renverser le régime du tsar et d'instaurer le bolchevisme en Russie, le bien se trouvera incarné par Lénine. Mais s'il s'agit au contraire de maintenir le tsar au pouvoir et de préserver les privilèges du clergé orthodoxe, Lénine incarne alors le mal.

Premier point donc : quel but poursuivons-nous? Si mon but suprême c'est d'atteindre l'éveil, la libération, tout ce qui me permet de diminuer la distance entre mon but et moi est le bien, fût-ce une trahison amoureuse, fût-ce un accident de voiture dans lequel je perds la vue. Le mal pour moi est ce qui m'en éloigne. C'est dans cette perspective que je dois me demander si je fais le bien ou le mal, perspective à première vue totalement égoïste mais qui ne peut pas le demeurer. Très vite nous nous apercevons en effet que pour nous rapprocher de l'accomplissement spirituel ultime, nous ne pouvons pas persister dans notre égocentrisme. C'est une constatation que les sages ont faite depuis longtemps : les actions non égoïstes représentent pour moi le bien, parce qu'elles me rapprochent du grand but et les actions égoïstes représentent pour moi le mal parce qu'elles m'en détournent.

Le souvenir constant de la finalité de notre passage sur terre, à travers les vicissitudes que nous pouvons rencontrer et à travers la conscience de notre manque d'unité, n'exclut ni la lucidité ni le réalisme : je reconnais qu'en ce moment je suis très amoureux ou très inquiet parce que ma société va bientôt déposer son bilan. Mais si ces péripéties ne me font pas oublier la raison d'être de mon existence qui est l'éveil, la libération, ce qui favorise cet éveil est le bien, ce qui le retarde ou l'empêche est le mal. Si le but pour un chrétien est la vision de Dieu, la vie en communion avec Lui, le partage de Son intimité, chaque fois que je fais quelque chose qui m'éloigne de ce but, je fais le mal. Cette affirmation paraît audacieuse mais elle peut nous servir de point de repère concret dans nos vies quotidiennes.

Deuxième point, sous prétexte que vous, vous voyez clair en ce qui concerne le sens ultime de toute vie humaine, est-ce que vous pouvez imposer votre conviction à l'ensemble de l'humanité? Est-ce que nous sommes pape, cardinal, philosophe pour décréter l'idéal qui doit régir la vie d'autrui? Certainement pas. Sinon nous risquons encore de retomber dans des interprétations absurdes du bien et du mal et, pourquoi pas, d'aboutir aux persécutions de ceux qui ne pensent pas comme nous. Des milliers de femmes ont été brûlées vives comme sorcières, à l'époque où une véritable névrose collective s'était emparée du clergé, faisant de la femme l'émanation de Satan. Le danger, une fois que notre but est défini, c'est de vouloir agir pour le bien des autres, pour les rapprocher de leur vrai bien. Nous édifions une morale religieuse et nous en arrivons à des crimes monstrueux.

***

Voyez tout ce qui est contenu dans cette question et sentez qu'il n'y aura jamais de réponse complètement satisfaisante applicable à l'ensemble de l'humanité. Les divisions entre les hommes existeront toujours. Proposer les directives pour tous dans une société donnée, même si celles-ci demeurent approximatives, imposer une morale à l'ensemble des hommes constituait un facteur de cohésion très fort dans les sociétés traditionnelles. C'est un phénomène relativement récent qu'il n'y ait plus d'éthique générale à laquelle chacun puisse se référer. Pour ceux qui sont engagés sur une voie de transformation et se trouvent confrontés à l'incohérence de notre époque, le bien suprême est certainement d'échapper à la folie du mental et à la manie de juger, de dépasser ce niveau de fonctionnement qui a conduit à tant de souffrances au nom du bien. C'est le chemin de la liberté, à condition qu'ils soient vraiment impliqués dans leur ascèse et prêts à souffrir joyeusement si c'est le prix nécessaire à leur purification.

La purification du cœur consiste à pacifier vos émotions et contrôler votre manière de penser. Il ne s'agit pas d'utiliser l'apparence d'amoralité de certaines voies pour justifier votre égoïsme et vos faiblesses, auquel cas vous

vous trompez complètement et vous vous faites avant tout du mal à vous-mêmes. Comme critère immédiatement accessible de vos actions, vous pouvez utiliser le précepte du Christ : « Faites aux autres ce que vous voudriez qu'on vous fasse. » Ce principe pourrait se compléter tout naturellement par « et ne faites pas aux autres ce que vous ne voudriez pas qu'on vous fasse ». Mais il est à noter qu'aussi bien chez Luc que chez Matthieu, Jésus utilise seulement la formulation positive. Prendre conscience du besoin de son prochain, lui donner un peu de notre temps, de notre énergie et de notre argent est possible à celui qui veut croître intérieurement. L'enfant a pour nature de demander, l'adulte de donner. Par contre, ne pas faire ce que vous sentez vital pour vous aujourd'hui parce qu'un autre en souffrira s'avère parfois au-dessus de vos forces. Et un maître n'exigc jamais de ses disciples ce qui ne leur est pas encore possible. Faites, oui faites aux autres ce que vous voudriez qu'on vous fasse.

Ceci a fondé le dévouement des milliers de religieux et laïques qui, depuis deux mille ans, ont consacré leurs vies au service des plus démunis et des plus malheureux. Je ne partage pas le dédain ou la condescendance des védantins pour les « *social workers* » – ceux qui vivent pour les autres. Seul celui à qui aucun destin personnel, aussi tragique soit-il, ne fait peur, celui qui est prêt à tout subir dans la sérénité, peut proclamer ce monde « illusoire » donc illusoire la souffrance des autres. S'il est une constante chez tous les sages que j'ai connus c'est bien leur non-égoïsme, leur amour concret du prochain et le don d'eux-mêmes à ceux qui les approchent.

J'ai entendu aussi bien mon propre maître, Swâmi Prajnanpad, que tous les grands sages de l'Inde, Ramdas, Shivananda, Ramana Maharshi, reprendre cette formule à leur compte. Si je me trouvais, moi, dans la situation où se trouve telle personne, qu'est-ce que j'aimerais, qu'est-ce que je voudrais, qu'est-ce que mon cœur demanderait? Cela vous donne la réponse. Il faut bien, après tout ce que je viens de dire, terminer sur une vérité qui soit immédiatement utilisable. Pour aller vers le bien ou pour faire le bien, pour s'éloigner du mal ou pour ne pas faire le mal, nous pouvons considérer que la morale se fonde sur le principe tout simple que nous a légué le Christ.

Bien évidemment, cette approche demeure elle aussi relative et vous pouvez vous demander quels peuvent être les failles et les dangers de cette formule. En effet, vous ne pouvez agir et intervenir dans la vie d'autrui qu'en fonction du bien tel que vous le comprenez aujourd'hui. Je le disais tout à l'heure, certains êtres qui apparemment m'ont fait mal m'ont en fin de compte fait du bien, même si sur le moment je suppliais intérieurement qu'ils se comportent autrement avec moi. La vie humaine est faite de situations souvent complexes.

Comment savoir, lorsque vous agissez, si vous allez ou non dans le sens juste? Le critère que votre action vis-à-vis d'autrui est juste, c'est votre sentiment intime de détente, d'aisance, c'est votre paix du cœur, votre unification intérieure. Dès que nous ne sommes plus dans la vérité, nous ressentons une forme ou une autre de malaise. Nous n'avons pas cette impression de bonheur parfait qui peut subsister même dans des conditions difficiles. On en revient toujours à la même question : action ou réaction? Est-ce que j'agis consciemment ou compulsivement?

Est-ce que je colore et déforme la situation par une perturbation émotionnelle? Suis-je unifié, réconcilié avec moi-même, ou le moteur de mon action repose-t-il sur des motivations purement égoïstes : ce que je veux ou ne veux pas, ce dont j'ai envie ou n'ai pas envie? La base du comportement juste, c'est de sentir qu'une certaine action m'incombe : voilà ce qui doit être fait, compte tenu de la totalité de la situation, de tous les paramètres, autant que je puisse le sentir aujourd'hui, et en acceptant bien entendu, de tout mon cœur, les conséquences heureuses et fâcheuses de mon action.

La question du bien ou du mal n'est véritablement compréhensible qu'en fonction de la perspective de l'Ultime, celle qui affirme la relativité du monde et rappelle que le seul vrai bien vers lequel tend l'humanité, c'est cette réalisation de l'Ultime. C'est seulement à ce niveau-là que vous pouvez avoir la vraie réponse. Mais tant que vous demeurez dans le relatif, vous devez être cohérents. Faites aux autres ce que vous voudriez qu'on vous fasse, ne leur faites pas ce que vous ne voudriez pas qu'on vous fasse. Si vous êtes en mesure, au moment où quelqu'un vous fait beaucoup de mal, de l'accepter et de ne pas lui en vouloir, cela n'implique pas que vous allez faire à votre tour du mal aux autres. Il vous suffit de savoir que le mal qu'on vous fait est en dernier ressort une bénédiction si vous le vivez consciemment puisqu'il vous fournit l'occasion d'un travail sur vous-mêmes et vous rapproche donc de Dieu. Je peux aujourd'hui en témoigner avec certitude et m'engager devant vous : si l'existence apparemment me frappe, et cela s'est produit et se produit encore au niveau des événements extérieurs, je ne le sens plus que comme une bénédiction. Ma manière de voir aujourd'hui est radicalement différente de ce qu'elle était autrefois. Mais ce « faites aux autres ce que vous voudriez qu'on vous fasse » est toujours juste même si la compréhension de cette parole peut évoluer et s'approfondir au fil des années.

Au passage, je peux signaler que certains gourous dont la qualification ne peut pas être discutée, du moins par la tradition, se sont conduits apparemment de façon brutale et cruelle avec leurs disciples. Cette brutalité qui émanait uniquement de l'amour est classiquement comparée à la cruauté du chirurgien qui opère pour nous guérir. Dans la réalité relative, le bien c'est la santé, le mal c'est la maladie, le bien c'est qu'aujourd'hui je sois heureux, le mal c'est qu'aujourd'hui je sois malheureux. Mais si nous considérons que le bien suprême est l'éveil, l'illumination, l'effacement de l'ego, la vision du bien et du mal est complètement autre – et c'est cette vision qui inspire le maître. C'est pourquoi vous ne devrez pas mélanger les niveaux.

Je vais encore poser une question. Nous étions d'accord tout à l'heure pour dire qu'une mère qui s'occupe magnifiquement de son enfant fait le bien et qu'une mère qui martyrise son enfant fait le mal ; et ce qui est demandé à toute mère c'est, bien sûr, de s'occuper avec amour et sollicitude de l'enfant que Dieu lui a confié. Mais, dans une autre perspective, que savons-nous des desseins de Dieu ? Peut-être l'enfant dont la maman s'est si bien occupée, parce qu'il aura été heureux dans son enfance, mènera-t-il par la suite une existence insouciante et égoïste ; sa vie aura consisté à être bien dans sa peau, plutôt sympathique et à laisser pour finir à ses enfants une maison avec une jolie piscine. Seulement, il sera passé à côté de l'essentiel, il aura « manqué la cible ». Et celui qui a souffert, à la mesure même de sa souffrance, se mettra à chercher le sens profond de la vie humaine et découvrira le chemin de la sagesse. Peut-être deviendra-t-il un serviteur du prochain, donnant son temps et son énergie pour diminuer les souffrances relatives autour de lui, peut-être deviendra-t-il un sage, un mystique. N'est-on pas en droit de dire, s'il découvre le secret ultime, que cette enfance douloureuse a été une bénédiction ?

Je vous rassure tout de suite : je n'ai pas imaginé qu'en faisant beaucoup souffrir mes enfants Dieu utiliserait leur souffrance pour les conduire à Lui et j'ai fait ce que j'ai pu, avec mon imperfection et mes limites, pour être ce qu'il est convenu d'appeler un bon père. Nous ne savons que trop qu'il existe d'innombrables enfants dont la vie a été ruinée parce que leur père s'est conduit brutalement avec eux ou que leur mère n'a pas réussi à les aimer. Par moment c'est le bon sens qui doit parler. Je dis simplement que nous ne sommes pas en mesure de savoir, parce que notre vision n'embrasse pas d'un seul coup d'œil la totalité d'un destin, ce qui constitue ici et maintenant un bien ou un mal pour telle personne et, a fortiori, pour nous-mêmes. Nous ne connaissons pas tous les tenants et aboutissants pour décréter que tel événement est une très bonne nouvelle et que tel autre est un désastre. Peut-être notre appréciation des faits serait-elle opposée si nous pouvions connaître leurs répercussions à long terme sur notre vie ou sur celle d'autrui. Nous ne pouvons jamais être certains. La grâce de Dieu est à l'œuvre par des moyens incompréhensibles, les voies de Dieu sont impénétrables : c'est le plan de Dieu qui a voulu le martyre de cet enfant parce que cette épreuve l'a conduit à s'engager dans la vie mystique qui transcende toute souffrance. Et peut-être sera-t-il à travers les siècles une lumière, pour ceux qui le liront, comme des vies ont été changées à la simple lecture de saint Jean de la Croix ou de Maître Eckhart.

Cette question du bien et du mal, qui à première vue paraît ne pas poser de problème – il y a le bien d'un côté, il y a le mal de l'autre –, se révèle donc beaucoup plus complexe que nous ne l'avions envisagé au premier abord. Un autre principe sur lequel vous pouvez vous appuyer pour y voir plus clair dans ce domaine, c'est d'être fidèles à vous-mêmes tels que vous êtes situés ici et maintenant. L'erreur dans laquelle tombent facilement les chercheurs spirituels qui ont accès, par les livres, aux témoignages des plus grands sages, c'est de se croire plus avancés qu'ils ne le sont et de vouloir tout de suite se situer très haut sans avoir le niveau d'être correspondant. Autant que vos émotions, vos pulsions parfois irrésistibles vous le permettent, tentez d'appliquer dans vos relations avec autrui le précepte du Christ : « Qu'est-ce que je voudrais qu'on me fasse ? » Si vous évoluez, si votre vision change par la suite, vous verrez bien. Le sage védantique a le droit de dire : « Tout est relatif, le monde est évanescent, seul l'Absolu est réel, je ne suis pas ce corps, je ne suis pas ces émotions » mais à quoi vous sert-il de le reprendre à votre compte puisque ce n'est pas votre expérience ? Sinon, soyez logiques : si vous n'êtes pas ce corps mais la pure conscience, qu'est-ce que cela vous fait d'être torturés ? Soyez fidèles, véridiques, par rapport à votre niveau d'être actuel. C'est seulement en faisant preuve de sincérité et d'honnêteté vis-à-vis de vous-mêmes que vous pourrez mieux comprendre cette question du bien et du mal. Certaines orientations peuvent vous être données mais vous devez demeurer très circonspects dans ce domaine, ne pas porter de jugements trop catégoriques et conserver toujours un sens immense du relatif.

Le critère de mon action n'est plus ce dont j'ai envie, ce dont je n'ai pas envie mais ce qui s'impose comme juste. Si vous voulez plonger dans la profondeur, méditer ou prier pour mieux savoir l'action qui vous incombe – « Dieu, éclaire-moi, afin que je sache quelle est ta volonté » – faites-le. De la profondeur de vous-mêmes, d'un niveau plus réel, la réponse montera peu à peu et vous guidera. Voilà, ici et maintenant, ce que la situation me demande, je le fais et c'est tout. Rien ne doit se rajouter : c'est ce que j'ai senti juste aujourd'hui, en essayant de faire taire mon égoïsme du mieux possible, de sortir du monde limité de mes aversions et de mes penchants naturels, compte tenu de tous les paramètres dont je peux être conscient. Ces paramètres incluent non seulement le contexte dans son ensemble mais également vous-mêmes qui êtes insérés dans ce contexte, y compris avec vos émotions actuelles. C'est une manière de se situer à chaque instant : pour moi, tel que je suis, qu'est-ce qui est juste même si cela ne correspond pas à la morale officielle? Peut-être dans cinq ans l'action juste pour vous sera-t-elle de faire le contraire de ce que vous faites aujourd'hui.

La morale officielle, qu'est-elle devenue? Dans ma jeunesse, c'est-à-dire pendant les années d'Occupation et même après la guerre, un garçon chrétien se mariait vierge par respect pour sa future femme, en tout cas dans le milieu du protestantisme d'alors. La virginité avant le mariage n'était pas seulement exigée des filles. Pour nous cet idéal de pureté représentait le bien absolu et, quoique n'ayant pas le niveau d'être correspondant à cet accomplissement puisque nous étions pleins d'inhibitions et de désirs, nous nous sentions tenus de le tenter. Le jour où j'ai appris, en sortant du sana, que des étudiants de la Faculté de Théologie protestante avaient des petites amies, je me suis demandé avec une certaine amertume au nom de quoi on nous avait obligés à rester vierges si longtemps. Dans notre contexte actuel, cette exigence de chasteté paraît non seulement incompréhensible mais contraire à la nature. Pourtant j'étais tout simplement un garçon élevé dans un milieu religieux au sein d'une famille très normale. Aujourd'hui, nous découvrons qu'un grand nombre d'ecclésiastiques s'affichent avec leurs compagnes et que le célèbre Père Bruckberger vient de publier ses confessions sur le roman d'amour qu'il a vécu avec une femme. Le Saint-Père prend une position, le clergé français en soutient une autre. Que vous le vouliez ou non, vous ne pouvez plus vous appuyer sur la morale officielle pour la bonne raison que celle-ci n'existe plus. Vous ne trouverez plus que des restes de morale issus de superstitions et de peurs : « On ne sait jamais, je ne voudrais quand même pas aller en enfer. »

Et pourtant, vous ne pouvez pas vous contenter d'être des machines à réagir, menées par leur aveuglement, leurs illusions, leur individualisme et leurs émotions. Par conséquent, devenez responsables, au vrai sens du mot, c'est-à-dire capables de *répondre* à la situation avec une grande humilité dans le relatif. La morale tient dans le terme de *dharma* si cher à l'Inde : le sentiment très fort, avec lequel nous nous sentons en complète harmonie, que notre dignité personnelle ne nous permet pas de vivre comme des marionnettes et rien d'autre. Ce sentiment, qui requiert votre adhésion intime, vous demande de prendre du recul par rapport à vos motivations égocentriques et de vous poser sans cesse la question, comme une prière adressée à Dieu ou à la sagesse des profondeurs de votre être : qu'est-ce qui m'est demandé à moi, qu'est-ce qui est juste pour moi aujourd'hui? Je vous affirme que, si vous adoptez vraiment cette attitude, peu à peu et de plus en plus la réponse montera de l'intérieur. Ce sera à vous ensuite d'être fidèles à cette réponse. Bien sûr, une telle approche exige de votre part un sentiment très fort de la gravité de l'enjeu. Vous ne pouvez pas solliciter Dieu à la légère, obéir à vos impulsions et ensuite décréter que le Saint-Esprit vous anime. Ne faites pas endosser à Dieu ce que vous aurez accompli sous l'emprise de votre névrose. Non, en étant honnêtes, vous sentirez très bien la différence et, dans ces conditions, vous pourrez accepter de tout votre cœur les conséquences de votre action, même si celle-ci suscite des critiques implacables ou entraîne certaines difficultés concrètes.

Chaque action que nous entreprenons engendre inévitablement des effets. Face à ces difficultés, le chrétien saura : tout concourt au bien de ceux qui aiment Dieu. Si vous préférez, tout ce qui nous arrive est un défi et une opportunité pour nous rapprocher du but. Est-ce que je me conduis en disciple du Christ? En ce qui nous concerne, c'est nous qui, à chaque instant, transformons le bien en mal ou le mal en bien selon notre manière d'appréhender les événements qui nous arrivent. C'est nous qui faisons d'une situation un enfer ou un paradis. Dans l'acceptation, toute situation se transforme en un bien qui nous fait progresser. Inversement, nous pouvons, par le mental, transformer des circonstances favorables en une cause de souffrance et de dégradation. Quelqu'un m'a trahi, est-ce le mal? Non. La situation sera ce que j'en ferai, c'est tout. Le mal ne peut venir que si je prends « mal » cette trahison.

Le seul bien absolu, c'est l'amour et la morale suprême est la soumission à la vérité.

9

« PRENEZ COURAGE, J'AI VAINCU LE MONDE »

Nous vivons dans une civilisation dite judéo-chrétienne où les conceptions chrétiennes demeurent profondément ancrées dans nos mentalités même si par ailleurs la religion a perdu l'essentiel de son influence et si la plupart de nos contemporains se déclarent athées. Malheureusement il ne s'agit pas toujours des vérités les plus profondes et les plus libératrices du christianisme mais de notions plus ou moins dégradées ou mal comprises. Notamment, pour beaucoup d'entre nous, l'idée de la religion est associée à celle de la souffrance. Qui peut, de gaieté de cœur, se trouver à l'aise en face d'une religion qui met un tel accent sur la douleur, même si le Christ nous a demandé de porter notre croix pour le suivre?

Bien sûr, il n'est pas une religion au monde qui ne traite du problème de la souffrance. Le bouddhisme, par exemple, démontre que la condition de l'homme ordinaire n'est que frustration – ce qui explique qu'il ait été si souvent accusé de pessimisme par les Occidentaux : inévitable souffrance de la maladie, du vieillissement, de la séparation d'avec ceux qu'on aime, de la mort. Fondée d'une part sur le constat lucide de la souffrance humaine, d'autre part sur la reconnaissance de l'aspiration au bonheur qui est au cœur de tout homme, la voie du bouddhisme met à la disposition du disciple des méthodes éprouvées pour conduire à une sérénité intérieure que les aléas de l'existence ne peuvent plus affecter.

La critique que l'on peut adresser au christianisme n'est donc pas de rappeler la douleur inhérente à l'existence mais d'avoir présenté trop souvent celle-ci comme une fin en soi : le pécheur est un être déchu qui doit se racheter et gagner le paradis par la souffrance ; plus il est éprouvé sur terre, plus grande sera sa récompense dans les Cieux. Certains théologiens semblent privilégier la passion et l'agonie du Christ et ne nous parlent guère du Jésus souriant qui participait volontiers à des fêtes et à des banquets. Certes, on nous enseigne à juste titre que le Christ a renoncé aux privilèges de sa condition divine pour assumer pleinement la nature humaine et qu'il a souffert en acceptant de se faire homme. Cependant, si vous lisez attentivement les Évangiles, vous verrez que le message du Christ n'est pas de se complaire dans la souffrance mais bien d'en émerger.

La théologie chrétienne va jusqu'à employer des expressions qui paraissent choquantes, comme si la souffrance des hommes plaisait à Dieu.

Cette approche m'avait beaucoup fait réfléchir. Je me demandais si elle avait un sens valable, auquel cas celui-ci m'échappait, ou s'il s'agissait d'une absurdité pure et simple. Comme le dit saint Paul, par un homme le péché est entré dans le monde et par un homme la rédemption est venue et, puisque le Christ a dû souffrir pour effacer la faute du premier Adam, il est probable que vous êtes tous plus ou moins marqués par cette connexion entre la souffrance et la véritable spiritualité ou la sainteté. Dans cette optique, la souffrance devient indispensable au salut.

Premier point auquel il faut toujours revenir : si l'on parle de souffrance, il faut parler aussi de bonheur. On ne doit jamais, dans le jeu des contraires, dissocier un aspect du monde relatif de son opposé. Il ne peut y avoir souffrance que parce qu'il y a bonheur au sens ordinaire du mot et personne ne pourrait souffrir s'il ne connaissait pas telle ou telle forme de bonheur. La souffrance n'existe que par opposition à la non-souffrance, au bien-être, à la joie, aux émotions heureuses.

Deuxième point : il importe avant tout de nous mettre d'accord sur le contenu que nous donnons au mot souffrance lui-même. Qu'entend-on signifier lorsqu'on s'exclame par exemple : « Il y a tant de souffrance sur cette terre »? Ce terme désigne généralement à la fois les causes et les effets, les causes étant les événements, les circonstances, les situations – guerres, cataclysmes, persécutions, abandons, trahisons et certes la liste est longue, très longue – et les effets étant le vécu intérieur douloureux – peine, chagrin, désespoir, terreur – de ceux qui sont ou se croient les victimes du mal sous toutes ses formes. Or ce qui fait le véritable destin d'un être, ce ne sont pas les péripéties et les vicissitudes de son existence mais la manière dont il les a prises, dont il les a ressenties. L'observation en ce domaine montre que beaucoup de ceux « qui ont tout pour être heureux » sont profondément malheureux et que d'autres demeurent sereins, joyeux même, à travers les épreuves. C'est en particulier ce que nous attendons spontanément du sage ou du saint.

Il est donc nécessaire de ne jamais confondre ces deux acceptions *car il n'y a pas, en vérité, de relation de cause à effet absolue entre l'événement douloureux et l'émotion douloureuse.* Dans la suite de mes propos, n'oubliez jamais cette distinction chaque fois que j'utiliserai le mot « souffrance ». La voie de la liberté intérieure consiste avant tout à découvrir qu'un malheur n'impose pas d'être malheureux. Et, avant d'atteindre la béatitude au cœur des tragédies les plus cruelles, nous pouvons opérer cette dissociation dans les mille et une contrariétés, déceptions, désillusions de nos vies. Nous pouvons trouver en nous, tout de suite, ici et maintenant – et si nous le tentons réellement nous finirons bien par y parvenir – une situation centrale, axiale, de la conscience qui n'est plus affectée par le jeu des contraires, l'alternance de joies et de peines.

Il ne faut pas considérer le malheur comme surajouté à l'existence humaine. La souffrance fait inévitablement partie de la vie dans le monde relatif. Il est inutile de rêver d'un être humain totalement heureux, Adam, dans un paradis imaginaire qui n'est que la compensation de nos frustrations, lequel être humain, par la faute du péché originel, aurait introduit dans le monde le malheur tel que nous pouvons le voir autour de nous. L'erreur consiste toujours à ramener des vérités métaphysiques à notre expérience ordinaire. Nous projetons notre représentation du bonheur tel que nous le concevons aujourd'hui sur l'humanité des origines et nous imaginons ensuite que l'homme, déchu par sa faute, a été condamné à la souffrance. Mais qui dit condition humaine dit inévitablement naissance et mort. Et par le simple fait qu'il y a naissance et mort et qu'il y a parallèlement attachement à notre propre vie et à celle de nos proches, la souffrance devient inévitable quand bien même il n'y aurait pas d'autres causes.

Ceux qui sont tant soit peu marqués par les idées religieuses et ceux qui les refusent se demandent comment il est possible d'affirmer que Dieu est infiniment bon. Pourquoi permet-il alors la maladie, la pauvreté, la cruauté, les guerres, la torture ? Nous avons tous buté un jour ou l'autre sur cette apparente contradiction : ou bien Dieu est plein d'amour mais en ce cas il est impuissant devant la souffrance du monde, ou bien Dieu est tout-puissant mais en ce cas soit il n'a aucun amour soit il ignore ce qui se passe ici-bas et n'est donc pas omniscient. Ces questions non résolues stagnent à l'arrière-plan de notre psychisme et de la manière dont nous envisageons l'existence. Il faut regarder ces contradictions avec beaucoup plus de rigueur que nous ne le faisons habituellement.

Essayez d'imaginer un monde exempt de la souffrance telle que vous la concevez, un monde dans lequel ce Dieu selon nos idées utiliserait sa toute-puissance et son amour pour abolir définitivement ce « scandale ». Vous verrez que vous arriverez tout de suite à une absurdité ou une autre. Par exemple pour éviter la douleur causée par le décès de nos proches, il faudrait un monde dans lequel on ne mourrait plus, même à un âge extrêmement avancé. Car croyez-vous qu'un homme de cent ans qui verrait mourir sa compagne de toute une vie, ou inversement, ne souffrirait pas? Une première conclusion s'imposera d'elle-même à vous : un monde sans souffrance ne pourrait être qu'un monde sans mort. Et que deviendrait à brève échéance une planète sur laquelle on continuerait à mettre au monde des bébés pour avoir la joie d'élever un petit enfant qui regarde ses parents avec des yeux émerveillés mais où les gens ne mourraient jamais?

Maintenant pouvez-vous imaginer aussi un monde sans le vieillissement? L'évolution psychologique et biologique se poursuivrait jusqu'à un âge que nous apprécierons diversement d'ailleurs – trente, trente-cinq, quarante ans? – pour s'arrêter brusquement. S'il n'y avait pas de vieillissement, il n'y aurait ni croissance ni évolution des êtres humains qui naîtraient et resteraient au stade de nouveau-nés. Bref, quand bien même vous trouveriez des solutions permettant de répartir plus équitablement les richesses, d'empêcher les cataclysmes naturels tels que tremblements de terre ou raz-de-marée, de supprimer les guerres, à quoi allez-vous arriver? Cherchez, imaginez que vous ayez une baguette magique, que vous soyez à la place de Dieu, que vous puissiez extirper le mal de la planète et que les êtres humains débordent d'amour les uns pour les autres. Inventez une société idéale dans laquelle tous les hommes exercent un métier passionnant en gagnant le maximum d'argent, où chacun rencontre la ou le partenaire de ses rêves : vous n'y arriverez qu'à condition de modifier toutes les lois naturelles. Fabriquez un paradis terrestre : que va être ce paradis? Une utopie pure et simple. Seule une tout autre création – « de nouveaux cieux et une nouvelle terre » – inconcevable pour la pensée rationnelle serait la réponse. Il faut avoir au moins une fois tenté jusqu'au bout ce que je propose. Et il ne s'agit pas d'une amusette mais d'une tentative sérieuse, exigeant une grande acuité de vision afin d'avoir le cœur net sur un sujet qui est toujours demeuré flou. Nous avons la tête farcie de : « Il suffirait que... Si seulement... Mais pourquoi? » Combien de conversations consistent à refaire stérilement le monde!

Imaginez les dirigeants américains et russes tombant brusquement dans les bras l'un de l'autre, décidant de mettre fin aux souffrances de l'humanité et, au lieu de consacrer des budgets considérables aux armements, de dépenser cet argent pour le bien de la planète. Certes, et je n'ironise pas, ce serait beau de voir Gorbatchev et Bush prier ensemble pour la réconciliation des êtres humains. Ce rêve est d'autant plus attirant qu'un réel mouvement d'ouverture, amorcé depuis quelque temps en U.R.S.S., entraîne les réactions en chaîne que nous connaissons dans les pays de l'Est. Poursuivez votre raisonnement avec rigueur, allez jusqu'au bout de cette nostalgie que vous portez tous d'un monde d'où la souffrance aurait disparu. Jouez le rôle de ce Dieu à la fois plein d'amour et tout-puissant. Vous allez commencer par une réforme qui semble d'une part très belle et d'autre part possible. Conversion des cœurs chez les dirigeants soviétiques, chez les leaders du monde arabe, chez les présidents des grandes multinationales et les terrifiants courants à l'œuvre dans le monde se transforment en forces d'amour. Et puis? Poussez plus loin. Ce qui commençait si bien aboutit toujours à des impasses. Vous finirez par comprendre que ce Dieu plein d'amour et tout-puissant ne peut pas changer le monde sans remplacer un malheur par un autre ou une cause de souffrance par une autre.

A différents moments de ma maturation, notamment à l'ashram de mon maître, où j'avais beaucoup de temps pour réfléchir, j'ai tenté plusieurs fois de « refaire le monde ». A mon grand étonnement parce que je n'avais pas été assez lucide pour l'imaginer à l'avance, je me suis rendu compte que j'arrivais inévitablement à d'autres conflits, d'autres incompatibilités, d'autres frustrations. Autrement dit la souffrance fait partie de la vie sur cette terre. Bien sûr j'ai la conviction qu'il existe une sagesse ou une spiritualité qui peut nous donner la réponse absolue. « Vous aurez des tribulations de par le monde mais prenez courage, j'ai vaincu le monde. » La souffrance au sens ordinaire du mot, telle que nous la ressentons, parfois même d'une manière atroce, n'est pas surajoutée au monde et ce n'est pas en la niant qu'on lui échappe.

Cherchez dans toutes les directions, y compris celles que les hommes ont proposées en dehors même des religions, explorez les grands systèmes comme le marxisme, le socialisme, évaluez ce que nous pouvons attendre de la biologie ou de la médecine. La recherche scientifique ne supprimera jamais la maladie. Chaque fois que la médecine est venue à bout d'une maladie, une autre est apparue : à la tuberculose ont succédé le cancer et les maladies cardio-vasculaires; le sida prend aujourd'hui la relève. « On pourrait supprimer les guerres. » Si on en lit le texte, la charte des Nations Unies rend celles-ci impossibles; or nous ne le savons que trop, non seulement les Nations Unies n'ont pas évité de guerre jusqu'à présent, mais aucune époque, dans toute l'histoire de l'humanité, n'a été aussi meurtrière que la nôtre.

Il suffit de regarder ce qui s'est passé en ce seul xxe siècle supposé marquer un progrès par rapport à la barbarie des époques précédentes : les deux guerres mondiales, l'extermination des juifs dans les camps de concentration, l'explosion d'une bombe atomique à Hiroshima, les horreurs de la guerre du Viêt-nam, le génocide de plusieurs peuples, tant d'autres drames.

Pourquoi ne pas se rendre à l'évidence? Ce que nous qualifions de cruel est inhérent à la création ou, comme disent les hindous, à la manifestation. Les tragédies font partie de la vie et elles ne disparaîtront pas, quand bien même les plus beaux rêves de l'humanité se réaliseraient. Une vision d'ensemble lucide nous montre qu'il faut renoncer à l'espoir fou d'une planète où ne régnerait plus que le bonheur. Mais vous n'y renoncerez que si vous êtes convaincus qu'il s'agit d'une utopie, c'est-à-dire si vous avez essayé d'envisager méthodiquement la disparition des causes de souffrance dont votre cœur vous dit qu'elles pourraient disparaître. Refaites le monde en théorie et, vous le verrez, l'affirmation selon laquelle Dieu est plein d'amour, si choquante à première vue, ne l'est plus dès qu'on se donne la peine de mener jusqu'à son terme une réflexion active sur ce sujet. Imaginer un Dieu tel que nous voudrions qu'il soit selon nos conceptions ordinaires pour qu'il n'y ait plus de souffrance en nous et autour de nous ne conduit nulle part. Le monde bienheureux dans lequel le péché a un jour introduit le malheur est un monde qui n'a plus rien de commun avec le nôtre. C'est pourquoi vous entendrez de la bouche des plus grands sages en Inde : « *The world is exactly as it should be* », le monde est exactement tel qu'il devrait être. Ce qui ne signifie pas, bien sûr, que nous ne devons pas tenter de l'améliorer et de diminuer la souffrance à notre échelle chaque fois que cela nous est possible. Nous le pouvons et le devons. Tous les sages enseignent le « service » : servir son prochain, servir Dieu en devenant un instrument conscient entre ses mains.

***

J'en reviens à l'idée que j'évoquais tout à l'heure. Comment a-t-on pu alors se permettre de dire que les souffrances de l'homme plaisent à Dieu ou que le courroux de Dieu est apaisé par la souffrance des hommes ? Cette formulation mal choisie justifie les critiques des marxistes, des existentialistes et des freudiens à l'égard de la religion qualifiée d'infantile et de nuisible. Si nous n'imaginons pas un Dieu lointain mais considérons que le Père dont parle le Christ est « aux Cieux » et que « le royaume des Cieux est au-dedans de nous » – double affirmation des Évangiles – cela signifie que nous pouvons donc le connaître, en avoir l'expérience personnelle. C'est cette « réalisation » que cherchent non seulement les yogis hindous mais aussi les mystiques chrétiens. Malheureusement une part du christianisme s'est désintéressée de l'expérience vécue que représente le mysticisme pour devenir un ensemble de lois, de dogmes et de doctrines sociales ou même politiques. Dieu *en nous*, que nous pouvons découvrir et rencontrer, la vie de notre vie, l'âme de notre âme, se réjouit au cœur même de nos souffrances. En s'exprimant ainsi, une tout autre possibilité de compréhension s'ouvre devant nous. C'est la promesse qu'au sein même de ce que nous appelons souffrance il est possible de trouver dès ici-bas une joie surhumaine, divine, la « joie qui demeure », celle qu'on désigne souvent en français par le terme béatitude.

Très souvent la souffrance a servi de point d'appui et de tremplin pour le moine, le chrétien fervent ou le disciple quelle que soit la tradition à laquelle il appartienne. Elle a projeté un homme ou une femme au plus profond de lui-même dans un bonheur surnaturel. « Surnaturel » est un terme occidental puisque les hindous qualifient au contraire de naturel l'état suprême comme si tout le reste en comparaison n'était qu'erreur, ignorance, illusion. Cet état naturel peut être comparé à un centre immuable autour duquel oscille un balancier. Au lieu d'être ballottés à droite et à gauche par nos états intérieurs changeants, nous nous situons dans l'axe qui n'est pas affecté. Nous pouvons découvrir au cœur de nous-mêmes un point de conscience qu'on a appelé le lieu de la rencontre mystique entre l'homme et Dieu, des noces mystiques entre l'âme et le divin ou, dans un langage non dualiste, le lieu de la réalisation du Soi. Et ce saint des saints ou ce *naos* auquel on accède par des ascèses diverses – prière, méditation – recèle une plénitude propre à un état de conscience au-delà même de l'intellect, incompréhensible pour la mentalité dualiste qui ne fonctionne que selon les paires d'opposés j'aime-je n'aime pas ; c'est réussi-c'est raté ; ça me rassure-ça m'inquiète, etc.

Certaines paroles qui vous rebutaient au premier abord prendront ainsi un sens profond à vos yeux. Dieu en moi se réjouit au cœur même de mes souffrances. Il ne s'agit plus d'une parole morbide mais d'une expérience intérieure purement lumineuse dans laquelle je sais que Dieu n'est pas un autre que moi. Bien sûr, si l'on se représente simplement la Passion du Christ mis à mort pour satisfaire un Père plein de colère contre l'espèce humaine –

souvenez-vous du « Minuit, chrétiens » [1] –, on en arrive à des incohérences qui ne seront jamais résolues. Soyez vigilants. Même si vous croyez avoir jeté la religion par-dessus bord, ces idées demeurent en vous, corrompent votre engagement dans la vie spirituelle et nuisent insidieusement à votre progression. Il existe un poème de Victor Hugo, qui n'a pas dû plaire beaucoup aux théologiens de son époque, dans lequel il décrit Dieu le Père comme un être aberrant qui crée les hommes, les incite au péché et s'offre ensuite le plaisir d'envoyer son fils bien-aimé se faire crucifier pour apaiser son courroux contre l'humanité. Et c'est parce que les hommes ont martyrisé le fils de Dieu que Dieu a bien voulu leur pardonner le péché d'Ève. Est-ce que nous pouvons être d'accord avec une religion qui nous présente un Dieu inacceptable aussi bien pour nos cœurs que pour notre intelligence ? J'ai, autrefois, loyalement essayé de lire plusieurs ouvrages de doctrine chrétienne sans parvenir à être convaincu. Je n'y découvrais pas les paroles qui me redonneraient le courage et l'espérance, tout en étant compatibles avec une certaine rigueur intellectuelle.

Dans cette optique, le Christ ayant souffert, imiter le Christ et porter sa croix pour le suivre implique que la colère de Dieu sera apaisée si nous souffrons. Et nous revenons à ce scandale : quel est donc ce Dieu plein d'amour qui vous promet le paradis après la mort à condition que vous ayez été suffisamment malheureux dans la vie ? Sur de telles bases, la culpabilité est inévitable. Vous êtes créés égocentriques avec un intense désir d'être heureux et dans la profondeur de vous-mêmes une voix vous dit non seulement que vous n'avez pas le droit

1. « Minuit, chrétiens, c'est l'heure solennelle
Où l'Homme-Dieu descendit parmi nous
Pour effacer la tâche originelle
Et de son Père apaiser le courroux. »

de l'être mais que vous ne vous frustrez pas assez pour mériter la rédemption et le salut éternel.

On a beaucoup insisté au XIXe siècle sur l'idée qu'il fallait offrir ses souffrances à Dieu, ce qui a choqué bien des personnes. Il faut comprendre qu'à cette époque on mettait surtout l'accent sur le Dieu jaloux qui condamne et qui châtie et on considérait que les mortifications de la vie ascétique pouvaient atténuer le jugement de ce Dieu. Par exemple, des jeunes filles, désespérées de voir leurs frères vivre dans la débauche et par conséquent se préparer une éternité en enfer, pensaient que si elles entraient au Carmel et s'y mortifiaient suffisamment, elles pouvaient, par leur sacrifice, compenser les péchés de ces frères et leur éviter la damnation. Sainte Thérèse, au contraire, a décidé d'offrir ses souffrances pour témoigner de l'infinie miséricorde divine. Elle n'a envisagé qu'un Dieu d'amour. N'entrons pas dans les détails particuliers du vécu personnel de tel ou tel contemplatif; ce que nous pouvons constater, si nous lisons *l'Histoire d'une âme* ou les témoignages sur Thérèse de Lisieux, c'est que la brève existence de cette carmélite a été une merveilleuse réussite, même si tel ou tel aspect de son ascèse peut être l'expression d'une certaine mentalité propre à son époque et qui ne vous concerne pas directement.

Ce qui vous concerne, c'est une nouvelle approche de vos souffrances : ne plus vous révolter, ne plus vous indigner et les accepter de tout votre cœur. Il faut entendre cette acceptation comme l'attitude juste pour aller vers cette joie qui demeure promise dans l'Évangile de Jean. Et si vous l'exprimez en ces termes « j'offre toutes mes souffrances à Dieu », pourquoi pas? Mais si vous concluez ensuite que Dieu se repaît de vos souffrances et qu'il y trouve son bonheur, vous en arrivez à des formulations insoutenables qui relèvent purement et simplement du masochisme. La frontière est parfois délicate à tracer entre le mysticisme et les perversions psychologiques. La notion de souffrance rédemptrice est juste et, en plus, elle est universelle. Chaque homme, s'il assume complètement ses épreuves, est par là même purifié et conduit vers l'au-delà de toutes ses souffrances, vers l'éveil, l'amour du prochain, la communion.

Il existe une solidarité de tous les éléments de l'univers et si vous progressez spirituellement, l'humanité entière en bénéficie. A partir de là a été élaborée l'idée que si vous vous imposez certaines souffrances, celles-ci peuvent être bénéfiques à quelqu'un d'autre : par un surcroît de souffrance, vous pouvez contribuer au salut d'un être qui vit dans le péché. Qu'est-ce qui a un fondement et qu'est-ce qui est absurde dans cette manière de s'exprimer ? Essayons de comprendre plutôt que de condamner tout de suite au nom d'une théorie psychanalytique ou au contraire d'approuver sans discrimination au nom d'une soumission bornée à des idées reçues. Oui, il existe une solidarité, une interconnexion de tous les êtres humains et vous pouvez sentir que si votre ascèse est dure et que vous acceptez de tout votre cœur vos tragédies personnelles, vous ne le faites pas seulement pour votre propre salut mais pour le bien de beaucoup d'autres. Cette attitude est celle du *boddhisattva*, c'est-à-dire du disciple dans le mahayana bouddhiste qui offre toujours ses rituels et ses prières pour le bien de toutes les créatures.

Revenons à ce que je disais tout à l'heure : la souffrance fait partie du monde tel qu'il est et on ne pourrait pas la supprimer même si les rêves les plus merveilleux se réalisaient. Mais Dieu ne se réjouit pas des souffrances. Dieu tel que nous le concevons communément, c'est-à-dire d'une manière très anthropomorphique, n'est pas au premier balcon pour assister au spectacle de la crucifixion de son fils et au martyre de ses enfants. « La souffrance humaine s'élève comme un encens agréable à Dieu. » Non. Mais Dieu en vous – en tant que réalité spirituelle à laquelle vous pouvez vous éveiller – demeure dans la joie au cœur même de vos souffrances. Tous les mystiques ont été et sont les témoins vivants de ce qui peut être votre espérance et votre foi.

C'est en ce sens que les souffrances du saint ou du sage glorifient Dieu à nos propres yeux, prisonniers que nous sommes de l'opposition de ce que nous aimons et de ce que nous n'aimons pas. Un saint ou un mystique en proie à de grandes épreuves, qu'il s'agisse de souffrances physiques ou de persécutions, et qui irradie de joie et d'amour représente un témoignage incarné, une preuve de la véracité de l'enseignement métaphysique fondamental sur le Royaume intérieur. Les souffrances du saint rendent gloire à Dieu parce que nous reconnaissons en lui cette conscience intacte et lumineuse que les épreuves n'affectent plus.

J'ai souvent raconté combien j'avais été impressionné en rencontrant le docteur Roger Godel, qui séjourna auprès de Ramana Maharshi dans les derniers mois de la vie du sage, à l'époque où celui-ci souffrait d'un cancer de la gaine d'un nerf à l'épaule. Au cours de l'entretien inoubliable pour moi que j'ai eu avec lui, le docteur Godel m'a expliqué pourquoi il avait écrit le livre *Essais sur l'expérience libératrice*. Il s'intéressait profondément à la sagesse grecque, notamment à Socrate, et il s'était rendu en Inde parce qu'on lui avait parlé de deux sages comparables à Socrate dont l'un était le Maharshi. Quand il a approché celui-ci, m'a-t-il dit, il a vécu une expérience décisive pour le médecin qu'il était. Il a vu de ses yeux ce qu'il n'avait jamais vu pendant des années de carrière hospitalière, un homme au visage marqué trahissant la souffrance physique et même la mort prochaine mais rayonnant d'une béatitude indicible. Au lieu d'offrir un spectacle pitoyable, le Maharshi agonisant dégageait une telle impression de liberté et de sérénité que les gens venaient le voir en foule, ne fût-ce que quelques secondes, pour baigner une fois encore dans sa paix et sa lumière. Le regard du sage mourant, je le sentais à travers le témoignage du docteur Godel, rend certainement gloire à Dieu ou gloire au Soi. « J'ai considéré que j'avais là un fait que je ne pouvais nier, m'a dit le docteur Godel, et que j'avais le droit, en tant que scientifique, de tenter d'expliquer. » Avec toute la rigueur du médecin et du biologiste, il a poursuivi une investigation que plusieurs savants récuseraient sans doute : on ne peut pas mettre le cerveau de Ramana Maharshi entre les mains d'étudiants en médecine pour qu'ils en pratiquent l'autopsie, ni même charger son crâne d'électrodes et lui faire subir toutes sortes de tests afin d'expliquer pourquoi, alors qu'il agonisait d'un cancer très douloureux, son regard dégageait une telle sérénité.

Si je n'ai pas rencontré moi-même le Maharshi, j'ai par contre vu de mes propres yeux Shivananda Sarasvati, également célèbre en Inde et qui a formé beaucoup de swâmis aujourd'hui connus dans le monde du yoga. A la fin de sa vie, il était de plus en plus malade, affaibli, paralysé. Mais, loin d'inspirer la pitié, il me faisait envie. Au cours d'un séjour à l'hôpital de la Salpêtrière où je partageais une chambre avec trois autres patients, j'ai assisté aux derniers jours d'un homme atteint d'une maladie au cerveau et qui criait au feu, pleurait, appelait sa femme toute la nuit, se fâchait à tout propos et insultait les infirmières. Cette mort ne faisait certes pas envie. Mais souffrir et mourir comme Shivananda, oui.

Donc, Dieu au plus profond de nous, si nous avons établi notre conscience en Lui, demeure non affecté, non touché par les malheurs et on peut dire à juste titre qu'il demeure en nous dans la joie au cœur de la souffrance.

Cet être intérieur transcendant les opposés – y compris la santé et la maladie, la prospérité et l'infortune, le succès et la trahison – est votre être réel à tous. Peut-être ne vous sentez-vous pas mûrs pour devenir un nouveau Padre Pio ou une nouvelle Mère Teresa mais vous pouvez entrer en communion avec le Christ en vous qui, en effet, a vaincu le monde. Cette découverte n'est pas réservée aux saints les plus connus.

Comment comprendre cette affirmation d'une joie surnaturelle tellement répétée et tellement incompréhensible ? Uniquement par le témoignage de ceux qui ont le droit de parler parce qu'ils ont vécu ou vivent dans l'expérience intérieure, les contemplatifs et les mystiques. Car le discours théologique courant établit une irréductible distinction entre le Créateur et la créature. C'est l'affaire des théologiens de nommer et l'affaire du mystique d'éprouver. Dieu en nous est plein d'amour. C'est une découverte que chacun peut faire par le dépassement du jeu des opposés et la plongée en soi-même qui nous propulsent dans une liberté et une plénitude inexplicables. Ce bonheur n'est pas lié aux mécanismes ordinaires des joies que peut vous procurer l'existence, il n'est pas soumis aux événements heureux ou malheureux. A l'instant même où vous assaillent de très mauvaises nouvelles, il est possible de ressentir cette joie qui transcende votre fonctionnement égocentrique habituel. Elle n'entre pas non plus dans les catégories répertoriées par la psychologie. Étant donné le caractère surnaturel de cet état qui ne correspond à rien de déjà connu, il est très compréhensible que l'on ait utilisé à son sujet le mot « divin » et qu'on ait tenté de décrire ce monde spirituel dans les termes allégoriques ou mythiques des différentes religions. La difficulté vient de ce que l'expérience des saints d'autrefois est ensuite trop souvent interprétée par des auteurs qui n'ont pas eux-mêmes goûté à l'état intérieur qu'ils commentent. Ils n'ont pas surmonté leurs limitations mentales et leurs explications ne peuvent pas nous aider à transcender les nôtres.

La joie que vous éprouvez quand vous vous sentez vraiment aimés, compris, soutenus, que ce soit comme petit enfant dans les bras de votre mère ou comme femme par un homme, homme par une femme, cette joie peut se découvrir en vous-mêmes, bien plus parfaite, et rien ne peut l'affecter. Etty Hillesum, jeune femme juive hollandaise sous l'Occupation, écrit dans son Journal, alors que l'étau de la persécution nazie se resserre autour d'elle : « C'est bien mon sentiment perpétuel et constant : celui d'être dans tes bras, mon Dieu, protégée, abritée, imprégnée d'un sentiment d'éternité. » Dieu n'est pas tout-puissant en ce sens qu'il pourrait du jour au lendemain arrêter une guerre – en ce cas nous butons toujours sur cette même question : pourquoi ne le fait-il pas s'il est plein d'amour ? Il existe des lois dans la création. Dieu peut intervenir dans celle-ci mais certes pas comme nous le voudrions dans notre manière anthropomorphique de concevoir son action sur terre. S'il y a bien des miracles, ils ne se produisent ni selon nos souhaits ni selon nos normes personnelles. Par contre, la présence du Christ en nous est toute-puissante parce que rien n'a pouvoir sur elle. Rien, de même qu'aucun film n'a de pouvoir sur l'écran de cinéma. Aucun film d'incendie ne peut brûler un écran pas plus qu'un film de naufrage ne peut le mouiller ou aucun film de guerre avec une heure trois quarts de bombes et d'explosions ne peut l'érafler. Telle est la conviction du mystique qui, tout en étant intensément conscient des atrocités déchirant ce monde, continue d'affirmer que Dieu est plein d'amour car il a découvert en lui une réalité indicible et les tribulations dans le monde – pour reprendre l'expression du Christ – n'ont plus de pouvoir sur sa joie.

« Vous aurez des tribulations de par le monde mais prenez courage, j'ai vaincu le monde. » A quel niveau ? Le christianisme historique a causé autant de souffrances qu'il a apporté de bonheur. De nombreux saints, comme saint Vincent de Paul, ont été des héros du service social et se sont dévoués nuit et jour pour diminuer la souffrance des autres. Nous en avons un exemple magnifique à notre époque avec Mère Teresa et la célébrité de celle-ci ne doit pas nous faire oublier des milliers de dévouements obscurs. Mais le christianisme est également responsable d'immenses souffrances sous forme de guerres, de persécutions et surtout de persécutions psychologiques en torturant moralement des êtres qui ont vécu dans l'inhibition, la peur, le déchirement et ont connu l'enfer dès ici-bas par crainte d'y brûler après leur mort. Hélas, personne ne peut le nier.

Ceux qui ont approché soit momentanément soit définitivement la grande réalité spirituelle en nous – le Verbe, le Logos, le Christ cosmique – l'ont ressentie comme une force indestructible quelles que puissent être ensuite les circonstances douloureuses qu'ils aient eu à affronter.

Certains sages ont mené une vie dans l'ensemble heureuse et paisible, d'autres ont traversé les pires épreuves comme les maîtres tibétains qui ont connu l'exil et la misère ou ont été torturés et mis à mort. Les maîtres soufis afghans ont récemment subi un sort très voisin. Mais la découverte intérieure, elle, demeure inébranlable.

***

Quand on parle de la souffrance, que ce soit dans le christianisme ou dans d'autres traditions, de quelle souffrance parle-t-on ? De celle du sage dont la traversée est achevée, de celle de l'homme pour qui la spiritualité n'évoque rien, de celle du disciple ou du moine engagé sur le chemin de la perfection ? Je me réfère bien sûr aux croyants dont la religion demeure vivante et non pas sclérosée ou aux êtres qui n'apparaissent pas extérieurement comme religieux mais ont entendu l'appel à la transformation et sont engagés sur une voie ou une autre. Une compréhension réelle de la souffrance ne peut se faire que si ces trois niveaux sont distingués. Jusqu'à présent je n'ai parlé que des épreuves du saint qui demeure inaffecté dans des circonstances que nous considérons habituellement comme douloureuses : son monastère pillé par les troupes d'invasion et lui-même emmené en déportation, ou la maladie, la déchéance physique comme l'a connue Swâmi Shivananda impotent à la fin de sa vie et conservant intacte sa souveraine liberté intérieure.

Mais nous entendons plus souvent parler de la souffrance dans laquelle se débattent des hommes qui n'ont jamais approché un enseignement libérateur et qui ne se sentent pas concernés par la religion, une souffrance absurde et scandaleuse dont ils ne savent pas tirer parti et à laquelle ils cherchent à échapper sans compréhension comme des fourmis affolées quand on a donné un grand coup de pied dans la fourmilière. C'est la situation désespérée de l'homme qui souffre sans savoir pourquoi, aggrave sa souffrance en la refusant et ne peut s'empêcher de faire souffrir les autres dans sa recherche maladroite du bonheur. Il éprouve une certaine culpabilité parce qu'il voit bien qu'il n'est pas seulement victime mais bourreau pour d'autres personnes autour de lui. Les enseignements spirituels dénoncent le caractère en effet atroce de cette situation de sommeil et l'attribuent à une ignorance fondamentale. Les hindous parlent de *maya* au niveau cosmique et de *manas*, mental, au niveau individuel. Aux yeux d'un chrétien, c'est le sort de l'homme qui refuse le message du Christ et la rédemption, et cette souffrance est la conséquence du péché.

Péché, je l'ai dit souvent, signifie erreur, le péché originel étant l'égocentrisme cristallisé à partir de l'opposition de tout ce que nous aimons et ce que nous n'aimons pas selon les mécanismes ordinaires, les opinions auxquelles nous nous attachons et qui nous emprisonnent. Nous avons sans cesse sous les yeux des exemples de cet aveuglement généralisé. A l'échelon mondial, on n'hésite pas à massacrer des millions d'hommes soi-disant pour apporter le bonheur à un peuple ou à un autre. Pour éviter une souffrance, on en a toujours créé une autre collective ou individuelle : d'innombrables vies sont ainsi privées de sens, c'est-à-dire privées de signification et d'orientation. Comme on dit cavalièrement, il s'agit de vies déboussolées.

Et pourtant, la possibilité existe toujours, quelles que soient les situations auxquelles vous êtes confrontés, d'utiliser la souffrance comme point d'appui pour atteindre en vous le lieu de non-souffrance. Puisque le sage a libre accès à ce centre de conscience où il se sent immergé dans la toute-puissance et l'amour de Dieu au cœur même des pires tragédies, que pouvez-vous faire, vous, pour vous rapprocher de cette réalisation libératrice ? Seule une attitude radicalement révolutionnaire est susceptible de vous établir dans un état de conscience transcendant le bonheur qui est le contraire du malheur et le malheur qui est le contraire du bonheur. Cette approche nouvelle est un des deux dénominateurs communs à toutes les ascèses sans exception, le premier dénominateur commun étant la vigilance, la présence à soi-même, le non-oubli de son but ou le non-oubli de Dieu. La souffrance n'est pas seulement souffrance. Elle comporte une bénédiction en elle-même dans la mesure où elle vous permet, si vous savez vous en servir, de découvrir en vous ce centre de conscience non affecté. Si vous en êtes persuadés, toute souffrance prendra un sens et deviendra une opportunité à ne pas laisser échapper.

Certains en ont été si convaincus qu'ils ont décidé d'augmenter d'eux-mêmes la quantité de souffrance dans leur existence non par masochisme morbide relevant de la maladie mentale, mais pour progresser plus vite. Comme un homme décidé à acquérir des muscles en un temps record augmenterait le poids des altères qu'il soulève, et au lieu de pratiquer une heure par jour s'exercerait matin et soir. Cette soumission volontaire à ce que d'autres considèrent comme douloureux peut aller des petites austérités telles que des privations alimentaires jusqu'à ce qui apparaît comme un grand renoncement : par exemple un choix décisif dans l'existence tel que l'entrée au monastère alors qu'on est encore attaché à certaines joies humaines. La ferme décision de faire bon usage de la souffrance dans un but d'évolution explique ce qu'on appelle en Inde *tapas*, traduit généralement par austérités. L'accent mis sur ce thème de la souffrance dans la littérature spirituelle ne doit pas devenir pour le lecteur une cause de dégoût et de rejet. Il n'est pas question d'adhérer de l'extérieur à des idées qui ne représentent rien pour vous et contre lesquelles vous serez toujours révoltés. Il vous faut choisir une manière de s'exprimer sur ce thème délicat qui vous satisfasse complètement afin que toutes vos objections puissent trouver une réponse.

Avant de savoir s'il est nécessaire de s'imposer certaines austérités, utilisez les souffrances que la vie vous donne. Elles ont l'avantage de vous correspondre, de faire partie intégrante de ce qu'on appelle en Inde le *karma*. Chacun a son destin particulier et la souffrance qu'il rencontre, qu'elle soit physique, psychique ou psychosomatique, c'est la sienne. Tout le monde n'a pas le même profil d'existence et n'est pas confronté aux mêmes drames à un moment donné. Vous n'avez aucune possibilité de progresser vers la liberté intérieure sans la bonne utilisation des épreuves. Pour que cette démarche soit efficace, pour que « ça marche », comme on dit familièrement, il faut ne jamais dissocier les deux aspects de la dualité « favorable et défavorable ». Si vous envisagez l'un, tenez immédiatement compte de l'autre. Comment utiliser non seulement les souffrances mais les bonheurs conditionnés pour en faire des marchepieds de votre libération ? Si vous cherchez Dieu uniquement quand vous souffrez mais que vous vous en désintéressez dès que cela va mieux dans votre vie, vous n'avancerez pas. L'approche spirituelle ne vous propose pas de progresser *malgré* les difficultés quotidiennes mais *grâce* aux difficultés quotidiennes. Elle ne vous propose pas non plus de progresser malgré les succès et les bonheurs quotidiens qui, s'ils sont mal vécus, deviennent en effet des empêchements au même titre que les souffrances ou les difficultés, elle vous propose de progresser grâce aux joies ordinaires, en les vivant de plus en plus consciemment, donc de plus en plus lucidement.

Les plages de bonheur que nous connaissons, les rémissions morales ou physiques de nos existences ne doivent pas devenir des facteurs d'oubli de notre but. Le secret est d'utiliser à la fois les souffrances et les bonheurs conditionnés pour découvrir un jour cette joie divine à laquelle nous invitent tous les enseignements spirituels. Ne laissez pas échapper les opportunités que la vie vous donne. Ne vous laissez pas emporter, ne soyez identifiés ni aux souffrances ni aux joies dépendantes. Restez vigilants, n'oubliez pas, souvenez-vous. C'est le sens d'un mot arabe qui devient de plus en plus connu, le mot *dhikr*. *Dhikr* ne signifie pas seulement répéter « Allah Allah », cela signifie se souvenir. C'est quand tout va mal et quand tout va bien qu'il faut vous souvenir de l'axe autour duquel oscille le balancier du pendule.

On ne peut pas traiter le thème de la souffrance, « spiritualité et souffrance », « le chrétien devant la souffrance », « le sens de la souffrance », sans traiter aussi celui des bonheurs dépendants. Ce sont les deux faces d'un même mécanisme, d'un même système d'oppositions, de paires d'opposés. L'un n'existe pas sans l'autre. Si vous voulez avoir le concave, vous aurez forcément le convexe. Je ne peux dessiner le concave sans dessiner le convexe en même temps et si je veux supprimer le concave, il faudra que je supprime aussi le convexe. L'émotion heureuse ordinaire n'est que l'autre face de la souffrance ordinaire et le bonheur ultime transcende cette opposition. C'est un positif absolu qui n'est plus l'opposé du négatif ou, dans une perspective ontologique, l'être qui n'est plus l'opposé du non-être. Il n'y a que dans cet au-delà des contraires – ou, pour être plus rigoureux, cet en deçà des contraires au plus profond de nous-mêmes, à l'éternelle origine de nous-mêmes – que nous pouvons trouver cette source de vie dont tous ceux qui l'ont expérimentée parlent en termes très proches. Ceux qui s'expriment en théologiens s'opposent et ceux qui témoignent de leur expérience utilisent les mêmes images. C'est pourquoi, si la rencontre est difficile entre un théologien chrétien, un ayatollah musulman et un pandit hindou, elle se révèle par contre aisée entre un moine chrétien et un swâmi hindou. J'en ai d'ailleurs été témoin un certain nombre de fois en France ou en Inde.

Il ne s'agit pas d'un état réservé aux moines ou aux mystiques. Vous êtes appelés vous aussi à cette réalisation fondamentale transcendant les contraires. Certes, le Christ a dit qu'il y a beaucoup d'appelés et peu d'élus mais pourquoi ne pas tenter de faire partie des élus? Et ce n'est pas si impossible puisqu'il s'agit justement de s'élever au-dessus des opposés. Si l'on vous disait que vous êtes appelés à éliminer l'insuccès de votre vie et à réussir en toutes circonstances, vous douteriez de votre capacité à y parvenir ; ou que vous n'aurez plus que des admirateurs et plus jamais d'ennemis, vous auriez également raison d'en douter. Mais ce qui vous est proposé est d'un autre ordre, tout en demeurant accessible à l'intérieur des situations existentielles, lesquelles obéissent à des lois psychologiques ou sociologiques strictes auxquelles on n'échappe pas si facilement. « Mon royaume n'est pas *de* ce monde » mais il peut être *dans* ce monde.

***

La Bhagavad Gita enseigne que nous avons droit à l'action mais pas aux fruits de l'action. Cette phrase célèbre ne doit pas être interprétée abusivement. Un médecin a le droit de soigner, il n'a pas le « droit » de guérir. Dans la vie, nous agissons bien entendu comme si nous avions droit aux fruits de l'action. L'homme propose et Dieu dispose mais le médecin soigne cependant comme s'il était décidé à guérir son patient. Aucun médecin, sous prétexte que la guérison appartient à Dieu, ne donnera du sucre à un diabétique. Mais vous n'êtes certains d'aucun résultat lorsque vous agissez et vous savez que vous rencontrerez tantôt le succès, tantôt l'échec.

Il n'y a qu'un seul domaine où vous avez droit non seulement à l'action mais aux fruits de l'action, c'est la vie spirituelle, à condition de ne pas chercher des fruits issus de votre pure invention. L'ego tente toujours de récupérer la spiritualité à son profit, rêve d'états de conscience supérieurs, s'imagine que la sagesse va lui attirer des milliers d'admirateurs comme en ont certains sages célèbres ou qu'il va réussir à annihiler son « mauvais karma ». Rien de tout cela n'est garanti et rien de tout cela n'a de valeur aux yeux de Dieu. Par contre, vous avez tous la possibilité de découvrir ce qui est au-delà du monde phénoménal, de vous établir dans ce royaume au-dedans de vous et cet océan d'amour dans lequel vous baignez sans le savoir encore.

Dieu est au-delà de la causalité et du monde relatif. Dans son royaume, vous avez droit aux fruits de l'action, en regardant d'un œil révolutionnairement nouveau vos bonheurs et vos souffrances. Ce qui vous est proposé ne relève pas des améliorations à l'intérieur du monde des opposés mais d'une réalisation que l'on peut qualifier de métaphysique ou de surnaturelle. Hélas, l'être humain est ainsi fait qu'il s'intéresse bien rarement à cette réalisation si ce n'est par curiosité, par snobisme ou parce que cela lui convient momentanément. Ce qui l'intéresse, c'est d'échapper aux malheurs et de collectionner les bonheurs. Même si l'expérience montre combien cette demande est irréaliste, elle n'en demeure pas moins puissante. Ce bonheur non dépendant qui transcende l'opposition du bonheur et du malheur, cette découverte du Christ au cœur de leur être, à l'intérieur même des souffrances, ne motive guère nos contemporains.

Tout homme engagé sur une voie de transformation peut constater qu'il y a vraiment deux en lui : d'une part son être réel, sa dignité intrinsèque, qui correspond à l'essence de tout disciple et qui est l'alpha et l'oméga du chemin, et d'autre part le fonctionnement vicié de son intelligence allant à l'encontre de ses intérêts. Cette part inintelligente, dès qu'elle a failli comprendre une vérité, fabrique une objection quelconque. Le combat de Jacob avec l'Ange a communément été interprété comme la résistance à notre propre salut, la lutte que nous menons contre notre guérison. N'oubliez pas que le même mot grec que l'on traduit par *salut* signifie *guérison*. Avez-vous remarqué la parole superbe du Christ à l'infirme qui se tient depuis trente-huit ans au bord de la piscine dans l'espoir d'y pénétrer un jour le premier afin d'être guéri : « Veux-tu guérir ? » Cette question peut paraître curieuse au premier abord : si cet homme est resté si longtemps au bord de la piscine, c'est bien évidemment parce qu'il espère plus que tout être guéri. Pourtant, ce sont les premiers mots que le Christ lui adresse. En effet, c'est la question préalable qui peut nous faire sentir à quel point nous refusons notre délivrance, à quel point nous sommes attachés à nos limitations et à nos souffrances. Si vous étiez en contact avec votre être réel et avec votre aspiration profonde à la liberté intérieure, vous ne pourriez plus demeurer englués dans le jeu de vos désirs et de vos peurs. Mais les hommes préfèrent continuer d'opposer ce qu'ils aiment à ce qu'ils n'aiment pas, dans une vaine poursuite dont ils font l'essentiel de leurs existences. La mentalité dualiste a divisé une fois pour toutes la vie en heureux et malheureux, réussi et raté, horrible et merveilleux, et c'est précisément cette manière de voir qui constitue l'illusion ou l'aveuglement fondamental dénoncé par toutes les religions.

Voilà où et comment se joue la partie d'un destin d'homme. Et voilà ce qui vous permettra de comprendre le langage des mystiques chrétiens aussi bien que celui des hindous et des bouddhistes. La condition humaine déchue, c'est la conviction qu'on ne peut pas aller plus loin que d'opposer bonheur et malheur, qu'il faut donc essayer d'éliminer les souffrances et de multiplier les moments heureux. Rien d'autre. Cette illusion est si fortement ancrée dans le psychisme humain que trop d'entre vous sont encore incapables d'entendre autre chose et reviennent inlassablement à la charge : je ne suis pas aimé, mes affaires ne marchent plus, mon fils me hait et cela me désespère, tout est trop difficile.

La souffrance d'un côté, le bonheur ordinaire de l'autre. Sur le chemin spirituel, la tentation est toujours là de détourner l'enseignement mis à votre disposition et de tenter d'en faire une aide non pour dépasser cette opposition mais pour aménager celle-ci selon vos désirs. Et vous ne trouverez pas ce qui dépasse toute compréhension si vous demeurez prisonniers de la fausse vision dualiste ordinaire. En vérité, non seulement la réalisation métaphysique de cette joie au cœur même de la souffrance vous est accessible, mais il ne s'agit que de cela. Sinon vous ne parlez pas le même langage que les sages ou les maîtres spirituels dont vous pouvez lire les témoignages ou que vous allez même rencontrer au cours d'un voyage en Asie ou d'un séjour dans un monastère.

Bien entendu ne soyez ni masochistes ni pessimistes. Dans la mesure où vous le pouvez, cherchez à diminuer vos causes de souffrance et surtout celles des autres, cherchez même à augmenter les moments heureux, mais que ce soit sur une base juste en vous souvenant que la souffrance fait elle aussi partie intégrante de l'existence. Apprenez à être heureux, libérez-vous des culpabilités inutiles qui vous font croire que vous n'avez pas droit au bonheur parce que d'autres sont malheureux. Conduisez-vous le moins naïvement possible pour ne pas réitérer indéfiniment les mêmes erreurs et aggraver maladroitement vos difficultés. Faites tout ce que vous pouvez pour être heureux, comportez-vous intelligemment en rendant conscientes et en éliminant certaines manières erronées de penser et d'agir. La vie religieuse peut faire croître en vous plus de générosité, de compréhension, d'amour de vous-mêmes et d'amour du prochain. Tentez d'être heureux, tentez d'échapper aux malheurs, sans honte, sans remords inutiles. Soyez pleins d'amour pour vous et vous serez pleins d'amour pour les autres. Sachez vous faire plaisir et vous serez plus à même de rendre heureux les autres et de savoir leur faire plaisir.

C'est un point important mais le chemin ne s'arrête pas là. Quoi que vous tentiez, vous ne ferez pas disparaître complètement les épreuves, quoi que vous entrepreniez vous n'aurez pas que des succès. Vous aurez beau faire, vous n'éviterez pas ce qu'on appelle l'inévitable karma qui subsiste même pour le sage, le karma qui de toute façon va continuer à produire ses effets. Imaginez que vous achetiez une voiture à crédit, quelle que soit votre transformation intérieure les traites de la voiture continueront de vous être envoyées à chaque échéance. Ou si vous avez été gravement alcoolique pendant de nombreuses années et que vous cessez brusquement de boire, les dommages que votre organisme a subis ne vont pas disparaître du jour au lendemain.

L'originalité des voies spirituelles est de vous proposer autre chose que ce que la mentalité ordinaire est capable de comprendre. C'est le vrai sens d'une parole comme : « Mon royaume n'est pas de ce monde. » Le « Prince de ce monde » correspond à notre manière égocentrique d'appréhender chaque événement en fonction de nos goûts et de nos aversions personnelles dans tous les domaines. Nous n'aimons pas la maladie et nous aimons la santé mais nous n'aimons pas non plus les gens qui votent à gauche si nous sommes chiraquiens ou ceux qui votent à droite si nous sommes socialistes. Indéfiniment nous ne pouvons nous empêcher d'opposer, de diviser. Le sens étymologique du mot diable est d'ailleurs « le diviseur », division signifiant deux visions, alors que la vérité est toujours une. N'oubliez jamais que le royaume dont nous parle le Christ, s'il peut être découvert dans ce monde, n'est cependant pas de ce monde.

Regardez à quoi mènent si souvent l'opposition de ce que nous appelons heureux et malheureux et les tentatives des hommes pour améliorer le monde en question : au niveau politique à des révolutions, des contre-révolutions, des républiques qui tournent à la dictature, des dictatures qui ramènent le roi au pouvoir, des rois qui sont de nouveau détrônés et exilés ou, pour prendre un tout autre exemple, celui de la médecine, à des traitements qui ont de plus en plus d'effets annexes, à tel point qu'on en est venu à créer un nouveau département de la recherche dans le seul but d'étudier les maladies générées par les médicaments. L'enchaînement des causes et des effets est rigoureux et vous n'échapperez ni collectivement ni individuellement à la causalité. Les lois qui régissent l'univers s'avèrent implacables : création, destruction ; apparition, disparition ; union, séparation ; succès, échec ; santé, maladie. La vraie réponse ne peut donc être que d'un ordre transcendant. On peut la découvrir sur cette terre mais elle échappe à ce jeu de dualités.

La littérature sacrée décrit donc trois catégories de souffrance. Celle des êtres humains détournés de Dieu, mûs uniquement par leurs émotions et leurs désirs, correspond à ce que Gurdjieff appelait « l'horreur de la situation » : les hommes qui sont en conflit avec eux-mêmes, qui se battent les uns contre les autres, se débattent pour tenter d'échapper aux souffrances et de multiplier les bonheurs éphémères. Le second type de souffrance concerne celui qui est en chemin ; pour lui la souffrance a un sens car il a entrevu la promesse de bonheur qu'elle comporte. Enfin le sentiment du sage qui ressent l'immense douleur des hommes mais, comme je l'ai dit, on ne peut plus parler de souffrance à ce niveau puisque rien ne peut troubler l'état intérieur d'un homme ou d'une femme radicalement transformé et établi dans la béatitude.

Tous les êtres vivants cherchent le bonheur – les animaux aussi – et pourtant voyez aussi bien dans vos vies que dans le monde la folie de l'existence. Il suffit de lire le journal ou de regarder les actualités télévisées. A l'autre extrémité, François d'Assise ou le Swâmi Shivananda auquel je faisais allusion tout à l'heure, vaincus par la maladie, mais resplendissants d'une beauté surnaturelle. Sachez que cette réalité d'un autre ordre existe même si vous ne l'avez pas vue de vos yeux. Si l'on se laisse imprégner de cette compréhension, on finit par ne plus pouvoir se contenter de souffrir quand ça va mal et d'être heureux quand ça va bien. Et tout ce qui concerne la souffrance dans le monde prend un sens entièrement nouveau. La souffrance n'est plus l'ennemie inadmissible et scandaleuse qui met en cause la religion et fait chanceler notre croyance en un Dieu plein d'amour. La souffrance fait partie de la règle du jeu. Que diriez-vous d'un tennis où il n'y aurait ni filet ni bandes blanches pour faciliter la partie ? Les opposés sont la règle du jeu dans le monde manifesté. Acceptez-les une fois pour toutes. Mais sachez également que ni la maladie, ni la trahison, ni la calomnie, ni l'infirmité, ni la prison, ni la torture, ni aucune calamité ne peuvent vous interdire l'accès à ce royaume au-delà des contraires que vous ne trouverez qu'en vous-mêmes.

Comme l'a dit saint Paul aux Grecs : « Dieu n'est pas loin de nous car c'est en Lui que nous avons l'être, le mouvement et la vie. » Dire « Que Dieu soit avec vous », souhait qu'on formule parfois quand on a une tournure d'esprit religieuse, n'est pas suffisant. Dieu est déjà en vous. C'est vous qui vous en détournez. Il serait donc plus juste de dire non pas « Que Dieu soit avec vous » mais « Soyez en vous avec Dieu. » Dieu nous attend déjà au cœur de nous-mêmes, c'est nous qui sommes toujours « hors de nous ». Voilà le malheur. Happés vers l'extérieur, fascinés par ce que nous considérons comme heureux et désespérés par ce que nous considérons comme douloureux, nous oublions l'essentiel. Chaque bonheur momentané, chaque souffrance doivent être vécus dans une vision d'ensemble, en fonction du sens global que vous donnez à votre vie.

Dans le monde extérieur des opposés, tout change, vous ne pouvez compter sur rien et dans le monde de la réalité intérieure plus rien ne change quelles que soient les vicissitudes de l'existence. Ce monde est éternel et immuable quel que soit le film projeté. Tel est l'enseignement de l'Évangile que les chrétiens appellent la Bonne Nouvelle. Tout le reste en découle. Par contre, si l'on oublie l'essentiel, tout le reste est privé de signification. Un jour les mots souffrance ou épreuve ne vous feront plus peur parce qu'ils seront relativisés par rapport à cette paix des profondeurs qui, elle, est absolue, libre du temps, de l'espace et de la causalité dans quelque domaine que ce soit. C'est à cette espérance centrale que vous pouvez rattacher tout ce que vous entendez ou lisez concernant la spiritualité, le mysticisme, l'ascèse et l'ensemble des traditions religieuses.

Dès l'origine de l'humanité, nous savons que des sages ont affirmé ces vérités à ceux qui les entouraient. Il n'y a rien de nouveau ou d'original dans ce que je dis aujourd'hui. Ce qui fait la valeur de ce message, c'est son universalité aussi bien dans l'espace que dans l'histoire. Par rapport au monde moderne, que ce soit la société de consommation ou les idéologies révolutionnaires, ces idées paraissent certainement en marge de tout réalisme. Mais vous êtes pourtant en très bonne compagnie car pendant que vous cherchez en vous-mêmes cette réalité ultime, les moines zen la cherchent dans l'assise silencieuse, les yogis tibétains dans la méditation, les soufis dans le dhikr et les moines chrétiens dans la prière – et il y a quatre ou cinq mille ans des hommes et des femmes la cherchaient déjà.

TABLE DES MATIÈRES

Cet ouvrage a été réalisé par la
SOCIÉTÉ NOUVELLE FIRMIN-DIDOT
Mesnil-sur-l'Estrée
en juillet 2004

Édition exclusivement réservée aux adhérents du club
Le Grand Livre du Mois
15, rue des Sablons
75116 Paris
réalisée avec l'aimable autorisation des éditions de La Table Ronde

Dépôt légal : novembre 1999
N° d'impression : 69026
ISBN : 2-7028-9131-4

Imprimé en France.